Kursus der praktischen Astrologie

Friedrich Feerhow

Verlag Heliakon

Verlag Heliakon

Umschlaggestaltung: Verlag Heliakon
Titelbild: Pixabay (geralt)

Druck und Vertrieb: BoD - Books on Demand, Norderstedt

www.verlag-heliakon.de
info@verlag-heliakon.de

ISBN 978-3-949496-08-0

Die Deutsche Nationalbibliothek verzeichnet diese Publikation in der Deutschen Nationalbibliografie; detaillierte bibliografische Daten sind im Internet über dnb.de abrufbar.

Inhaltsverzeichnis

Motto:
Sage nie: „Ich weiß es nicht, – also ist es falsch"!
Man muss forschen, um zu wissen,
Wissen, um zu verstehen,
Verstehen, um zu urteilen.

Der Hinduweise Narada.

Vorwort

Für den Modernen hat das Wort *Astrologie* einen fremdartigen, altertümlichen Klang. Ihm assoziiert sich zu diesem Begriff allsogleich das Schlagwort vom *dunklen, unwissenden Mittelalter*.

Es ergeht der uralten Lehre dieser esoterischen Wissenschaft eben auch nicht anders als den übrigen Zweigen der geheimen Überlieferung. So wie beispielsweise von der Alchemie, kennt der Durchschnittsgebildete auch von der Astrologie so ziemlich nur die Kehrseite, ihre lächerlichen Entstellungen, wie sie die Tradition der Weltgeschichte von Hand zu Hand übernahm.

Es spuken in diesen Köpfen die Vorurteile, welche die glücklich geretteten Reste der Schulbildung in ihnen hinterlassen hat.

Man glaubt so, sich dunkel zu erinnern, als ob ein Wallenstein durch seinen Sterndeuter Seni sich zu verderblichen Wagnissen habe verleiten lassen, oder man hat die *köstliche Anekdote* von Philipp Melanchthon erzählen gehört, der Luthers neugeborenem Kindchen das Horoskop stellte und voll Freuden zu dem glücklichen Vater gelaufen kam, um ihm zu verkünden, er habe aus den Sternen gelesen, dass sein Sprössling dereinst ein großer, ruhmreicher Feldherr werden würde; worauf Luther ein wenig verblüfft versetzte: »Was redest du da von meinem Mädel?«[1)]

Der erleuchtete Historiker glaubt den alten Chaldäer bedauern zu müssen ob seines *kindlichen Aberglaubens* der *Sterndeutung*; er ahnt nicht, welche Summe lächerlicher Gelehrtenanmaßung in diesem seinem Hochmut liegt!

---

1) Diese Anekdote über den Irrtum Melanchthons haben wir in dem Werk eines sonst verdienstvollen Okkultisten mit Behagen als Argument gegen die astrologische Lehre zitiert gefunden. Aber daraus, sowie aus seinen übrigen Bemerkungen über die Astrologie muss seine gänzliche Unkenntnis derselben konstatiert werden. Was den Fall mit Luthers Kind z. B. betrifft, so hätte ein guter Astrologe wissen oder bedenken müssen, dass für die Stellung der Nativität die Kenntnis des Geschlechts Vorbedingung ist. (Das zitierte Werk ist C. du Vesmes „Geschichte des Spiritismus"). Übrigens verhält es sich bei der Gegnerschaft gegen die Astrologie meist so, dass die Unwissenheit über sie ihr Grund ist. Selbst einen Flammarion trifft dieser Vorwurf!

Die Tätigkeit eines *Sterndeuters* stellt man sich im Volke meist so vor, dass dieser sonderbare Mensch entweder mit oder ohne Fernrohr auf den Himmel guckt, sich die Sterne betrachtet und aus dem, was er dort sieht, es dann unternimmt, seinen bedauernswerten Klienten etwas *weiszumachen*, dass er ihnen nunmehr ihr Schicksal entrollen werde, ähnlich wie die Kartenschlägerin oder die Wahrsagerin aus dem Kaffeesatz. Es ist gar nicht ausgeschlossen, dass es solche plumpe Schwindler wirklich gibt, die dieses Handwerk ausüben und sich dabei *Astrologen* nennen. Das hat aber nichts mit Astrologie zu tun. Sondern die Sterndeutung ist ein wissenschaftliches empirisches System, das seine ersten Begründer in uraltehrwürdigen Zeiten fand, an den Kulturstätten Indiens, Ägyptens und Chaldäas sowie im Lande der alten Kabbalisten, der Weisen Judäas.

Es tritt dem Forscher die erstaunliche Tatsache entgegen, dass stets die ersten Männer der Zeit diese Wissenschaft ausgeübt haben.

Die Schulweisheit hat uns nur gelegentlich etwa einen *verrückten Habsburger*, Rudolf II., als einen Sonderling aufgezählt, der auch an die Sterndeuterei glaubte. Aber es ist allzuwenig bekannt, dass Ptolemäus, Tycho Brahe und Kepler die eifrigsten Astrologen waren[1)], dass diese Lehre bei den Griechen und den römischen Souveränen, bei den Arabern und Türken blühte, und dass sie selbst unter den Päpsten des Mittelalters begeisterte Anhänger fand, (dem tat die Verdammnis der Astrologie als *Teufelskunst* durch die katholische Kirche wenig Eintrag), dass ferner Cardanus und Albertus Magnus große Astrologen waren, die die angewandte Sternenwissenschaft weiter ausbauten.

Der seiner Zeit um so vieles vorausgeeilte Friedrich II., der hochgebildete Stauffenkaiser, war dieser Kunst leidenschaftlich ergeben, in gleicher Weise Roger Bacon, Lucas Gauricus, Jean Baptiste Morin, und so fort; es ließe sich diese Reihe lückenlos fortführen bis auf die Gegenwart. Und sagen alle diese Namen nichts? Es ist Tatsache, dass es auch jetzt neben den modernen Berufsastrologen eine Anzahl hervorragender Gelehrter gibt, die sich mit dieser *verrufenen* Wissenschaft sehr eingehend befassen und sie auch praktisch verwerten.

---

1) Siehe Troels-Lund, „Himmelsbild und Weltanschauung im Wandel der Zeiten" und Vanki, „Histoire de l'Astrologie".

Jedoch ziehen sie es aus naheliegenden Gründen vor, der Öffentlichkeit nichts von diesen Studien bekannt zu geben; wie es überhaupt in vielen (vielleicht in den meisten) Fällen geraten ist, in *okkulten* Dingen sorgfältige persönliche Reserve der gesellschaftlichen Öffentlichkeit gegenüber zu bewahren, denn man läuft sonst Gefahr, sie zu profanieren.

Erstaunlicher als die Unkenntnis dieser Tatsachen ist aber die allgemeine Ignorierung des Umstandes, dass es in anderen als unseren deutschen Ländern um diese verschollene Wissenschaft ganz anders bestellt ist. In England befasst sich sogar die Tageszeitung mit den Fragen und Erfolgen der Astrologie, die dort so rege betrieben wird, als man es hier gar nicht ahnen würde, und in Frankreich bemüht man sich seit Jahren, die wissenschaftlichen Grundlagen dieser Lehre so exakt festzulegen, dass das Stiefkind den bevorzugten Töchtern der Wissenschaft gegenüber schon immer weniger zu kurz kommt.[1)]

Aber auch hier liegt eben der wunde Punkt, an dem so viele wohlgemeinte Apologien der Astrologie nicht nur, sondern überhaupt der Geheimwissenschaften scheitern: die okkulte Tradition kommt in einem altväterlichen Gewande einhergezogen, von Allegorien und Anthropomorphismen verhüllt, die sie fremdartig und kindlich erscheinen lassen. Der Moderne ist das nicht mehr gewohnt. Er will klare, feste Linien und strenge logische Gedanken. Die Symbole kann er nicht mehr für Dinge und Analogien nicht mehr für Tatsachen nehmen.

Er ist erzogen worden in der Lehre, dass die Lebenserscheinungen auf Naturkrätten beruhen; und nun spricht die Überlieferung von Himmelsteilen wie von persönlichen Wesen, die intelligente Wirkungen erzeugen, einen individuellen Charakter und Macht über das Schicksal besitzen – und doch keinen Körper und kein Gehirn haben (Tierkreis), oder von einer seelischen und geistigen Tätigkeit der Planeten, genau so, als ob sie eine Art von *großen Tieren* wären. Das ist zu ungewöhnlich für den Intellektuellen unserer Zeit!

Würde er sich aber einmal die Mühe nehmen, das astrologische System irgend eines alten oder modernen Autors zu studieren, dann würde er ganz erstaunliche Entdeckungen machen. Es ist keine Schande, einmal ein Ungläubiger gewesen zu sein, wenn man es nur nicht *aus Prinzip*

---

1) Schon allein die Werke von Flambart, Paris, sind Zeugnis von diesen Bestrebungen.

weiter bleibt und *aus Prinzip* nie einer solchen Sache näher tritt, über die man indessen fortwährend abfällig urteilt.

Gar manchem, der jetzt ganz anders denkt, erging es so. Er sah in der Astrologie nichts anderes als eine ungeheure Täuschung, ein ganzes System von Einbildungen, und war vollständig überzeugt von der Unmöglichkeit einer Einwirkung der Planeten auf uns, die zum Teil nur klein zum Teil soweit entfernt sind, dass wir unsere Sinne mit Instrumenten unterstützen müssen, um sie überhaupt wahrzunehmen! Wie sollten diese Millionen von Meilen entfernten Sterne etwas mit unserem Schicksal zu tun haben können?

Aber es musste ihm hier ganz ebenso ergehen wie anderen mit der Alchemie. Er arbeitete sich mit einiger Überwindung durch die dunkle Schicht, hinter welcher die mittelalterliche Gewandung diese Wissenschaft verhüllte, und der Lohn war über alle Erwartungen reich: die Astrologie hat ihm eine neue Weltanschauung geschenkt, sie hat ihm Einblick gewährt in die Großartigkeit des Kosmos, dessen so winziges und doch so wichtiges, ja notwendiges Glied jeder einzelne Mensch ist. Sie hat ihn gelehrt, dass wir nicht außerhalb der Schöpfung ein selbstherrliches, oder, wie wieder andere sagen, ein gesondertes Leben führen, sondern dass das Universum auf das innigste Teil hat an unserem Leben, und wir hinwiederum am Leben des Universums.

Gegen dieses Weltbild wird der raffinierteste mechanistische Rationalismus zum blassen Gespenst.

Aber es ist nicht jedem möglich, von den Formen und Formeln so zu abstrahieren. Die meisten werden durch die Schale schon abgeschreckt und glauben das sonderbare, ältliche Aussehen der Tradition belächeln zu müssen. Dies gilt vor allem von der aufgeklärten Wissenschaft unserer Zeit, die sich mit ihrem grenzenlosen Hochmut die Augen wie mit Schlacke verklebt und sich blind macht für alle tieferen Zusammenhänge, stumpf gegen alles intuitive Empfinden. Wer daher so wie wir von dem sehnlichen Wunsch durchdrungen ist, dass so große Schätze nicht länger ungehoben und unfruchtbar für den Fortschritt der Zeit bleiben mögen, der hat vor allem die Aufgabe zu erfüllen, die alte Geheimwissenschaft ihrer den neuen Bedürfnissen und Ansprüchen nicht mehr angemessenen Tracht zu entkleiden und sie nach Kräften den modernen Verhältnissen zugänglich und verständlich zu machen.

Es ist durchaus nicht zu leugnen: so wie die alte Astrologie von der alten Überlieferung her in unsere Tage eintritt, mit ihrer symbolischen, personifizierenden Ausdrucksweise und mit ihren starken Ansprüchen an rein intuitive Erfassung oder fraglosen Glauben, wie sie unserer Zeit allgemein mangeln, so ist sie dem modern Denkenden ungenießbar, der vor allem die logische Verknüpfung zu fordern gewohnt ist, nicht aber die innerliche, psychische.

Aus dieser Erkenntnis heraus war der Autor bei der Abfassung dieses Lehrgangs von dem Bestreben geleitet, sein eigenes, drängendes Kausalitätsbedürfnis stets in der Darstellung sprechen zu lassen, die Tatsachen, wo nur immer möglich, logisch zu verknüpfen, Zusammenhänge zwischen den losen Lehrsätzen herzustellen und vor allem – soweit seine Einsicht das vermochte – das Ganze auf eine rationelle philosophische und modern-wissenschaftliche Basis zu stellen. Dieser Versuch weist noch wenig Vorarbeiterschaft auf und ist daher um so schwieriger gewesen. Aber Verfasser ist eben nicht nur *Okkultist*, sondern mit ganzem Herzen auch Anhänger und Freund der modernen wissenschaftlichen Forschung. Und das vornehmste Ziel dieser okkultistischen Schrift erblickt er darin, soweit es in seiner Kraft lag. überall die okkulte Überlieferung an die Errungenschaften des neuen Wissens anzuknüpfen und dadurch beide zu heben, Wissenschaft und Geheimwissenschaft.

Es erscheint ihm als ein betrübendes Bild, dass sich Okkultisten und exoterische Forscher so fanatisch befehden, statt sich zu bestreben, füreinander die richtige Wertschätzung zu gewinnen. Wir sind durchaus keine bedingungslosen Bewunderer moderner Alleswisser, aber wir mögen auch nicht in den ewigen Chorus orthodoxer Okkultisten über die †††Materialisten einstimmen, die da in allen Tonarten verdammt werden, ohne zu bedenken oder zu wissen, dass auch unter diesen manche dem Erkenntnisstreben wertvolle Dienste geleistet haben. Die Naturwissenschaft muss sich intuitiv vertiefen, der Okkultismus naturwissenschaftlich werden.

Wien, am 18. August 1910.

Der Verfasser.

Der Weise regiert die Sterne

Die Himmelsfigur eines Menschen liegt vor mir entfaltet. Tausendjährigen Erfahrungen und Regeln folgend habe ich sie entworfen, und die eigenen theoretischen und praktischen Studien in der Astrologie, im Zusammenhang mit anderen Zweigen der Geheimwissenschaft, die die Astrologie erst vertiefen und mit ihr eine höhere innere Einheit bilden, haben mich gelehrt, dass der menschliche Mikrokosmos im engsten Zusammenhang steht mit dem Leben des Universums, und dass auch der Mächtigste einem Wahn zum Opfer fällt, wenn er meint, seinen Lebenslauf unabhängig von höheren Gewalten und nach freiem Ermessen zu gestalten.

Die Himmelsfigur, die ich betrachte, ist die Nativität eines Unglücklichen. Er ist noch sehr jung, ein Knabe von 15 Jahren, und doch schon hat er ein Leben des Lasters und eine Reihe von schweren Verbrechen hinter sich, und schließlich hat ihn die Besserungsanstalt aufgenommen. Ob es wirklich zu seiner Besserung dienen wird und auf wie lange?, das ist noch die Frage.

Die Welt natürlich staunt über den jugendlichen Sünder, seine Perversitäten und seine Gewissenlosigkeit flößen ihr grauenvollen Abscheu vor dem jungen Menschen ein. Aber so handelt eben die Welt in ihrer Unwissenheit gegen den Unglücklichen. Wie dagegen wird sich der Astrologe, der Wissende, der dieses Schicksal aus den Sternen las, dazu stellen?

Muss er nicht vom tiefsten Ernst und zugleich Mitleid durchdrungen werden, wenn er vor seinen Augen das Bild oder den Plan dieses Lebens entrollt sieht, der jenem Menschen zugleich mit dem Augenblick, wo er für diese Inkarnation die Erde betrat, als die bestimmende und zwingende Norm für seinen Wandel festgesetzt wurde, sodass er in Wahrheit zu keiner Stunde das tut, was er will, sondern die fremde Macht die Richtung seines Handelns ihm vorschreibt?

Besser als jeder Naturforscher und Psychologe weiß der Astrologe, in wie hohem Maße für die Mehrheit der Menschen das Schlagwort vom *freien Willen* leerer Schall ist. Denn er berechnet dem Menschen bis auf einzelne Stunden seines Lebens, welche Einflüsse ihn eben treffen und wozu seine Seele durch sie gedrängt wird, wie stark, wie glücklich oder verhängnisvoll sie auf seinen Lebensgang einwirken. Und er weiß, dass die große Masse fast willenlos, ohne Widerstand diesen Einflüssen unterworfen ist, sodass der Sternenkundige für die größte Zahl der Menschen bei richtiger Ermittlung des Himmelbildes mit unfehlbarer Gewissheit seine Schlüsse auf ihr Schicksal ziehen kann.

Das Horoskop enthüllt ihm aber nicht nur die äußeren Lebensbedingungen, die soziale, pekuniäre usw. Stellung, die der Geborene einnimmt, sondern vor allem die Artung seiner Seele wie seines Leibes, also Physis, Persönlichkeit, Geistes- und Herzensgaben und – die Sittlichkeit dieses Menschen. Also stehen unter dem Bann seiner Himmelsfigur nicht nur seine äußeren Verhältnisse und Erlebnisse, sondern insbesondere auch sein *freier Wille*, seine Entscheidungsfähigkeit über gut und böse und alle seine sittlichen Neigungen. Wo also die Welt ihr schnelles *pervers veranlagt* zur Hand hat, dort sieht der Astrologe tiefer; er weiß, dass dieses Geschöpf unter unglücklichen Gestirnen geboren wurde, die mit ihrem unheilvollen Einfluss sein ganzes Leben begleiten. Er weiß, dass der Beklagenswerte für diese Inkarnation *ein Verlorener* sein wird, wie die Menschen zu sagen pflegen. Jedoch wird er ihm auch die Schuld daran geben?

Der Theologe und der Philosoph werden beide in gleicher Weise an diesem Gedanken des Astrologen Anstoß nehmen. Der Theologe wird fragen: „Wie wäre das mit einer göttlichen Gerechtigkeit vereinbar, dass es eine Macht gäbe, die in so unerbittlicher Weise den Menschen ihre Lebensschicksale nicht nur, sondern auch ihr sittliches Handeln vorschreibt; wo hätte da noch eine Verantwortlichkeit des Menschen Raum, wo fände da das göttliche Wesen Gelegenheit, den Menschen auf seine sittliche Güte zu prüfen, und wie könnte da ein Mensch sich Verdienste oder Strafwürdigkeit bereiten?“

Lassen wir des Theologen Frage einstweilen unerledigt, um sie zugleich mit dem Einwurf des Philosophen zu beantworten. Dieser hat aus seinen empirischen Studien die Einsicht gewonnen, dass der sogenannte freie Wille des Menschen bei eingehender Betrachtung der tatsächlichen ihn bei seinem Handeln bestimmenden Einflüsse auf einen sehr geringen, ja oft verschwindenden Rest zusammenschmilzt, – falls er diesen nicht überhaupt in Abrede stellt. Seine Frage lautet: „Die Astrologie lehrt also ein Fatum, denn sie spricht von bestimmenden, zwingenden und unvermeidlichen Einflüssen einer prädestinierenden Schicksalsmacht, denen der menschliche Geist während der Dauer seines ganzen Lebens unterworfen sei? Das können wir nie und nimmer zugeben. Denn ein solches Leben erschiene uns zwecklos."

Diese beiden Fragen werden einzig und allein befriedigend gelöst durch die Lehre vom Karma, d. i. der Wiedervergeltung oder, wie ich sagen möchte, von der *Selbstvergeltung*.

Diese Lehre besagt für das psychische Leben dasselbe, wie das Gesetz der gleichen Aktion und Reaktion in der Physik.

Auf jede Wirkung erfolgt eine stets gleiche Gegenwirkung, keine Ursache bleibt ohne ihre entsprechende, den Aussender der Ursache treffende Rückwirkung. Dieses selbe Gesetz erstreckt seine unwandelbare Konsequenz auf die Gebiete alles psychischen Geschehens, also auf die Wirksamkeit der geistigen Kräfte.

Die indische Legende Subha Sutha veranschaulicht uns in lebendiger Weise die Wirksamkeit des Karma.

„Als Gautama Buddha im Jetavana Vihara in der Stadt Sravasti wohnte, kam zu ihm ein junger Brahmine, namens Subha, und nachdem er ihm seine Ehrfurcht bezeigt hatte, ließ er sich an seiner Seite nieder und bat um die Beantwortung folgender Fragen.

„Herr! von denjenigen Wesen, welche als Menschen geboren werden, gibt es zwei Klassen, nämlich solche, die frühzeitig sterben, und andere, die ein hohes Alter erreichen.

Jene, welche vielen Krankheiten unterworfen sind, und andere, welche sich guter Gesundheit erfreuen.

Leute, welche gut gewachsen und von schöner Erscheinung sind, und andere, welche Krüppel und hässlich sind.

Manche, welche berühmt werden, und solche, welche unbekannt werden.

Manche sind arm und andere reich.

Die einen sind von niederer Abkunft, die anderen werden in vornehmen Häusern geboren.

Manche sind unverständig und tölpelhaft, andere sind weise und klug.

Was, o Herr, ist die Ursache dieser Verschiedenheit?"

Buddha antwortete:

„Es ist Karma und nichts anderes, das den Menschen diesen Verschiedenheiten unterwirft. Was ein Mensch in einem früheren Dasein gesät hat, das erntet er in diesem. Die gesamte Summe von dem, was er verdient und verschuldet hat, macht seine Stelle hoch oder niedrig in der Welt."

Subha sprach: „Herr, Du hast mir eine allgemeine Antwort auf meine Fragen gegeben; ich bitte dich nun, beantworte sie mir im einzelnen!"

Und Buddha beantwortete die Fragen eine nach der anderen wie folgt: „Wenn in dieser Welt jemand mordet oder gegen Tiere grausam verführt, sie nicht gütig behandelt und nicht Mitleid mit ihnen hat, so wird er, wenn er stirbt, wegen seiner Taten in die Hölle geboren,[1)] oder wenn er in diese Welt wiedergeboren wird, so wird er nicht lange leben, sondern frühzeitig sterben.

Wenn aber ein Mensch das Morden meidet und gegen Tiere gütig und mitleidig ist, so geht er nach dem Tod in den Himmel ein. Wenn er aber in diese Welt wiedergeboren wird, so erreicht er ein hohes Alter.

Wer Tiere misshandelt, der wird in eine niedrigere Welt geboren, oder wenn er in diese Welt kommt, wird er kränklich sein. Wer dagegen gut gegen Tiere ist, gelangt in eine höhere Welt, oder wenn er in diese Welt kommt, so wird ihn keine schwere Krankheit befallen.

Ein boshafter Mensch, welcher wegen Kleinigkeiten in Zorn gerät oder sich in anderer Leute Angelegenheiten mischt, die ihn nichts angehen, wird, wenn er in diese Welt geboren wird, hässlich sein.

Wer auf anderer Leute Glück eifersüchtig ist oder auf seinen Rang und seine hohe Geburt sich etwas einbildet, wird, nachdem er wieder in diese Welt kommt, unbedeutend und unbekannt bleiben. – Wer aber die entgegengesetzten Eigenschaften hat, wird berühmt und bevorzugt werden.

Wer geizig, ungastfreundlich und unbarmherzig gegen Arme und Unglückliche ist, wird in dieser Welt in Armut geboren werden.

---

1) D. h. in einer der niedrigsten Regionen von Kama Loka, die der christlichen Hölle sehr ähnlich ist.

Wer sich viel auf seine Person einbildet und denjenigen nicht ehrt, dem Ehre gebührt, wird in einer niedrigen Familie wiedergeboren werden. Wer von entgegengesetztem Charakter ist, wird edler Abkunft sein. Wer sich gegen die Lehren der Weisen gleichgültig verhält und nicht danach strebt, zu wissen, was gut und böse ist, welche Lebensart zum Glück oder Leid führt, der wird in eine tief erstehende Welt geboren, und sollte er in diese Welt kommen, so wird er ein Narr oder Tölpel sein.

Wer aber sich bestrebt, Weisheit zu erlangen, der wird als ein genialer und intelligenter Mann geboren werden."

Und Subha freute sich über die Antwort des Erleuchteten. Er dankte Buddha für diese Erklärung der Wirkungen des Karmagesetzes und wurde sein Schüler." –

Und nun zurück zu unserer Frage: Wie vereint es sich mit den Naturgesetzen, die ja zugleich die göttlichen Gesetze sind, dass der eine unter dieser, der andere unter jener Himmelsfigur geboren wird, die ihm in jedem Falle, sei sie nun gut oder schlecht, die Signatur für sein ganzes irdisches Dasein aufprägt, sodass er hochstehend oder niedrig, begabt oder beschränkt, aber auch gut oder böse wird zufolge des unabwendbaren Einflusses seiner Geburtsgestirnung? Die Antwort kann nur eine sein und sie wird durch das Gesetz der gleichen Aktion und Reaktion – Karma – und durch das zweite, noch viel zu wenig erkannte und gewürdigte Gesetz der Kontinuität unserer Entwicklung gegeben. Der Mensch kann nur unter einer solchen ganz bestimmten Gestirnung durch Wiedergeburt ins irdische Dasein treten, welche zufolge ihrer astralen Strahlungsweise dem Punkte seiner psychischen Entwicklung genau entspricht und an ihn anknüpft, den der Mensch mit dem Ende seiner vorhergehenden Inkarnation eben erreicht hatte und in dem nun diese Entwicklungsreife ihre unmittelbare Fortsetzung findet. Sein neues Erdendasein ist in seinen Schicksalen das Karma der vorhergehenden irdischen Existenzen.

Ernste und eingehende Betrachtungen haben den Verfasser mit strenger Notwendigkeit zu dieser Schlussfolgerung geführt. Es gereichte ihm später zu nicht geringer Freude, als er diesen Gedanken in der indischen Metaphysik bestätigt fand.

Es ist also falsch, wenn jemand aus dem Horoskop seine Fehler und Schwächen entschuldigen zu können glaubt und sagt: „Sie sehen ja, ich musste so handeln und so sein, ich kann gar nicht anders!" Die Sterne machen nur geneigt, sie zwingen nicht. Sei du stark und stelle dich mit Energie über ihren bösen Einfluss, dann vermag der übelste Aspekt dir nichts anzuhaben. – „So gäbe es also wiederum kein Karma, kein unabwendbares Schicksal?“ – Wohl ist Karma und Schicksal vorhanden, wohl ist es unwandelbar, aber ob du ihm gewachsen bist oder unterliegen wirst, das hängt nur von dir ab. Das karmische Schicksal ist vorhanden und du hast mit ihm zu kämpfen. Das unabwendbare Unglück, die Schmerzen, die Versuchungen und alles wird dich treffen, sowie das karmische Schicksal der Gestirne es dir sendet. Jedoch auf dich allein kommt es an, wie du die Wiegengaben deiner Geburtsgestirnung im Leben zu bekämpfen und zu nutzen weißt. Karma ist nur eine relative Macht, es ist nicht unbesiegbar.

Die *Neugedankenlehre* stellt dies in schlagender Weise so dar:

„Du bist selbst daran schuld, wenn du dich unglücklich fühlst. Wenn der Mensch keine Schmerzgefühle in sein Bewusstsein hineinlässt, so schmerzt ihn nichts. Wenn er sich nicht für unglücklich hält, ist er nicht unglücklich. Wenn er sich aus seinem Verluste nichts macht, hat er nichts verloren. Wenn er sich nicht aufregt, falls ihm etwas wider den Strich geht, so geht ihm nichts wider den Strich. Wenn er keine Beleidigung empfindet, hat ihn niemand beleidigt. Wenn er einer niedrigen Versuchung kein Gehör schenkt, so wird er nicht in Versuchung geführt. –

Du selbst bist daran schuld, wenn du Schmerzen, Unglück, Verlust, Ärger, Kränkungen empfindest. Denn Schmerzen, Unglück, Zorn und Leiden sind deine eigenen Produkte, die du selbst hervorbringst und die dir niemand *antut*. Warum haderst, nörgelst und lamentierst du? Das heißt Leiden und Unglück erschaffen und wachsen lassen! Höre auf zu opponieren, zu tadeln und zu kritteln und du wirst linden, dass Angelegenheiten gut geworden sind, nicht weil du gehadert, dich gesorgt und gebangt hast, sondern trotzdem du solches tatest“. –

Gedanken sind lebendige Kräfte. Sein Karma schafft sich jeder selbst, nicht nur für eine spätere Existenz, sondern auch schon für die nächste Zukunft der gegenwärtigen. Der sich selbst Bezwingende bezwingt auch sein Schicksal. Es wird machtlos gegen ihn; ist sein Selbst zur Seelenreinheit und Seelenruhe erwacht, dann ist er stark und sicher gegen jeden Feind. – „Die Sterne regieren das Schicksal, aber der Weise regiert die Sterne.“

Einführung

„Jedes Erforschte ist nur eine Stufe zu etwas Höherem in dem verhängnisvollen Lauf der Dinge.“
Alex. von Humboldt im „Kosmos“, II. Bd., 399.

Wie alle anderen Geheimwissenschaften, so ist auch die Astrologie nie ganz erstorben; sie hat zwar häufig genug Zeiten gesehen, wo ihr Lebensfaden schon recht dünn und kümmerlich geworden war, aber er konnte doch nie ganz entzweireißen.

Freilich wird die Astrologie von den heutigen Gelehrten in die historische Rumpelkammer verwiesen. Aber im Widerspruch hierzu ist gerade die jüngste Zeit im Begriff, ihr eine glänzende Renaissance zu bereiten, und mit England voran und Frankreich und Deutschland als Verbündeten wird sie ihren Wiedereroberungszug über die europäische Kulturwelt als einen späten, aber um so wirkungsvolleren Triumph feiern.

Wahrscheinlich von dem geheimnisvollen Atlantis ihren Ursprung nehmend, fasste die Wissenschaft der Sterne nach der allgemeineren Anschauung zuerst in Chaldäa auf ihrer Wanderschaft festen Fuß. Erst von dort wurde sie den Ägyptern bekannt und von den Ägyptern überkamen sie die Hindus. Indessen wird von dem Inder Lakschminarain für seine Heimat der Anspruch der Priorität vor Ägypten und Chaldäa erhoben.

Entsprechend seiner jüngeren Kultur hat Europa auch erst spät Kunde von dieser uralten Lehre erhalten.

Die hochmütige Moderne will in der neueren Astrologie nun nichts mehr als einen erstaunlichen Anachronismus sehen, der mit der exakten Astronomie im hellen Widerspruch stehe. Weniger anachronistisch aber wird demjenigen diese Wissenschaft erscheinen, der die Erscheinungen der Telepathie kennengelernt und sich über ihre nahezu unbeschränkte Überwindung des Raumes Gedanken gemacht hat. Die telepathischen Tatsachen lassen es erscheinen, als ob zwischen Sender und Empfänger ein magisches Band sich bilde, innerhalb dessen jeder Widerstand des

Mittels gegen die gedankliche Energie ausgeschaltet ist. Dieser Erscheinung mag man nun die verwandten Eigenschaften des den Weltenraum erfüllenden Äthers entgegenhalten.

Je feiner seine Schwingungen, desto dauernder sind sie erstens und desto ausgedehnter ist zweitens ihr Wirkungskreis.

Oder man sehe sich um in der modernen Naturphilosophie und in der naturwissenschaftlichen Kosmologie und man wird erstaunt sein, auch hier auf Denker zu stoßen, die von jeder Mystik weit entfernt sind, aber aufgrund ihrer wissenschaftlichen Forschungen über den gegenseitigen Einfluss der Gestirne, wie besonders über deren Einfluss auf unsere Erde, der sich in der Witterung, der Vegetation und den gesamten biologischen Verhältnissen unseres Planeten kundgibt, Resultate erzielt haben, die auf dem geraden Wege zur Astrologie liegen. Die begeisterte Studie eines solchen Gelehrten klingt in den Schluss aus: „Dem superklugen, aufgeklärten Philister muss erst auf dem Umweg über Pflanze und Tier, über elektrische und chemische Aktionen der Zusammenhang klar gemacht werden, der ihn mit dem Kosmos verbindet.

Immer sichtbarer wird dieses Band, das den Menschen mit den fernsten Welten verbindet. Wer weiß, wie bald die Zeit kommen kann, da unsere Wissenschaft lehrt, dass Sonne, Mond und alle Sterne Macht über uns haben; alte chaldäische Weisheit lebt wieder auf; der Kosmos wirkt in uns, wie wir im Kosmos, gehorchend den unwandelbaren Gesetzen ewiger Harmonie, welche Sternenbahnen und Menschenlose beherrschen." – Oder wer mit einer der jüngsten Errungenschaften unserer Naturwissenschaft vertraut ist, mit den Ergebnissen der Radiumforschung, dem ist bekannt, dass sich folgende zwei Fälle als wissenschaftliches Postulat ergeben haben. Entweder muss alle Materie der Welt mit Radium in feinster Verteilung erfüllt sein oder die Radioaktivität ist eine allgemeine Eigenschaft der Materie. Er wird demnach den wirksamen Emanationen der Gestirne, wie sie die empirische Astrologie lehrt, nicht mehr so feindlich gegenüberstehen können, sondern zunächst wird er die Sätze der mundanen Astrologie, nach und nach auch ihre übrigen Gebiete immer besser begründet finden.

Zu einer ausgedehnteren Polemik ist hier leider nicht Raum. Wer sich jedoch hierin mehr vertiefen will, dem seien zum Anhalt folgende Namen genannt: A. Ziegler und dessen Schüler Zöppritz; Joh. Karl Bähr;

Troels–Lund; Alb. Kniepf; ferner von den Franzosen: Flambart, „Preuves et bases de l'astrologie scientifique" und H. A. Barley, „Analyse raisonnée de l'astrologie"; von den Engländern: Trent, „The soul and the stars".[1] Und als Grundlage für selbstständige Forschungen seien die betreffenden Abschnitte aus des großen Reichenbachs neu aufgelegtem Werk „Der sensitive Mensch" empfohlen.

Niemand darf vergessen, dass die wissenschaftliche Astrologie noch in den ersten Anfängen steht und dass sie das erste Stadium jeder Wissenschaft, das empirische, eben erst zu überschreiten beginnt. Doch pflegt es ja in allen Forschungsgebieten so zu sein, dass der Erfahrung und dem Experiment erst spät Erklärung, Begründung und Beweis – die Theorie – folgen können.

Was nun lehrt die Astrologie? – Sie stellt den Menschen dar als das, was er ist und wie er geworden ist, als ein Glied in der großen Kette aller Ursachen und Wirkungen des Universums; ein Glied, das sich nicht zufällig, nach *Launen der Natur* oder nach blind zusammengehäuften Kräften, sondern als Effekt von gesetzmäßigem kosmischem Wirken gebildet hat.

Und indem sie aufgrund astronomischer und astromysterischer Erfahrungen die den Einzelnen oder eine größere Gemeinschaft treffenden Einflüsse der Sternenwelt bestimmt, diviniert sie danach aus jenen Bestimmungen die gesamte Natur des Menschen und sein Schicksal oder das Schicksal jener Gemeinschaft, wie sie sich als Resultante dieser Einflüsse nach der Erfahrung der Jahrtausende darstellen.

Aber nicht den Menschen allein treffen die kosmischen Einflüsse, und auch keineswegs die Erde allein. Sondern die Himmelskörper tauschen auch unter sich ihre Emanationen aus. Uns Erdenkinder fesselt natürlicherweise am meisten die Ergründung der Einwirkung der fremden Sterne auf unseren eigenen Planeten, und, wie es ja noch gar nicht anders sein kann, wir haben vorläufig genug damit zu tun, um diesen irdischen Einflüssen erst ihre tieferen Geheimnisse abzulauschen.

Die Ergründung des Zusammenhanges zwischen den Sternenkonstellationen und großen, weltgeschichtlichen Ereignissen auf unserer Erde, wie ferner mit Witterung, Erdbeben, Vulkanausbrüchen, usw., heißt (mit einem freilich zu stolz gewählten Namen) *Mundan- oder Weltastrologie.*

---

1) Trent, „Die Seele und die Sterne."

Womit wir uns hier jedoch zunächst beschäftigen wollen, das ist die sogenannte *Geburtsastrologie* und schließlich die *Stundenastrologie*.

Der am meisten gepflegte und für den Einzelnen auch praktisch wichtigste Teil der Astrologie besteht in dem Stellen der Nativität oder des Geburtsbildes. Die Lehre der Astrologie ist, dass der Augenblick der Geburt eines Menschen von solchem Einfluss ist, dass aus der eben stattfindenden Gestirnung das gesamte Wesen, Leben und Schicksal des Menschen bestimmbar ist.

Die Stundenastrologie dagegen bestimmt die den Menschen zu einer gegebenen Stunde oder in noch kürzerer Zeit treffenden Einflüsse und die daraus folgenden Ereignisse. Sie bedient sich verschiedener einfacherer oder verwickelterer Methoden, und auch hier gilt natürlich, wie für jede wissenschaftliche Betätigung, dass die Ergebnisse sich umso genauer gestalten, je feiner die Mittel der Feststellung waren.

Die Geburtsastrologie

Gegen die von der Astrologie gelehrten Einflüsse der Nativität werden scheinbar eine Anzahl von logischen Gründen sprechen. Wir wollen nur auf zwei der wichtigsten eingehen, um gerade aus ihnen den hohen Wert der Astrologie zu erschließen.

Es ist eine ebenso althergebrachte wie leider weitverbreitete, aber durchaus unrichtige Anschauung, dass die *Sterndeutekunst ein Fatum verkünde*. Indessen ist für die Freunde und Feinde dieser Wissenschaft kaum etwas mehr geeignet, um diese in ein falsches Licht zu stellen, als dieser irrige Satz. Das Schicksal verkündet sie wohl; keineswegs aber ein unabwendbares und unabänderliches Schicksal, keineswegs ein Fatum. Sondern, um die Astrologie voll zu würdigen, könnte man sie geradezu nennen: die Lehre von der Erkenntnis und der Lenkung des Schicksals, das uns durch die Sterne zukommt, vermöge unserer Willenskraft. Denn damit erst geht die okkulte Sternenkunde über die theoretische Forschung hinaus und greift mächtig fördernd ins Menschenleben ein. Dort freilich, wo im Individuum die sittliche Kraft noch in latentem Zustand schlummert, dort mag man mit Erfolg den von den Sternenmächten regierten Menschen mit einem Hypnotisierten vergleichen, der scheinbar gänzlich willenlos dem Gebote des *Akteurs* unterworfen ist. Hier wie dort ein Medium, das von psychischen Kräften getroffen wird, die eine gebieterische Macht auf es ausüben, so zwar, dass der fremde Impuls der dominierende und Richtung angehende wird. Indessen findet eine völlige Besitzergreifung des Willens des Mediums durch den Akteur kaum jemals statt, sondern im Medium ruhen verborgene, aber tief eingewurzelte Dispositionen und Tendenzen, und diese sträuben sich mit Erfolg gegen eine widrige Zumutung. Ebenso vermag auch nur der Sterneneinfluss zu wirken. Aus dem vorigen Erdendasein hat die Seele eine gewisse Summe von Anlagen ererbt, und die strahlenden Gestirne haben mit diesem Erbteil zu rechnen.

Aber wäre eine Menschenseele selbst ganz und gar dem Spiel der Sternenläufe von der Geburt an preisgegeben, so ist es in der Eigentümlichkeit der Wechselbeziehungen aller biologischen Erscheinungen begründet, dass das Spiel und Widerspiel dieser Kräfte das den Schicksalswellenschlägen überlieferte Leben endlich empor zum Höheren tragen muss, dem allgemeinen Gesetze der organischen Entwicklung folgend. Denn eben die bunten Erfahrungen, die das Schicksal dem Menschen sendet, mit ihren höchsten Polen des Lebens, Freude und Leid, müssen notwendig der Pfad werden, auf dem jeder seine Himmelsreise vollführt. Die Schule des Lebens ist ja die Vorschule der höheren Entwicklungsstufen.

Wie aber mag man sich die über das ganze Leben sich erstreckende, im Geburtsmoment sich auslösende und so übermächtig wirksame Beeinflussung des Menschen zu erklären haben?

Solange das Kind im Mutterleibe ruht, ist es wie durch einen Schirm von der Aura der Mutter umgeben, welcher die Gestirnstrahlungen entweder absorbiert oder zum Mindesten je nach der Idiosynkrasie des mütterlichen Astrals verändert zu seiner Seele gelangen lässt. Im Moment jedoch, wo die völlige Trennung der Physis des Kindes von der der Mutter erfolgt, liegt seine Seele den Strahlen der Sterne bloß, gleichsam wie eine *tabula rasa*, ein unbeschriebenes Blatt Papier, oder wie eine wahre *anima candida*, eine jungfräuliche Seele. Und da nun drücken die Sterne nach ihrem augenblicklichen Stand der Seele des Kindes die Signatur fürs ganze Leben auf, die sie nunmehr als ihre Idiosynkrasie in der neuen Inkarnation trägt. Es ist, wie wenn durchsichtiges Glas mit einer bestimmten Farbmischung versetzt wird und von nun ab alles Licht nach seiner Weise durchlässt, auswählt oder absorbiert.[1)] So wird es sogleich erklärlich erscheinen, wieso durch diesen Vorgang, in dem die Seele mit einer bestimmten psychischen Kräftemischung imprägniert wird, der Charakter dauernd festgelegt wird. Warum freilich aus dem gleichen Vorgang auch das Schicksal zugleich bestimmt wird, das zu erfassen ist erst der tieferen Einsicht in die okkulten Naturgesetze möglich.

Nun fährt ein anderer mit einem schweren wissenschaftlichen Geschütz gegen die Astrologie auf und behauptet, das sei alles Unsinn, denn

---

1) Manche nehmen an, dass dieser entscheidende Augenblick derjenige sei, in welchem die Mutter und Kind verbindende Nabelschnur entzweigeschnitten wird. – Übrigens weist der Autor bezüglich seiner hier vorgetragenen individuellen Auffassung darauf hin, dass die Frage der Richtigkeit solcher theoretischer Anschauungen auf den Wert der Errungenschaften der empirischen Astrologie ohne Einfluss ist.

mit seiner Vererbungslehre könne er nach der mathematischen Formel bestimmen, wie die Nachkommen eines bestimmten Elternpaares beschaffen sein müssen. Die Tatsachen stehen aber etwas anders: vor allem können die Berechnungen nicht auf psychische Eigenschaften angewandt werden; die zahlreichen *unerklärlichen Ausnahmefälle* ferner, die sich nicht der Formel fügen wollten, wird am besten die Astrologie zu erklären vermögen; ebenso auch das Rätsel der homogenen oder gleichalterigen Vererbung durch entsprechende Aspekte oder Direktionen. Im Übrigen steht die Nativität durchaus nicht mit der Vererbungslehre im Widerspruch, sondern sie bestätigt sie derart sprechend, dass diese Lehre, wäre sie noch nicht gefunden, aus der vergleichenden Geburtsastrologie heraus hätte aufgestellt werden können!

Die Geburtshoroskopie ist ungemein weit umfassend. Da anerkanntermaßen die physische und seelische Verfassung der Eltern zurzeit der Zeugung von größtem Einfluss auf die Entwicklung des Nachkommen ist, so muss auch die Stunde der Konzeption irgendwie in der Nativität ausgeprägt sein. Wie wir später durch die „Trutina Hermetis" erkennen werden, ist dies in der Tat der Fall. Auch die Eigenart der beiden Eltern und ihre Lebensschicksale sind im Horoskop des Kindes mit größerer oder geringerer Deutlichkeit aufgezeichnet.

Ja sogar auf das Vorleben des Geborenen in der letzten oder in einigen der letzten Inkarnationen lässt sich aus dem Geburtsbild schließen, da dieses das Karma jener darstellt. Der hohe Nutzen der Geburtshoroskopie liegt zunächst in der psychologischen Diagnose begründet. Die Seele des Kindes liegt in der Himmelsfigur vor dem Auge des Wissenden wie in anatomischer Zergliederung ausgebreitet und lässt ihn in ihr innerstes Triebwerk blicken. Alle ihre Dispositionen und Anlagen sind aus dem Himmelsbild zu erschließen, die in dem werdenden Erdenbürger im Keime ruhen und sich mit dem fortschreitenden Leben entfalten werden, eine nach der anderen aus ihrem Schlummer erwachend, jede am stärksten zu ihrer Zeit sich auswirkend.

Das zweite ist die Bemeisterung des Schicksals auf Grund der Prognosen. Man mag selbst erwägen, welche ungeheuren Vorteile: Abwendung von drohendem Unglück, Vermeidung von schweren Misshelligkeiten aller Art, Steigerung der Fähigkeiten, Wahl der richtigen Zeit für Projekte und Unternehmungen, Nutzung des Augenblicks, Bewahrung vor Missgriffen, Warnung vor Gefahren und bevorstehenden Krankheiten, etc., etc. Das übrige der Fantasie des Studierenden überlassend, will ich selbst vorläufig nur das letztgenannte etwas näher ausführen: die Abwehr drohender Krankheiten.

Große Ärzte des Mittelalters und auch jetzt noch Ärzte in solchen Ländern, wo die Intuition und nicht der ohne sie unfruchtbare Intellekt am höchsten gilt, bedienten und bedienen sich der Astrologie als grundlegenden Faktor in ihrer Heilkunde. Es ist auch völlig einleuchtend: wenn die Sterne Krankheiten zusenden können, so ist eben wiederum in denselben Sternen die Antwort auf die Frage nach dem Heilungswege gelegen, und man kann sich kaum vorstellen, um wie vieles die okkulte Diagnostik, der die Nativität als Grundlage dient, unserer Medizin überlegen ist. Ja der Autor ist kühn genug, seiner überzeugten Anschauung Ausdruck zu geben, dass von der Astrologie eine Revolution unseres gesamten modernen Heilwesens ihren Ausgang nehmen wird, geradeso wie sich eine spätere Politik der Mundanastrologie als Grundlage bedienen wird. Denn die Astrologie ist in Wahrheit *die Wissenschaft der Wissenschaften.*

Die Gegnerschaft gegen die Astrologie hat fast immer ihren Grund in der Unkenntnis derselben. Eine Tatsache, die jedem zu denken geben sollte, bevor er unbefugt über Astrologie aburteilt, ist das hohe Alter dieser Lehre. Hätte sie durch die Erfahrung der Jahrtausende und besonders jetzt in der Zeit ihrer modernen Renaissance nicht der Prüfung ihrer Wahrheit standgehalten, so wäre sie unfehlbar längst begraben und vergessen, und sie selbst hätte sich ihr Grab schaufeln müssen wie jede Lüge. Sie lebt aber fort, weil sie Wahrheit ist, und jedem, der mit ernstem Studium an sie herantritt, hat sie ihre Wahrheit bestätigt und sein Streben mit Befriedigung belohnt.

Und um nun ein offenes Wort zu sprechen: wer die Tatsächlichkeit der Wirkungen der Aspekte in so fühlbarer Weise etwa an seinem eigenen Leibe erfahren oder an fremden Personen erlebt hat, wie Verfasser, der vergisst ob solcher *argumenta ad hominem* auf Skepsis und leeres Theoretisieren und sieht bald ein, dass eben auch hier das alte Sprüchlein Geltung habe, welches meint: „Probieren geht über Studieren“. –

Als die erste Eisenbahn für Paris gebaut werden sollte, bewies die Akademie der Wissenschaften mit großem Scharfsinn, dass ein solches Ding unmöglich vom Fleck kommen könnte. Bald danach fuhren ihre ehrwürdigen Mitglieder selbst mit dieser unbeweglichen Lokomotive.

Wie nun arbeitet die Geburtsastrologie?

Sie stellt zunächst dem Geborenen die *Nativität* oder das *Geburtshoroskop*[1]; das heißt, sie berechnet für die Geburtsminute den auf den Himmel projizierten Horizont und Meridian des Geburtsortes und den augenblicklichen Stand der Sterne in ihrer Stellung zu unserem Planeten. Die Berechnung ist also geozentrisch, auf die Erde als Mittelpunkt bezogen. Ist das geschehen, so nimmt man hiernach aufgrund der astrologischen Empirie, die in einem Schatz tausender von Regeln niedergelegt ist, die Deutung oder *Divination* des Geburtsbildes vor, durch welche Persönlichkeit und Schicksal des Geborenen entrollt werden.

Man darf sich über die mathematischen Schwierigkeiten der Gestirnberechungen, wie anderseits über die große Zahl der für die Auslegung in Betracht kommenden Regeln durchaus keinen ängstlichen Befürchtungen hingehen. Denn für die ersteren geben die astrologischen Hilfsmittel, die jetzt in Umlauf sind, so weitgehende Erleichterungen, dass jeder halbwegs Intelligente ohne Schwierigkeit darüber hinwegkommt, und was die Regeln der Divination betrifft, so reicht zum Entwurf eines schon ganz anschaulichen Bildes eine verhältnismäßig geringe Zahl von Deutungsregeln aus. Erst eine besonders eingehende Diagnose wird auch mehr Arbeit erfordern.

Natürlich hat hier die eigne Intuition im Verein mit dem Kombinationsvermögen das erste Wort zu sprechen.

Da eben die Rede von der astrologischen Divination ist, so möchte der Verfasser sogleich hier auf eins hinweisen: es wird häufig von den neueren Astrologen nachdrücklich betont, dass die Astrologie nichts mit Magie, Kabbala, Theosophie, Mantik und passiver Mediumschaft zu tun habe. In Bezug auf die letztgenannte ist das unbedingt zutreffend, denn durch dieses Element könnte nur Verwirrung in die Divination gebracht werden. Indessen ist die Verneinung der Zusammenhänge mit den ersten vier Gebieten ganz und gar unzutreffend. Im Gegenteil, je mehr sich der Astrologe darin vertieft, desto reicher werden diese Gebiete seine Wissenschaft in ihm befruchten, um schließlich mit der Astrologie für ihn in eins zu verschmelzen.

---

1) Das griechische Wort Horoskop bedeutet eigentlich „Stundenschau".

Besonders durch eine möglichst innige Verbindung der Astrologie mit den übrigen mantischen Gebieten, der Chirognomik, Phrenologie und Physiognomik, wird erst ein wirklich vollständiges Bild mit allseits festen Konturen ermöglicht, das die Astrologie allein nicht so zu schaffen imstande wäre. Wer die Diagnosen des Bremer Arztes G. Reinhardt in den einzelnen Jahrgängen des „Zentralblattes für Okkultismus“ verfolgt hat, hat diese Erfahrung darin bestätigt gefunden. Auch das *Prana* des Astrologen Brandler-Pracht wirkt in diesem Sinne, ebenso „Modern Astrology“.

Wo die Astrologie noch schwere Zweifel offen lässt, dort werden die übrigen diagnostischen Methoden mit Erfolg einsetzen, um die wichtigsten Ergänzungen und Berichtigungen an den mangelhaften Stellen auszuführen und ein einheitliches und vollständigeres Bild sicherzustellen.

Und erst im Verein mit diesen Zweigen der Mantik, die ich künftighin kurz unter der Bezeichnung *Physiognostik* zusammenfassen will, bildet die Astrologie ein vollkommneres geschlossenes Ganzes, ein organisches System der okkulten Diagnostik.

Der Studierende wird auf die praktische Durchführung dieser Methode an mehreren Stellen des Lehrgangs verwiesen werden, wo er dann diese Tatsache selbstständig zu beurteilen Gelegenheit haben wird.

Was waren eigentlich die ältesten Astrologen? Es waren Astromanten, das heißt, vermöge ihrer Sehergabe, die ihnen die Gestirneinflüsse in ihrer eigenen Seele lebendig fühlbar machten, bildeten sie sich das astrologische Urteil. Nicht aufgrund von Berechnungen; denn die Astronomie ist, wie bekannt, erst ein Kind der Astrologie.

Dieser divinatorische Teil der Astrologie ist jetzt noch im Prinzip der gleiche wie vor den Jahrtausenden.

Die scharfen Grenzen zwischen der rechnenden und der intuitiven Astrologie aber werden wir später am geeigneten Orte zu ziehen unternehmen, und zwar in eingehender Weise, wie dies für die klare Unterscheidung erforderlich ist.

*

Es wurde schon früher darauf hingewiesen, wie großartig weit umfassend die Astrologie ist. Wir haben nun hier, da es eben wieder auf unserem Wege gelegen ist, eine Gelegenheit, diesen Gedanken ein Stück weiter auszubauen, wenn auch nur als Parallelstraße.

Die Bezeichnung des Menschen als eines *Mikrokosmos*, der so sehr in seinem Wesen und Bau dem Makrokosmos oder Universum entspricht, dass die Bibel den Menschen ein Ebenbild Gottes (der Natur) nannte, ist nicht bloß ein Gleichnis oder eine äußere Analogie; sondern der Mensch ist in Wahrheit aus den Prinzipien und Kräften des Universums heraus entstanden, er ist ein Teil desselben und steht in der innigsten Wechselbeziehung mit dem unendlichen All.

Der Tempelspruch zu Delphi, „Gnothi s'auton", enthält in Wahrheit den Schlüssel zur Erkenntnis des Wesens der Welt und dadurch auch der Gottheit, denn unsere gesamte Natur durchschreitet dieselben Entwicklungsstufen wie der Mensch, der ja nur ein Element ist aus ihrem endlos weiten Reich. Da nun aber die esoterische Sternenkunde, die Astrologie, ein solcher Weg zur Selbsterkenntnis und zur Gottheit ist, so ist damit ihre unvergleichlich hohe Bedeutung ausgesprochen.

Diesem Teile der *theoretischen* Grundlagen der Astrologie aber muss der Studierende seine volle Geduld zuwenden, um über das Buchstabenwissen hinaus zu einem lebendigen und in Wahrheit innerlichen Erfassen des Wirkens der kosmischen Kräfte im Menschen zu gelangen.

Aus den sieben Prinzipien ist das gesamte Sonnensystem aufgebaut. Alles, was darin lebt und ist, hat seine Zusammensetzung aus diesen Urelementen und in jedem Ding, ob Mineral, Pflanze, Tier, Mensch, Engel usw., sind alle zugleich enthalten[1)], aber in jedem Wesen sind stets eine bestimmte Anzahl von ihnen offenbar und wirksam (manifestiert und herrschend), die übrigen jedoch latent, nicht manifestiert und nicht lebendig wirksam. Alles also, was besteht, lässt sich seinem vorherrschenden Wesen nach unter eins oder einige dieser Prinzipien einreihen. Der Mensch aber hat im weitesten Maße von allen Geschöpfen an allen sieben Teil.

Diese sieben Prinzipien sind nicht zeitlich noch örtlich in der Natur voneinander getrennt, sondern sie durchdringen vielmehr einander in jedem Ding und sind überall zugleich vorhanden, nur tritt bei dem einen dieses, beim anderen jenes mehr zutage, und jedes Mal wird durch eben dieses vorherrschende, eben in Tätlichkeit befindliche Prinzip die Art des

1) Ja selbst das Atom ist seinem Bau und seiner Grundnatur nach ein Ebenbild unseres Sonnensystems.

Dinges bestimmt. Immer aber ist es so, dass jedes höhere Prinzip alle niedrigeren durchdringt, nicht aber umgekehrt.

Die sieben Prinzipien

<table>
<tr><th>Ebenen</th><th>Universelle Prinzipien oder Weltsphären</th><th>Grundteile des Menschen</th><th>Form ihrer Manifestation</th><th>Moderne Bezeichnung</th></tr>
<tr><td rowspan="2">Physische Ebene</td><td>Sthula</td><td>Sthula Bhuta</td><td>Chemischer Körper</td><td rowspan="2">Physis</td></tr>
<tr><td>Jiva, Prana</td><td>Linga Sharira</td><td>Ätherischer Körper</td></tr>
<tr><td>Astrale Ebene</td><td>Kama</td><td>Kama-Rupa</td><td>Empfindungsleib</td><td>Emotionale Seele</td></tr>
<tr><td>Mentale Ebene</td><td>Kama-Manas</td><td>Niedere Manas (Verstand)</td><td>Mentalkörper</td><td rowspan="2">Wille und Intellekt</td></tr>
<tr><td rowspan="3">Geistige Ebene</td><td>Buddhi-Manas</td><td>Höherer Manas (Vernunft)</td><td>Kausalkörper</td></tr>
<tr><td>Buddhi</td><td>Buddhi (Weisheit)</td><td>Geist, verklärter Leib der Engel</td><td rowspan="2">Geistiges und göttliches Ich</td></tr>
<tr><td>Nirvana</td><td>Atma (Göttliches Selbst)</td><td>Ego, Höheres Selbst</td></tr>
</table>

Oder, da die einzelnen Prinzipien nichts anderes darstellen als verschiedene Schwingungsformen einer einzigen Ursubstanz, so kann man auch sagen: jede gröbere Zustandsform wird von allen feineren erfüllt. In jeder Entwicklungsperiode gelangt jedoch nur eine geringere Anzahl von Schwingungsarten zu formbildender und kraftäußernder Wirkung, die übrigen Prinzipien schlummern indessen als potenzielle Energien darin, um erst zu ihrer Zeit, in einer späteren Daseinsform, ihre Tätigkeit zu entfalten.

Unser Übersichtsbild „Die sieben Prinzipien" dabei heranziehend, wollen wir zunächst die Elemente der menschlichen Natur zu den schaffenden Kräften des Weltalls in die entsprechende Beziehung setzen. Und zwar sei hierfür die Philosophie der indischen Metaphysik als Grundlage gewählt und die Nomenklatur des Sanskrit verwendet, ohne uns aber in irgendwelche dialektische Erörterungen zu verlieren.

Die Stoffe, aus denen sich die Weltkörper samt allem Leben darauf ihren dichtmateriellen Bestandteilen nach zusammensetzen, das sind die chemischen Elemente, die in ihrer Gesamtheit Stuhla bilden, die Sphäre der gröbsten Atome.[1)]

Jede Sthulaform ist Trägerin eines Linga Sharira, seines ätherischen Doppelkörpers, des Trägers des physischen oder vegetativen Lebens[2)], und es wirkt – auch bei allen den folgenden Prinzipien – stets das höhere und beweglichere auf das niedrigere und weniger bewegliche wandelnd und formend ein, doch kann von den höheren Kraftformen nie ein Zwischenglied der Reihe übersprungen werden, wenn sie auf eine niedrigere Sphäre wirken wollen.

Kama ist diejenige Energieform, in welcher sich das Triebleben in der Natur äußert. Die Vehikel dieses Prinzips bilden die Astralkörper der einzelnen Lebewesen. Die Atome dieser Region besitzen eine viel feinere Struktur als die von Linga und Sthula, weshalb die Lebensäußerungen auf dieser – der astralen Ebene – auch viel reicher, mannigfaltiger und rascher sind, da entsprechend der geringeren Dichte ihrer Stoffe auch weniger Widerstandsmasse geboten wird.

Im Mentalreich, das aus einer höheren und einer niedrigeren Region besteht, dem sogenannten „Höheren" und „Niederen Manas", ist die gedankliche Energie, der niedere Intellekt und die höhere, erkennende Vernunft tätig. Die Atome dieser Sphäre sind von unendlicher Kleinheit, die Schwingungsformen von höchster Feinheit und die Bewegungen des

---

1) Alte Mystiker (vor allem Paracelsus) haben diese Einheitlichkeit im Aufbau des Universums, nämlich dessen Zusammensetzung aus überall gleichen Substanzen längst schon gelehrt, und das moderne Spektroskop bestätigt sie jetzt.

2) Durch seine fundamentalen Untersuchungen über die odische Strahlung aller Substanz (auch der „anorganischen") hat Reichenbach die Lehre der Adepten über die allgemeine Existenz des Ätherkörpers aufs Neue bewiesen.

Lebens auf dieser Ebene dementsprechend unvorstellbar subtil und schnell. Wir Kinder der groben physischen Ebene können uns den unendlichen Reichtum an Lebensäußerungen in jener Region unmöglich ausmalen. Nur der Hellsehende vermag diese wahrzunehmen und mit freilich unzulänglichen Worten zu schildern.

Die nächsthöhere Sphäre, Buddhi, ist jene Zustandsform, in der die Seele sich ihrer Gemeinschaft, der Tatsache der Einheit mit allen anderen Lebewesen vollkommen bewusst wird.[1)] Es ist das Prinzip, von welchem in allem Bestehenden die Tendenz zur Einigung, zur Brüderlichkeit und zur gegenseitigen Liebe herrührt. In Nirvana endlich findet das Ego, die *individuelle Monade*, nachdem sie den ganzen Kreislauf der kosmischen Entwicklungsperiode durchschritten hat, als Atma ihre Vereinigung mit dem göttlichen Wesen, das Endziel alles Lebens, Seins und Werdens.

*

Wir finden die einzelnen Naturreiche, wie sie sich die Wissenschaft zur Orientierung zergliedert hat, auf verschiedenen Ebenen ihr Leben entfaltend. Dabei müssen wir eingedenk sein, dass die Monade alle diese Daseinsstufen zu durchleben hat, bevor daraus der Schöpfung Krone, der Mensch, hervorgeht.

Im Mineralreich sind nur Sthula und Prana in lebendiger Tätigkeit begriffen und Kama erst in keimendem Zustand; die übrigen Prinzipien aber latent.

Im Pflanzenreich ist auch Kama-Rupa, der Astralleib, schon bis zu einem gewissen Grade entwickelt und organisiert;[2)] seine Form zerfällt jedoch sofort mit dem Tod der Pflanze.

In der Tierwelt ist der Astral bereits höher organisiert und der Niedere Manas ist in den verschiedenen Arten verschieden hoch entwickelt.[3)]

---

1) Man darf wohl in der „Gemeinschaft der Heiligen" des Christentums den Zustand des Buddhi wiedererkennen.

2) Vgl. hierzu Raoul Francé's „Sinnesleben der Pflanzen" und „Liebesleben der Pflanzen", sowie dessen „Leben der Pflanze" und „Floristische Lebensbilder."

3) Vergl. Erich Wasmann, „Instinkt und Intelligenz im Tierreiche" und Th. Zell, „Ist das Tier unvernünftig?"

Der Astral des Tieres lebt nach dem Tode des chemischen Körpers noch kurze Zeit fort.[1]

Der Mensch endlich unterscheidet sich von allen niedrigeren Wesen und insbesondere auch vom Tiere dadurch, dass in ihm der Höhere Manas durchzuleuchten beginnt, der Träger der höheren Individualseele.[2] Erst das menschliche Wesen besitzt individuelle Unsterblichkeit, nicht aber die niedrigeren Lebewesen. Der Mensch hat mit den Tieren vor allem den chemischen Körper gemein. Dieser Leib ist nur das Werkzeug der höheren Prinzipien der menschlichen Natur, die körperlichen Organe dienen der Seele bloß dazu, um mit der dichtstofflichen Sphäre in Wechselwirkung zu treten. Unser sinnfälliger, dichtstofflicher Körper erhält sein (vegetatives) Leben durch die Tätigkeit des Ätherkörpers in ihm, der der Urheber aller chemisch-physiologischen Prozesse ist, die sich in diesem Leibe abspielen. Für das vegetative Leben also ist Linga Sharira der Träger und Vermittler der Kräfte, Sthula Bhuta dagegen die Form oder der Stoff, die seiner Wirksamkeit unterworfen sind.

Linga Sharira und Sthula Bhuta bilden zusammen die Physis des Menschen, und ihre unmittelbare Tätigkeit erstreckt sich auf die physische Ebene, also auf die chemischen Atome und auf die ätherischen Kräfte des Weltalls.

Durch den Ätherleib werden dem Menschen ständig aus jiva, dem unermesslichen Reservoir der Lebenskräfte des Universums, neue Vitalkräfte zugeführt.[3] So dem physischen Leib aller einzelnen Lebewesen assimiliert, wird jiva zu Prana, der Lebenskraft des Individuums, dem

---

1) Einen höchst interessanten Beleg hierfür haben die Rhodopsinexperimente des Prof. Elmer Gates erbracht. (Beschrieben in der „N. fr. Presse“, Wien, 27. März 1906 und Nr. 2 der „Revue générale des Sciences Psychiques“ 1907: „L'äme estelle démontrée?“) Besonders bedeutungsvoll war hierbei die Erscheinung, dass die beseelten Körper (mit organisiertem Astral) einen Schatten warfen, also sich undurchsichtbar erwiesen, die unbeseelte Substanz dagegen (mit latentem, unentwickeltem Astral) durchsichtig für die Strahlen war.

2) Auf das Sanskritwort manas, zu dem lat. mens (das Denkprinzip) im Verwandtschaftsverhältnis steht, geht unser nhd. Mensch zurück; es heißt Mensch also soviel wie der Denker.

3) Vgl. Prof. Oskar Korschelts Broschüre zu seinen Sonnenätherstrahlapparaten, ferner seine Schrift: „Die Nutzbarmachung der lebendigen Kraft des Äthers in der Heilkunst, der

organisierenden Faktor seiner physischen Natur. Der ätherische Linga Sharira ist in seiner Gestalt und Organisation ein vollkommenes Ebenbild des Stuhla Bhuta und er regelt die gesamten chemischen Funktionen desselben.[1)]

Nach dem Tod des Stuhla Bhuta-Organismus löst er sich zugleich mit dem Zerfall von dessen chemischen Molekülen auf.

Der Astralleib, Kama Rupa, ist der Sitz jener Schwingungsformen der menschlichen Seele, welche die Äußerungen ihres Empfindungs- und Begierdenlebens bilden. Je reiner das Wunsch- und Fantasieleben eines Menschen ist, desto geläuterter ist sein Astral, desto klarer sind seine Farben und umso feiner seine Substanz. Je nach dem Charakter des Menschen ist also auch die Stufe jener Schwingungsarten gänzlich verschieden, die auf ihn Einfluss zu üben vermögen. Dieser Satz gilt in gleicher Weise auch für die übrigen Grundteile.

Kama Rupa ist der Träger aller Empfindungen, Gefühle, Affekte und Leidenschaften. Seine Tätigkeitsformen erstrecken sich von der dumpfen tierischen Empfindung bis zu den Gemütsbewegungen und den erhabensten Gefühlen hoch entwickelter Menschen.

Im Kosmos findet er seine Entsprechung und die Ebene seiner Betätigungen im universalen Empfindungsstoff, Kama. Nach dem irdischen Tode und der Auflösung des Linga Sharira ist Kama Loka der Wohnsitz des Astrals. Kama Manas, der Verstand oder (niedere) Intellekt, ist unter den Schwingungsformen des unteren Mentalgebietes wirksam. Diese Lebensformen der menschlichen Seele werden als der *Niedere Manas* bezeichnet, im Unterschied von Buddhi Manas, jener kosmischen Lebensform, in welcher der *Höhere Mamas* wirkt.

Landwirtschaft und der Technik", 3. Seite 3 der Broschüre: „Der Mensch ist imstande, lebendige Kraft außer aus der Nahrung auch aus den Sonnenstrahlen (dem Äther der Physiker) in sich aufzunehmen." – Ganz das Gleiche ist der sog. „animalische Magnetismus" und die „Vitalelektrizität".

1) Dieser ätherische Teil der menschlichen Konstitution ist somit auch das Organ des sogenannten chemischen Sinnes. Um ein für den astrologischen Forscher nicht unangebrachtes Beispiel für seine subtile Empfindlichkeit zu geben, wollen wir hier darauf hinweisen, welcher erstaunlich feinen Reaktionen unsere Nasenschleimhäute fähig sind. Nach den Angaben eines Physiologen und eines Chemikers, Fischer und Penzoldt, riechen wir von Schwefelwasserstoff $^{1}/_{5000}$ Milligramm, von Moschus $^{1}/_{2}$ millionstel mgr., von

Der Niedere Manas ist unser logisches Denkorgan. Er regelt die irdischen Verhältnisse und bringt Ordnung ins physische Leben. Er ist der Sitz des Begriffsbildungsvermögens. Die Rechtsbegriffe, der mathematische Sinn, Erfindungsgabe, Scharfsinn und Mutterwitz, Esprit, Denkkraft, geistreiche Aperçus des Verstandes – das sind so die Offenbarungen dieses Prinzips.

Die Erscheinungen seines Lebens wickeln sich *mit der Schnelligkeit des Gedankens* ab. Durch die zahlreichen Fälle von *Telepathie* wird ja schon öfter ein kurzer Einblick in die okkulte Tätigkeit des Mentalkörpers, der das Vehikel für den Niederen Manas bildet, gegeben.

Der Mentalkörper überdauert auch die Auflösung des Astralleibes; er geht nach dem physischen Tod in die unteren Regionen des Devachan ein. Am Ende des Devachanzustandes unterliegt auch er dem Tod und wird als Leiche von dem Höheren Manas, dem Kausalkörper, verlassen.

Der Höhere Manas jedoch unterliegt nicht mehr der Sterblichkeit. Er ist eine von den drei *göttlichen Personen*, ein Aspekt der göttlichen Trinität.

So wirft also der Mensch unter wechselnden Formen nacheinander seine vier niederen Grundteile ab, welche die *niedere Quaternität* bilden. Er entäußert sich zuerst des chemischen Körpers; während dieser zerfällt, löst sich sein Ätherleib auf; später stirbt der Astral ab und schließlich wirft er auch den Niederen Manas ab. Die drei höheren Prinzipien jedoch dauern fort bis zur nächsten Inkarnation, wo sie abermals den Prozess der Involution (des Geistes in der Materie) vollführen.

„Wenn die Zeit der Wiedergeburt herannaht, zieht der Kausalleib eine neue Hülle des Niederen Manas um sich zusammen. Dann erreicht seine Tätigkeit das Astralgebiet und er bildet einen neuen Astralkörper, welcher dem Ausdruck seiner Empfindungsnatur dienen wird. Zuletzt werden die ätherische Hülle und der dicht–physische Körper im Schoße seiner Mutter gebildet.“[1)]

Chlorphenol $^1/_4$millionstel mgr., von Mercaptan $^1/_{23}$millionstel mgr. und Prof. Reclam erzählt, dass die Gemächer der Kaiserin Josephine, die später als Bildergalerie verwendet wurden, noch 40 Jahre lang deutlichen Moschusgeruch aufwiesen.

1) Bodhabikshu, „Die Geheimphilosophie der Inder.“

In dieser neuen irdischen Verkörperung besitzt das Gehirn zumeist keine Erinnerung mehr an die Individualität der abgestorbenen niedrigen Formen seiner Vorinkarnation, an die sogenannte *Persona* des letzten irdischen Daseins.

Der Höhere Manas jedoch überdauert alle Inkarnationen; er bewahrt mit unfehlbar treuem Gedächtnis die Erinnerung an alles, was die gesamten früheren irdischen Existenzen irgend erlebt haben, auf und schreitet stetig vor in seiner Entwicklung aufgrund dieser Erfahrungen. Mit diesem Erkenntnisvermögen, das er sich durch die vorhergegangenen Leben erworben hat, wird von ihm die Seele jenes Kindes ausgestattet, das ihm als das leibliche Vehikel in einem neuerlichen Erdendasein dienen wird.

Die Geburt eines Kindes kann demnach nur in einem Augenblick einer solchen bestimmten Strahlung der gesamten Gestirnkonstellation erfolgen, welche in ihrer Wirkungsweise der Tendenz dieses sich reinkarnierenden Buddhi-Manas, oder mit anderen Worten dem Stand seiner Entwicklung am vollkommensten entspricht; ferner nur mittelst eines geeigneten Elternpaares.

Mit zwei Faktoren im Einklang also wirkt der Höhere Manas, wenn er die Persona schafft: mit der Konstellation der kosmischen Strahlungseinflüsse und zweitens mit den Naturgesetzen der Vererbung, nach welchen er die Wahl der Eltern zu treffen hat.[1)] Hierin haben wir also die drei Elemente der menschlichen Entwicklung zu suchen: die kosmischen Elemente als Sender der Lebensschicksale; die latente Grundlage der seelischen Eigenarten, Fähigkeiten und Neigungen (der gegenwärtige Entwicklungszustand des Höheren Manas); endlich der alle Entwicklung verursachende Trieb des Geistes, sich zum Göttlichen emporzuschwingen, sein Streben, sich an den Dingen dieser Welt heranzubilden und zu veredeln.

Und wirklich wächst auch die Erkenntnis des Höheren Manas mit jeder seiner Inkarnationen; denn es ist durch die natürlichen Evolutionsgesetze wohl begründet, dass die Wiedergeburt nie mit niedrigeren Geistesanlagen noch in einer niedrigeren Rasse erfolgen kann, als diejenigen

1) Wie schon erwähnt, ist deren Artung im Nativitätsbild enthalten und der ganze Vorgang der Elternauslese und der erblichen Erwerbung von physischen und seelischen Eigenschaften wird also ebenfalls durch die Sternenläufe bestimmt.

der vorherigen Persona waren. Der Höhere Manas betätigt sich im Kosmos auf der Ebene der höheren mentalen Energien.

Der *Wille* ist nichts anderes als der Grad der Intensität, mit dem jedes der menschlichen Prinzipien sich betätigt.[1] Bewusst und vernünftig aber wird er erst auf den höheren Stufen der Entwicklung, im Reiche der Intelligenz. In Atma aber fließt Wissen und Wollen in eins zusammen.

Höherer Mamas, Buddhi, Atma bilden zusammen die Trinität der höchsten Wesenheit des Menschen. Sie sind „die drei Aspekte der göttlichen Monade". Ihr Wesen vermag nur der Mystiker zu erfassen, dem tief innerliches Schauen gegeben ist. Buddhi ist die Lebensform oder der Zustand der Seligen, der Engel mit verklärtem Leibe. Der Wohnsitz Atmas, des göttlichen Selbsts, ist Nirvana, das Ziel jeder Mystik.

Selbst wenn wir es vermöchten, so würden wir dennoch nicht daran denken, die Natur dieser höchsten Prinzipien zu schildern zu versuchen. Denn dem Astrologen, der sich dieser Philosophie für die innerliche Erfassung seiner Wissenschaft bedienen wird, würde es ja ohnehin schwerlich gelingen, mit seinen Spekulationen den Himmel zu belästigen. Sondern zunächst hat er wahrlich genug damit zu schaffen, die Erforschung der Persona des Menschen und der Dinge seiner Umwelt in ihrem Zusammenhang mit den kosmischen Kräften zu seinem ernstlichen Studium zu machen. Ist doch dieses Feld allein schon übermäßig reich und mannigfaltig!

Unsere nächste Aufgabe ist es nun, uns mit den einzelnen Gebieten, auf denen die Tätigkeit dieser Prinzipien sich entfaltet, vertraut zu machen. Und der Studierende soll nicht erschrecken, wenn er jetzt auf das dunkle Feld der Alchemie[2], der höheren, seelischen oder Lebens-Chemie,

---

1) Anders als hier, definiert A. Besant (in „The ancient Wisdom", „Uralte Weisheit"): „Wille ist die nach außen strömende Energie des Denkers, deren Richtung durch die Schlüsse bestimmt wird, welche die Vernunft aus vergangenen Erfahrungen oder durch die direkte Intuition des Denkers selbst zieht." – jedoch ist ja auch schon das primitivste, gänzlich unvernünftige Begehren mit der Tendenz oder dem Willen seiner Realisierung verbunden. – Im Übrigen sei gerade hier Anlass genommen, dem Studierenden dieses wunderbare und bedeutende Werk der großen Theosophin aufs Wärmste zu empfehlen.

1) Die echte, höhere Alchemie strebte keineswegs dem Zweck nach, aus unedlem Metall edles (Gold und Silber) zu bereiten, sondern ihr Ziel ist die geistige Veredelung der Menschheit; sie operiert mit spirituellen Kräften. Jene chemischen Goldköche dagegen,

wie man sie füglich nennen kann, geführt wird, – übrigens nur einige Schritte weit, sofern es für unsere Zwecke unerlässlich ist, nämlich bis zur Kenntnis des Wesens und der Wirksamkeit der sogenannten *vier Elemente*.

Die vier Elemente der Alten: Feuer, Wasser, Luft und Erde, welche im Sanskrit die Bezeichnung Tatwas (Daseinsformen) führen, stellen nichts anderes dar als verschiedene Schwingungsformen der einen Ursubstanz, welche allem Leben des Weltenraums zugrunde liegt.

Nicht aber sind unter ihnen diejenigen irdischen Daseinsformen verstanden, die wir als Feuer, Wasser, Luft und Erde zu bezeichnen pflegen.

Diese symbolischen Namen wurden nur deshalb gewählt, weil die den Erscheinungsformen Wasser, Erde, usw., zukommenden Kräfte einzelne Vertreter der vier Gattungen dieser Schwingungszustände oder Kraftformen sind. (Jede Substanz ist auch zugleich Kraft.)

Alchemie und Astrologie stehen zueinander in der innigsten Verbindung; der Kenner der Alchemie wird mir beistimmen, die Astrologie als *theoretische Alchemie* zu bezeichnen.

Die vier Elemente sind auch die Repräsentanten der verschiedenen physischen Aggregatzustände: des festen (Erde), des flüssigen (Wasser), gasförmigen (Luft) und ätherischen (Feuer). Sie stehen in naher Beziehung zu den vier unteren kosmischen Ebenen: Erde zur physischen Ebene,

---

welche die Allegorien der Wissenschaft der Eingeweihten materialistisch missverstanden, sind Narren, und sie verhalten sich zu den Adepten wie der Affe zum Gelehrten.

„Was soll man von viel Rezepten sagen und von mancherlei Gefäßen, Öfen, Gläsern, Scherben, Wassern, Ölen, Salzen, Schwefeln, usw. Alle solche Dinge machen vergebliche Mühe und Arbeit in der Alchemie, und obschon durch dieselben Sol und Luna gemacht wurden, so sind sie doch mehr ein Hindernis als eine Förderung. Darum ist in Wahrheit nichts davon zu lernen, sondern man muss das alles fahren lassen, da es nicht der fünf Metalle bedarf, um Gold und Silber (die hohen geistigen Kräfte) hervorzubringen." (Theophrastus Paracelsus im „Coelum Philosophorum", pag. 588.)

„Dies gilt sowohl in Bezug auf die nutzlosen Versuche, aus leblosen Stoffen ohne Zuhilfenahme der Lebenskraft etwas Lebendiges zu schaffen, als auch in Bezug auf die zeitraubende Beschäftigung, sich durch das theoretische Studium vieler Moralsysteme, ohne eines derselben praktisch auszuüben, zum Adepten zu machen. Die Wahrheit ist einfach und bedarf keiner Theorie. – Philosophische Argumente haben keinen anderen Zweck, als dasjenige zu beseitigen, was der Erkenntnis der Wahrheit hinderlich ist." (Dr. Franz Hartmanns „Lotusblüten" IX, 1893: „Das Wesen der Alchemie".)

Wasser zur astralen, Luft zur mentalen und Feuer zur spirituellen (geistigen) Ebene. Ihre Wirksamkeit erzeugt im Menschen das, was man mit einem unbestimmten Ausdruck als sein *Temperament* bezeichnet und was von den Alten auf eine bestimmte Mischung der *Humores* (Idiosynkrasie) zurückgeführt wurde.[1] Danach wird das cholerische Temperament vom *Feuer* beherrscht, das melancholische von der *Erde*, das phlegmatische vom *Wasser* und das sanguinische von der *Luft*.[2] Wir werden später sehen, welche wichtige Rolle sie im kosmischen Leben einnehmen.

Nun haben wir uns schließlich noch mit den drei „Guna“ oder Qualitäten (der Bewegungszustände), d. h. Mit den verschiedenen Betätigungsformen der Elemente und Prinzipien, vertraut zu machen.

Die Guna sind: Tamas, Sattwa und Rajas.

Sie werden auch zu den drei höchsten Aspekten der Gottheit: Atma, Buddhi und Manas in Beziehung gesetzt Tamas zu Atma, Sattwa zu Buddhi und Rajas zu Manas. Für uns ist aber gerade ihre Wirksamkeit in den vier niederen Prinzipien, also ihre Kundgebung in der Physis, im Ather–, Astral- und Mentalkörper, vom meisten Interesse.

Tamas ist der Ausdruck für die Qualität alles Festen, Beständigen; für die unveränderliche Existenz der Gottheit, die hinter aller Mannigfal-

---

1) Als ein zeitgenössisches „Kulturdokument“ sei der Artikel über „Temperament“ im Meyerschen Lexikon (5. Aufl.) hier herangezogen. „Humores“ wird mit „Säfte“ wiedergegeben, womit sich der Physiologe wohl würdig dem alchimistischen Pfuscher mit seiner Missdeutung der Symbole zur Seite stellt. Weiter heißt es: „Man darf jedoch der ganzen Temperamentenlehre, da sie mehr in der Tradition als in der Erfahrung wurzelt, keine allzugroße Bedeutung beilegen.“ – Was weiß der Mann von der alten Tradition?! Man vergleiche hierzu ein wenig die „Entschleierte Isis“ von H. P. Blawatskyy I, S. XV, ferner Kap. I, Seite 3 u. 7; Kap. VII, S. 237.

2) „Zu diesen vier Elementen kommt noch ein fünftes, das wir hier als den Äther bezeichnen wollen und welches eigentlich kein Element, sondern die Grundlage aller Elemente ist, aus denen die Dinge bestehen. Dieses wurde von den Alchimisten die Quintessenz aller Dinge genannt und entspricht im Indischen dem Worte Akasha, welches nur annähernd der Bezeichnung kosmischer Ather gleichkommt, da es nicht, wie dieser, eine bloße physikalische Substanz, sondern eine lebendige Kraft, die Kraft des ewigen Wortes, welches das Leben selber ist, darstellt. Wir können die Welt als aus einer einzigen Ursubstanz bestehend betrachten, welche in verschiedenartigen Schwingungen sich befindet. Und die Verschiedenartigkeit dieser Schwingungen ist die Grundlage aller Formbildungen und Kraftäußerungen, sei es im Reiche der sichtbaren Materie, auf einer höheren und für uns

tigkeit in der Natur sich selbst stets gleich bleibt. In den niedrigeren Ebenen betätigt sich dieses Guna als die Dauerhaftigkeit, Beharrlichkeit und Beständigkeit der Zustände; als Ausdauer, Festigkeit, Widerstand gegen die Veränderung. Es ist das erhaltende, konservative Element im Flusse des Weltgeschehens und im natürlichen Verwandlungsprozesse des Lebens.

Doch beherrscht Tamas sowie jedes Guna, da sich sein Wirkungskreis nicht nur über die Lichtseite der Natur, sondern über das Ganze, also auch ebenso auf des Lebens Schattenseiten erstreckt, auch gleichviel *böse* Eigenschaften, die nichts anderes als die Gegenpole der entsprechenden guten sind: das Dauerhafte wird zum Trägen, die Beharrlichkeit zur Indolenz; die Beständigkeit zur Unmöglichkeit des Fortschritts; die Festigkeit im Guten zur Verstocktheit im Bösen. So hat jedes Guna seine verschiedensten Aspekte, und zwischen seinen Extremen bestehen alle Abstufungen der einen Qualität.[1)]

Das Guna Rajas ist seiner Qualität nach das Streben nach Bewegung, Veränderung und Wechsel mit allen daraus entspringenden Tätigkeitsarten. In seinem höchsten Aspekt ist es das Guna der Schöpfung, der Zeugung des Lebens und der Form; es ist die Ursache alles Fortschrittes und aller Entwicklung. Es bildet den Pfad zur Einweihung, zur Vollkommenheit. Rajas bedeutet darum in seiner physischen Kundgebung die Bewegung, Tätigkeitssinn, Forschergeist, Energie, Strebsamkeit; Verlangen nach Wechsel und Veränderung, nach buntem Erleben; im schlechteren Sinne dann die Wankelmütigkeit, Willensschwäche, Begehrlichkeit, zügellose Wünsche.

---

unsichtbaren Ebene oder im Reiche der Intelligenz. Über allen diesen Erscheinungen steht aber die Ursache, der alle diese Dinge ihre Entstehung ursprünglich verdanken. – Der Schlüssel zum Eindringen der Chemie ins Gebiet der Alchemie liegt daher in einem Verständnisse der Eigenschaften des Äthers und dessen Schwingungen, oder besser gesagt: des Akasha und seiner Modifikationen, und wir haben Grund anzunehmen, dass wir in dieser Beziehung am Vorabende großer Entdeckungen stehen". (Dr. Franz Hartmann, „Lotusblüten" 1893, IX.) Man vergleiche nun mit der uralten indischen Lehre über Akasha die monistischen Theorien der modernen Energetik und Lord Ramsays Anschauungen über die Einheit aller Materie aufgrund seiner neuesten Entdeckungen.

1) Wenn daher die drei Gunas „Rajas, Tamas und Sattwa" öfter mit „Dummheit, Festigkeit und Weisheit" übersetzt werden, so ist das ganz unvernünftig.

So stellt dieses Guna die Gegenseite von Tamas vor.

Zwischen beiden Extremen steht vermittelnd Sattwa, die Tendenz zum Ausgleich der Gegensätze, die Schöpferin der Harmonie, die Weisheit. Sein Streben ist auf Frieden und Einigkeit gerichtet. Es versöhnt die streitenden Parteien und lässt aus dem Kampf der Kräfte das zweckmäßige und vernünftige Resultat hervorgehen.

Das von Sattwa geleitete Geschöpf wird von friedlicher, besonnener Natur sein, versöhnlich und stets bereit, Gegensätze auszugleichen oder zu mildern und zwischen Widerstreitendem zu vermitteln. Auf einem niedrigeren Stande der Entwicklung aber wird dieses Guna sich manifestieren als schwankende Gesinnung, Mangel an Charakterstärke, Wechsel zwischen Fleiß und Trägheit – Wechsel zwischen den Äußerungen Tamas und Rajas – endlich als Indolenz und Blasiertheit.

Der Tätigkeitszustand des Sattwa kann am besten symbolisiert werden durch den Rytmus: die Verbindung von Beständigkeit und Bewegung, von Tätigkeit mit regelmäßiger Ruhe. Diese Qualitäten nun wirken auf allen den verschiedenen Ebenen und in jedem Elemente.

Nicht zufällig aber wird jemand unter dem Einfluss dieses oder jenes Guna geboren, sondern diese Bestimmung richtet sich ganz nach dem Zwecke, den die neue Phase seiner Entwicklung in der gegenwärtigen Inkarnation erfüllen soll.

Eine Periode, die er in der Qualität des Rajas durchlebt, dient ihm dazu, in dieser Zeit Kenntnisse und Erfahrungen zu sammeln, aus denen er eine gewisse Summe von Erkenntnissen zu gewinnen vermag.

Falls er in seinem früheren Erdendasein (oder auch in mehreren Existenzen) schon einen entsprechenden Schatz von neuen Erfahrungen erworben hat, deren Früchte in sich zur Reife zu bringen er noch nicht Gelegenheit fand, so wird seine neue Verkörperung von Tamas beherrscht sein, welches die neuen Kräfte zur ruhigen Auswirkung bringt, um ihn die durch das vorhergehende Leben erworbenen Fähigkeiten verwerten zu lassen.

Seine Lebensziele werden jetzt in jener Richtung gelegen sein, welche durch die Tätigkeit in der letzten Rajas-Periode als Ideal angestrebt worden war. Und er wird durch Tamas nun die Verwirklichung der Ideale durchführen.

In jeder Periode ist ein bestimmtes Guna vorherrschend, und ebenso eine bestimmte Ebene die vorherrschende seiner jeweiligen Interessen, und ein oder zwei Elemente bestimmen sein *Temperament.*

Wenn jedoch eine Phase herankommt, in welcher der Geist auf einer solchen relativen Höhe angelangt ist, wo er fähig ist, in den Problemen des Lebens, die sich als endloser Widerstreit der Kräfte darstellen, mit überlegenem Blick beide Seiten der Frage auf ihren Wert zu erkennen, Recht und Unrecht beider Teile abzuwiegen und so Widersprüche zu einigen, Extreme zu beseitigen und daraus eine höhere Einheit zu schaffen, – die Seele, welcher dieses Tätigkeitsgebiet entspricht, wird im Guna Sattwa sich auf der Erde manifestieren.

Das Ego wird so oft diese zyklische Reihe durchlaufen, bis es sich zur Gottheit emporgeschwungen hat.

Da nun der Astrologe in seiner Kunst ein Mittel besitzt, um festzustellen, in welcher Qualität des Tätigkeitszustandes, in welchem Guna ein Mensch eben lebt, so vermag er danach auch festzustellen, in welcher Phase jener zyklischen Entwicklungsperiode das Ego eben begriffen ist.[1)]

Wir haben jetzt in großen Zügen die Grundlagen jener erhabenen Naturphilosophie, wie sie die uralte Tradition zu allen Zeiten gelehrt hat und wie sie unter ihrem neuen Namen „Theosophie" abermals zu allgemeinerem Leben erweckt wurde, kennengelernt. Sie wird uns als fruchtbarste und beste Basis für diese Studien dienen, – besser als jede moderne Psychologie.

Die Theosophie lehrt ihrem Grundwesen nach nichts anderes als die alten Alchemisten, und diese wiederum haben unbewusst nur die uralte Überlieferung Ägyptens und die noch ältere, ehrwürdige Weisheit Indiens bestätigt. Denn – wie wir das nicht stark genug hervorheben können! – diese Lehren sind keine bloß theoretischen Spekulationen; es ist dies nicht nur *eine* Naturphilosophie, sondern es ist die wahre und einzige, von den höchsten Menschengeistern immer wieder beglaubigte Philosophie des universellen Lebens; es ist nicht bloße hypothetische Theorie, sondern es ist reine Naturwissenschaft, so gut empirisch als unsere modernen *Syste-*

1) Ob jedoch durch die Mittel der Horoskopie es auch möglich ist, den absoluten Stand der Entwicklungshöhe des im Kausalkörper manifestierten Egos zu erkennen, die Behandlung dieser Frage müssen wir uns für später vorbehalten.

me, jedoch von höher stehenden und fortgeschritteneren Menschen geschaffen, als es der Durchschnitt unserer Zeit – unserer Naturforscher ist. Sie ist aus der unmittelbarsten Anschauung der Natur heraus entstanden.

Auf dieser festen Basis unser ganzes Gebäude errichtend, wollen wir uns nun den Einzelheiten der astrologischen Wissenschaft zuwenden.

Die Elemente der Astrologie

Die Ekliptik ist die Bahn, welche die Sonne scheinbar jährlich am Himmel durchläuft. Sie wird in zwölf gleiche Abschnitte geteilt, welche nach zwölf Sternbildern benannt sind.[1)] Sechs davon liegen nördlich, sechs südlich vom Äquator des Himmels. Die nördlichen sind Widder, Stier, Zwillinge, Krebs, Löwe, Jungfrau; die südlichen Waage, Skorpion, Schütze, Steinbock, Wassermann, Fische. Von den 360 Graden des Tierkreises entfallen auf jedes Zeichen 30°, und diese Einteilung dient zur Bestimmung sämtlicher Gestirnorte.

Die Symbole und Ekliptikgrade dieser Zeichen sind:

Widder – Aries ♈ 0° - 30°

Stier – Taurus ♉ 30° - 60°

Zwillinge – Gemini ♊ 60° - 90°

Krebs – Cancer ♋ 90° - 120°

Löwe – Leo ♌ 12O° - 150°

Jungfrau – Virgo ♍ 150° - 180°

Wage – Libra ♎ 18O° - 210°

Skorpion – Scorpio ♏ 210° - 240°

Schütze – Sagittarius ♐ 240° - 270°

Steinbock – Capricornus ♑ 270° - 300°

Wassermann – Aquarius ♒ 300° - 330°

Fische – Pisces ♓ 330° - 360°

Die ursprüngliche Bedeutung der Tierkreiszeichen war eine empirisch-astrologische. Unsere heutige Astronomie hat den Sinn dieser Zeichen verloren. Sie benützt jene Einteilung nur mehr als Orientierungsorte

---

1) Ehedem stand in jedem dieser Abschnitte das gleichnamige Sternzeichen, jedoch haben sich gegenüber der ursprünglichen Teilung im Laufe der Jahrtausende diese Sternbilder soweit bewegt, dass das gleichnamige Sternbild heute beiläufig in dem nach dem nächsten Bild benannten Abschnitt steht.

wegen ihrer praktischen Brauchbarkeit. Die astrologische Erfahrung spricht jedem dieser Abschnitte eine bestimmte Wirkungsweise zu, die auffälligerweise davon unbeeinflusst bleibt, dass das betreffende Sternbild bereits weiter gerückt ist. Es wirkt also in diesem Falle die ideale Himmelsgegend und nicht die Fixsterngruppe; jene Fixsterne, welche in den einzelnen Teilen des Zodiakus stehen, haben, wie wir später sehen werden, ihre eigene, vom gleich benannten Zeichen unabhängige Strahlung.

Jedem Abschnitt des Tierkreises eignen besondere Kräfte, und zwar sowohl individuelle als auch gattungsmäßige, in Gruppen zum Ausdruck kommende. Man schreibt auch jedem einzelnen Grade und Abschnitten von 5° zu 5°, sowie solchen von 10° zu 10° eine besondere selbstständige Wirkung zu. Dies wird später weiter ausgeführt werden.

Wir wollen zunächst eine Bewertung der Zeichen nach gemeinsamen Wirkungsarten vornehmen. Entsprechend der in den Hauptzügen .bereits dargelegten Kosmologie ist die Wirksamkeit der Zeichengruppen.

Zeichen, die in Abständen von 120° zueinander stehen, besitzen gleichartige elementale Wirksamkeit. Feuer, Luft, Wasser, Erde – je drei Zeichen schwingen im „Trigon“ entsprechend diesen Elementen. (Siehe Fig. 1.) Dadurch werden die Temperamente beeinflusst, wie oben ausgeführt.

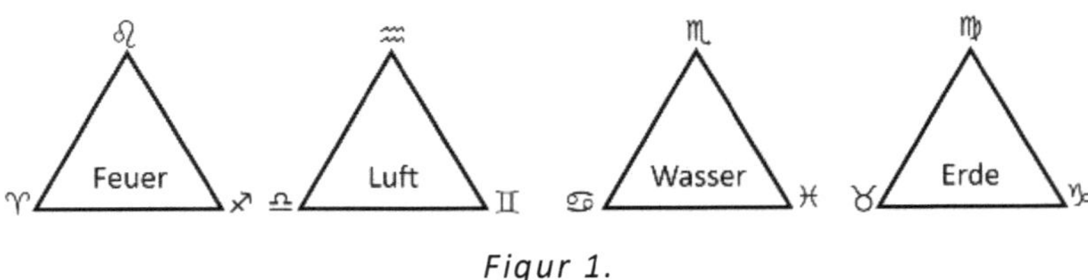

Figur 1.

In den Elementen sind die Guna wirksam; sie erhalten ihre Farbe von jenen.

Die Spitzen unserer Trigone (♌, ♒, ♏, ♉) schwingen im Guna Tamas; daher *feste* oder *fixe Zeichen*. ♈, ♎, ♋, ♑ schwingen in Rajas und heißen *bewegliche* oder *kardinale Zeichen*, während Sattwa (der Ausgleich zwischen den beiden anderen Guna) sich manifestiert in den die *gemeinschaftlichen* genannten Zeichen ♐, ♊, ♓ und ♍. Ich möchte diese *die ausgleichenden Zeichen* nennen.

Figur 2.

Daraus ergibt sich neben der trigonalen Teilung eine quadratische Teilung in regelmäßiger Aufeinanderfolge der Guna sowie der Elemente. (Vergl. Figur 2.) Neben dieser Fundamentaleinteilung unterscheidet man die Zeichen noch nach anderen Einteilungsgründen; und zwar in männliche oder positive (♈, ♊, ♌, ♎, ♐, ♒) und in weibliche oder negative (♑, ♏, ♓, ♉, ♋, ♍)[1)]. Ferner in *Zeichen von langer Aufsteigung*, nämlich ♋, ♌, ♍, ♎, ♏ und ♐, welche in unseren Breiten länger über dem Horizont stehen als die übrigen, und in *Zeichen von kurzer Aufstei-*

1) „In dem Mann sehen wir den positiven, aggressiven Herrn der Schöpfung, jenen Teil der Seele, der ohne Unterlass die Natur durchforscht, um die Wahrheit zu finden. Der Wille des Mannes ist elektrisch, vorwärtsdringend und destruktiv; der Wille des Weibes ist magnetisch, anziehend und konstruktiv. Man ersieht daraus, dass sie die entgegengesetzten Pole der schöpferischen Kräfte der Natur zum Ausdruck bringen." (Raphael, Hermetische Lehrbriefe S. 50.)

gung in unserer Breite, nämlich ♑, ♒, ♓, ♈, ♉ und ♊. Dieses Verhältnis kehrt sich südlich vom Äquator um.

♊, ♌ und in gewissem Grade auch ♍ gelten als unfruchtbare Zeichen; ♋, ♏, und ♓ als fruchtbare.

♊, ♓ und die Anfangsgrade des ♐ sind zweiteilige (nach der alten Ausdrucksweise *doppelkörperliche*) Zeichen. Es sind Zeichen, die einen inneren Zwiespalt entwickeln, je nach der Art ihrer Stellung.

Die Zeichen der Sonnenwende, ♋ und ♑, sowie das der ♓, in dem das Solarjahr stirbt, werden als Zeichen schwacher Konstitution betrachtet. ♊, ♌, ♍, ♎, ♏, ♐ als Zeichen einer begünstigten Sonne gelten als Bringer von Lebenskraft.

Die stärkste siderische Beeinflussung des Menschen geschieht durch die Planeten unseres Sonnensystems, und man nennt, die Erde als Mittelpunkt des Universums betrachtend, Sonne und Mond nach vorkopernikanischer Weise ebenfalls Planeten. Es ist nicht unwichtig, an dieser Stelle zu bemerken, dass mit der Erkenntnis des heliozentrischen Aufbaues unseres Universums keine Veränderung der astrologischen Lehren eintrat, denn diese beruhen auf Empirie. Und die Tatsache ist sprechend genug, dass gerade die bedeutendsten Astrologen jener Zeit sich als erste zur Anhängerschaft an die Lehren des Reformators Kopernikus bekannten.

Die alte Astrologie kannte außer Sonne und Mond nur fünf Planeten und gab diesen intuitiv die ihrer Wirkungsweise entsprechenden Namen: Merkur, Venus und Mars in Sonnennähe, Jupiter und Saturn in Sonnenferne. Den letzten Jahrhunderten war es vorbehalten, zwei weitere Planeten zu entdecken, und man belegte sie mehr nach mythologischer Analogie als nach Intuition mit den Namen Uranus und Neptun. Jüngste Forschungen bemühen sich um die Auffindung und Erforschung noch entfernterer Planeten.

Die Zeichen für die Planeten sind folgende:

☉ Sonne,	♅ Uranus,	♂ Mars,
☽ Mond,	♄ Saturn,	♀ Venus,
♆ Neptun,	♃ Jupiter,	☿ Merkur.

Die Entfernungen der Planeten von der Sonne befolgen kein aus den Gravitationskräften ableitbares Gesetz, stehen aber doch in einer gewissen Symmetrie, die gewöhnlich als Titiussches Gesetz angeführt wird.

Eine Übersichtstabelle soll vorläufig die wichtigsten astronomischen Belehrungen über die Planeten vermitteln.

Schon ein physikalisches Gesetz lehrt uns, dass die feinsten Vibrationen auch die längste Dauer haben und dass ihre Tätigkeitssphäre viel ausgedehnter ist. Wir erweitern dieses Gesetz auf den Kosmos und müssen

Planet	Sonnenentfernung nach der Titiusschen Regel	Umlaufzeit	Durchmesser (in Meilen)	Dichte im Verhältnis zur Erde	Verhältnis der Massen
☿	0 x 6 x 8 Mill. Meilen	88 Tage	600	= Erde	1/12
♀	1 x 6 x 8 Mill. Meilen	225T.	1700	= Erde	5/6
Erde	2 x 6 x 8 Mill. Meilen	365 ¼ T.	1719	1[1)]	1[2)]
♂	4 x 6 x 8 Mill. Meilen	687 T.	900	0,7 der Erde	1/10
Asteroiden	8 x 6 x 8 Mill. Meilen				
♃	16 x 6 x 8 Mill. Meilen	12 Jahre	20000	¼	310
♄	32 x 6 x 8 Mill. Meilen	29 J.	17000	1/9	100
♅	64 x 6 x 8 Mill. Meilen	84 J.	7500	¼	16
♆	620 Mill. Meilen (abweichend von der Titiusschen Regel)	164 J.	8000	kleiner als ♅	größer as ♅

1) In Wirklichkeit durchschnittlich 5½.

2) In Wirklichkeit 0,6 Quadrillionen.

schließen, dass nur die feinsten Schwingungsformen von Planeten, die Hunderte von Millionen Meilen entfernt sind, zu uns gelangen, während ihre gröberen Emanationen weniger intensiv wirken. Die entferntesten Planeten müssen daher für unsere Erde die Träger der höchsten geistigen Essenzen darstellen; je näher uns der Planet gerückt ist, desto mehr haben wir auch Teil an seinen materielleren Strahlungen. Neptun und Uranus müssen uns also derzeit als Vermittler von vorzüglich geistigen Elementen erscheinen, während Venus und Mars infolge ihrer Nähe sowie die Sonne infolge ihres Volumens auch Strahlungen niederer Ebenen neben den unbedingt vorhandenen höheren Emanationen von sich geben. Der ebenfalls nahestehende Merkur hingegen übt seine Wirksamkeit kraft seines geringen Volumens vorzüglich auf der niederen geistigen Ebene aus. Dieses Gesetz der Strahlungsweise betätigt sich innerhalb der Individualität der strahlenden Planeten. Venus und Mars z. B., zwei Sterne von nahezu gleicher Strahlungsintensität, stellen zwei verschiedene Pole des niederen Kama ihrer Natur nach dar, Venus den negativen, Mars den positiven.

Diese Schwingungsformen sind wesentlich anderer Art als die unseren Physikern geläufigen Energien: Gravitation, Licht, Wärme, Elektrizität, Magnetismus. Schon die Radioaktivität bildet einen Übergang zu jenen höheren Naturkräften. Die kosmische Einheit unseres Sonnensystems offenbart sich auch in jedem seiner Planeten. Jeder ist ein geschlossener Organismus, ein lebendes und intelligentes

Wesen wie der Mikrokosmos *Mensch*. – „Wie oben, so unten", heißt es, „wie im Himmel, so auf der Erde."

Im Buch des großen Abad, einem Teil des „Desartir" oder der heiligen Schrift der alten persischen Propheten, ist diese Erkenntnis ausgesprochen mit den Worten: „Es gibt viele sich schwer bewegende Sterne und jeder derselben hat Intelligenz, Seele und Körper. Ebenso hat jeder besondere Teil des Himmels und der Planeten Intelligenz und Seele." – Kepler, dessen astrologische Forschungen entweder unbekannt bleiben oder gewaltsam unterdrückt werden, gelangte intuitiv zur gleichen Überzeugung und hat dies mit begeisterten Worten bekannt. „Kritische Köpfe hielten diese Annahme Keplers für einen Beweis gestörten Denkens, einer Fantasie, die über die Grenzen wissenschaftlicher Beachtung hinausschoss; – uns aber will es scheinen, dass sein hellsehender Geist ihn der

Wahrheit näher brachte als andere Forscher ihre Starrköpfigkeit.“ (So Mr. Shaler, Prof. der Geologie an der Harvard University, in „Nature and Man in America“, S. 2.)

Die Strahlungen der Planeten vermischen ihre Wirkung mit denen der Tierkreiszeichen und aus den Zeichen heraus mit denen anderer Planeten. Die reziproke Wirkung des Strahlenaustausches auf die beteiligten Planeten wird von den Menschen als wohltätig oder als schädlich empfunden oder sie bleibt für ihn neutral. Man sagt, die Gestirne stehen in guter oder schlechter Anblickung, in gutem oder schlechtem *Aspekt*. Die Bedingungen, unter denen Aspekte wohltätig oder schädlich wirken, hat uralte Erfahrung festgelegt: sie hängen von der Winkelentfernung der Gestirne ab.

Als wohltätige Strahlungen gelten im allgemeinen: Aspekte von 30°, 60°, 72°, 120°; als unglücksbringende solche von 45°, 90°, 135°, 150°, 180°; die Wirkung der Konjunktionen ist verschieden. Die bedeutsamsten Aspekte sind:

die Konjunktion ☌ mit 0°,

die Opposition ☍ mit 180°,

das Trigon △ mit 120°,

ferner die Quadratur □ mit 90°,

und der Sextil ⚹ mit 60°

als die sogenannten großen Aspekte.

Geringere Wirkungen lösen folgende Aspekte aus:

der Semisextil ⚺ mit 30°,

das Semiquadrat ∠ mit 45°,

das Sesquiquadrat ⚼ mit 135°,

die Quinkunx ⚻ mit 150°.

Winkelweiten von 18°, 24°, 36°, 72°, 108°, 144° sind von geringerem Einfluss und finden daher wenig Anwendung. Am wirksamsten ist der Anblick in der genauen Gradzahl, doch erstreckt sich seine Wirkungssphäre auch über eine Anzahl von Graden vor oder nach dem erfüllten Aspekt, je nach der Kraft der sich anblickenden Gestirne.

Diesen Wirkungsraum nennt man den *Orbis* der Planeten und er erstreckt sich bei ☉ und ☽ über 12°, bei ♃ über 10°, bei ♆, ♅, ♄, ♂, ♀ und ☿ bis zu 8°. Ein Aspekt ist sodann wirksam innerhalb des arithmetischen Mittels zwischen den Orben zweier sich einem großen Anblick nähernden Planeten.

Für die kleinen Aspekte reicht der *Orbis* über 4 – 5°.

Wirksamer sind jene Anblickungen, welche durch sich nähernde Gestirne gebildet werden, als die, welche zwischen sich entfernenden bestehen. Man nennt die ersten *Näherungsaspekte*, die letzteren *Trennungsaspekte*. Die Näherungsaspekte werden ordentlicherweise von den schnelleren zu den langsameren Planeten gebildet.

Also vom ☽ zu allen übrigen Planeten. Sodann vom ☿ zur ♀ und allen folgenden; von ☿ und ♀, den beiden *unteren Planeten*, zur ☉ und allen *oberen Planeten*: ♂, ♃, ♄, ♅ und ♆; von der Sonne zum ♂, ♃, usw., von ♂ zu ♃, ♄, ♅ und ♆, und so fort. Jedoch nur dann, wenn die Planeten *rechtläufig* sind, d. h. wenn sie in der Reihenfolge der Tierzeichen, also z. B. von ♈ zu ♉, usw., laufen. Der geozentrischen Betrachtung erscheinen nämlich mit Ausnahme von ☉ und ☽ mitunter die Planeten als *rückläufig*, d. h. entgegengesetzt der zodiakalen Reihe sich bewegend, oder auch als *stationär*, d. h. scheinbar stillstehend.[1)]

Als kleiner Aspekt zwischen zwei Planeten hat auch die parallele Deklination (P. oder //) Geltung, d. h. Ihr gleicher Abstand nördlich oder südlich vom Äquator. Jede Planetenbahn schneidet die Ekliptik in zwei Punkten, *Knoten* genannt, deren Verbindungsgerade die *Knotenlinie* heißt. Die Knotenpunkte stehen in genauer Opposition.

---

1) Denken wir uns nämlich einen äußeren (oberen) Planeten ganz stillstehend zwischen der Erdbahn und der Himmelskugel, so scheint uns der Planet auf dieser fortzurücken, wenn wir uns, ohne es zu empfinden, fortbewegen, und zwar nach entgegengesetzter Richtung. Ist in der Erdbahnhälfte, die dem Planeten zunächst liegt, die westöstliche Bewegung der Erde von links nach rechts gerichtet, so scheint der Planet sich am Himmel von rechts nach links zu bewegen; in der anderen Erdbahnhälfte hat aber dann die Erde eine Bewegung von rechts nach links, weshalb in dieser Zeit sich der Planet von links nach rechts wenden muss. Diese scheinbare Bewegung eines Planeten mit der wirklichen verbunden erklärt alle Besonderheiten der scheinbaren Planetenbahnen, wie Stillstände, Rückgänge und Schleifen, die für das alte System ein unbegreifliches Rätsel sein mussten.

Der Knoten, durch welchen ein Planet von Süden nach Norden geht, heißt der *aufsteigende* Knoten und dessen Bogenabstand vom Frühlingspunkt (0° ♈) nach Osten zu gemessen die Länge des aufsteigenden Knotens. In der Astrologie werden bisher nur die Knoten der Mondbahn berücksichtigt und im Horoskop als *Drachenkopf* (☊) und *Drachenschwanz* (☋) verzeichnet.

Sämtliche Planetenorte mit ihren Längegraden, Deklinationen, usw., sowie auch Drachenkopf und Drachenschwanz werden mithilfe der Ephemeriden ermittelt, die im technischen Teile dieses Kursus behandelt werden.

Von manchen Astrologen wird die Ansicht vertreten, die Veränderungen im irdischen Leben seien nicht die Folgeerscheinungen der Konstellationen, sondern die Sterne des Himmels seien nur *die Zeiger an der großen Weltenuhr*, durch die den Menschen die Ereignisse auf Grund einer vollständigen Analogie verkündet werden. Indessen muss dem naturwissenschaftlich Denkenden, der gewohnt ist, Ursachen und Wirkungen zu verknüpfen, dies etwa so erscheinen, wie wenn ein Astronom behauptete, die Erscheinung der Protuberanzen sei nicht die Ursache der gleichzeitig beobachteten Erdströme, sondern die Sonne bringe jene nur hervor in Analogie zu diesen oder gar um die Erdströme *anzuzeigen*. Die Urauffassung, dass die Planetarkräfte die Vollstrecker des obersten Gesetzes seien, ist die einzig befriedigende.

Die Wirkung der Gestirnstrahlung auf das menschliche Schicksal wird sowohl vom Spiritisten wie auch vom modernen Psychologen bestritten. Der erstere ist überzeugt, dass wir von den unsichtbaren Geistern, und der letztere, dass wir von der sichtbaren Umgebung beeinflusst, gelenkt und bestimmt werden in unseren Handlungen. Beide haben recht. Jedoch die Wirkung aller dieser äußeren Einflüsse, ja sogar auch ihr Herantreten an den Menschen ist von den jeweilig wirksamen siderischen Kräften abhängig.

Die Tierkreiszeichen verleihen der Planetenstrahlung die elementale und gunasische Färbung. Ihre Wirkungssphäre auf unserem Plan hängt ab von Veränderungen, die sich aus der Jahresrevolution und der täglichen Rotation der Erde unter Berücksichtigung der geografischen Breite erklären. Mit dieser Doppelbewegung ändert sich für Monat und Stunde der in der Geburtsminute im Ostpunkt aufsteigende Grad des

Zodiakus. Diesen nennt man den *Aszendent*, sein Oppositionspunkt im Westen heißt *Deszendent*. Der Grad des Tierkreises, in welchem das Zenit zur Geburtsminute zu stehen kommt, hat den Namen *Himmelsmitte* oder *Medium Coeli*, sein Gegenpol, das Nadir, den Namen *Immum Coeli* oder *Himmelstiefe*.

Der Aszendent und das Medium Coeli beeinflussen von allen Graden des Tierkreises den Geborenen am stärksten. Sie sind die Anfänge oder *Spitzen* von empirisch gefundenen Himmelsabschnitten, den zwei wichtigsten *Himmelshäusern*. In zwölf Himmelshäusern, Mundane Häuser genannt, betätigt sich die Wirksamkeit der Zeichen und Planeten; jedes beherrscht ein eigenes Gebiet des menschlichen Lebens. Am Aszendenten

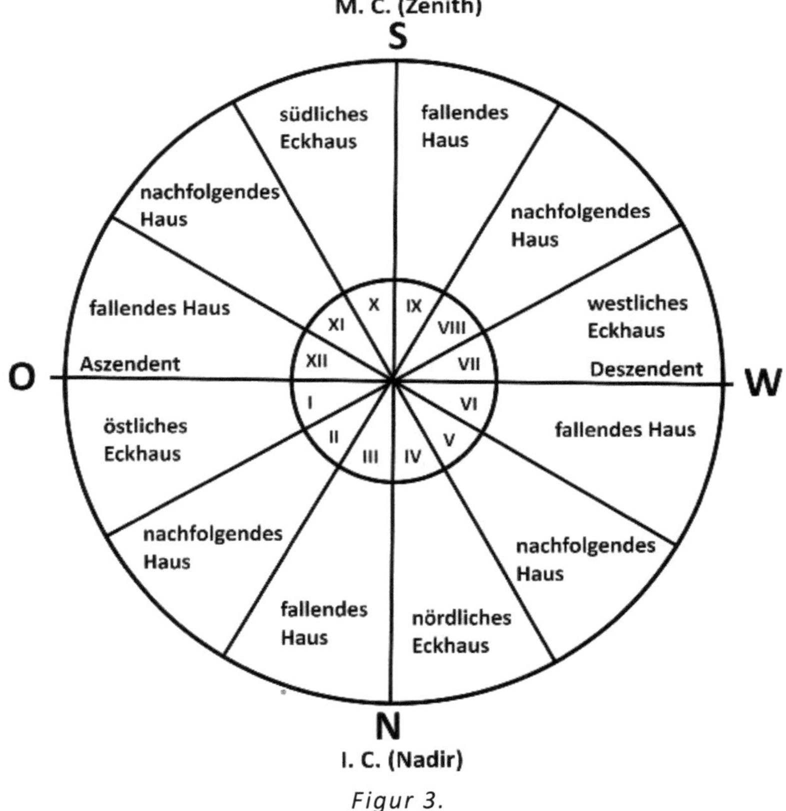

Figur 3.

beginnt das erste und wichtigste Haus, im M. C. (Medium Coeli) das zehnte, zweitwichtigste Haus.

Das vierte und das siebente Haus beginnen im Nadir beziehungsweise Westpunkt und gelten als bedeutender denn die restierenden Häuser. Zwischen je zwei Eckhäusern liegen zwei weitere Häuser, wie aus Fig. 3 ersichtlich, und jedes derselben umfasst am Äquator 30°. Haus I, IV, VII, X heißen *Eckhäuser*, II, V, VIII, XI die *nachfolgenden*, schließlich III, VI, IX, XII die *fallenden* Häuser.

Die Tierkreiszeichen und die Planeten in den Häusern äußern ihre Wirksamkeit entsprechend der dem Haus zukommenden Betätigungssphäre. Auf der Ekliptik gemessen gestalten sich die einzelnen Häuser verschieden groß; ihre Größe und Lage wird bestimmt durch die siderische Zeit des betreffenden Tages[1)], den Stand der Sonne zum Horizont und die geografische Breite des Geburtsortes. Zu ihrer Bestimmung bedient man sich der gleichfalls im zweiten, technischen Teil zu beschreibenden *Häusertabellen*.

Wirkungssphäre der Mundanhäuser

Das erste Haus ist entscheidend für die Persönlichkeit und die ganze Lebensführung. Es prägt dem Geborenen seinen Charakter auf und verleiht ihm seine geistigen und physischen Fähigkeiten zur Auswertung der Aspekte. Es stellt den Menschen selbst dar, das, was wir gewöhnlich als seine *Individualität* ansprechen.

Das zweite Haus gibt Aufschluss über den Gedankenreichtum oder den materiellen Reichtum, Vermögensumstände, Eigentum und weltliche Güter.

Das dritte Haus bezieht sich auf die geistigen Interessen, Wissenschaften, Studien, Schriften und Bücher, die Intelligenz und die unbewusste Denktätigkeit. Ferner auf alles, was mit Veränderungen des Aufenthaltes zusammenhängt, Umzüge, Versetzungen, kurze Reisen. Briefe. Endlich Geschwister.

1) Der Äquator wird in 24 Sideralstunden eingeteilt, beginnend vom wahren Ostpunkt im Widder; jeder siderischen Stunde entsprechen 15 Grade.

Das vierte Haus betrifft den Vater im männlichen, die Mutter im weiblichen Horoskop; das Elternhaus, Heimat, Land- und Hausbesitz, eigene Häuslichkeit, Wohnung. Ferner Erbschaften, die letzte Lebenszeit in Bezug auf materielle und soziale Stellung, ererbten Besitz.

Das fünfte Haus beherrscht die Nachkommenschaft, Schulen und Lehrer, Vergnügungen, Sport, Glücksspiele, Abenteuer, Spekulationen und Liebesangelegenheiten, Liebhabereien.

Das sechste Haus bezeichnet die Gesundheitsverhältnisse, ferner Onkel und Tante väterlicherseits, Schwiegervater, Untergebene, kleine Tiere. Beredsamkeit, Magie.

Das siebente Haus beeinflusst Liebe und Ehe, den Gatten; Verbindungen, Prozesse, Gesellschafter, offene Feinde und Gegner; den Großvater, Angelegenheiten mit fremden Personen.

Das achte Haus regiert den Tod und alles, was damit zusammenhängt: Todesart und -Zeit, Begräbnis, Legate und Erbschaften, Testamente, Verwaltung, Vormundschaft. Alle Berufe, welche mit dem Tod zu tun haben, wie Ärzte, Chirurgen, Sanitätsbeamte, Henker, Schlächter. Alle, die in Beziehung zum *Jenseits* treten, Spiritisten, Medien usw.

Das neunte Haus stellt die höchsten geistigen Fähigkeiten dar; Religion, Philosophie und Wissenschaft, Träume, Visionen, Prophezeiungen; ferner die großen Land- und Seereisen.

Das zehnte Haus repräsentiert den Kulminationspunkt des Lebens in Bezug auf Beruf, gesellschaftliche Stellung, Ehren und Würden. Es ist das Haus der Mutter im männlichen, des Vaters im weiblichen Horoskop, es macht Könige und Prinzen, Vorstände und Oberhäupter, Kaisertümer und Reiche.

Im elften Haus finden wir Freunde und Gönner, das Vermögen der Mutter, die Kinder; ferner Wünsche, Projekte, Hoffnungen, Bestrebungen, Begehrungen.

Das zwölfte Haus gilt als das Haus der geheimen Feinde, Kümmernisse und Kränkungen, die das Leben kreuzen, Prozesse, Gefangenschaft, Sorgen, Raub, Gewalt, Vereinsamung und Verlassenheit. Auch findet man darin Onkel und Tanten mütterlicherseits und die Schwiegermutter und schreibt ihm Einfluss auf unsere Stellungnahme zur Welt der größeren Tiere zu.

Erläuterung zur Übersichtstabelle: Der Zodiakus und seine Beziehungen

Ein bloßer Blick auf unsere Tabelle genügt, um klar zu machen, in wie mannigfaltiger Weise die Zeichen des Zodiakus das Horoskop und das menschliche Leben beeinflussen. Nach der Kabbala stellen die zwölf Zeichen die Hauptorgane des ideellen Menschen, des „Adam Kadmon" dar, und ihre Entsprechungen finden sich im Mikrokosmos des Menschen, der ♈ als erstes Zeichen den Kopf beherrschend, ♓ als letztes die Füße. Jedem Zeichen wurde auch eine bestimmte Gruppe von Lebensfunktionen zugesprochen. Der kabbalistischen Astrologie entnommen sind auch die Entsprechungen für die „heiligen" Tiere, Bäume und talismanischen Gemmen.

Im Laufe der astrologischen Forschungen entwickelte sich eine Reihe von empirischen Überlieferungen, welche noch eine Anzahl von weiteren Beziehungen umfassen. Darnach beherrscht jeder Abschnitt des Zodiakus bestimmte Arten von Krankheiten, Kräutern und Mineralien, und bestimmte Länder und Städte unterstehen den einzelnen Zeichen.

Die den Zeichen zugeteilten Farben sind in Analogie zu den Planeten; denn zwischen den von den 12 Himmelsabschnitten ausgeströmten Kräften und den Planetenkräften herrschen unverrückbare Beziehungen, die zu der Erkenntnis geführt haben, jedes Tierkreiszeichen sei das „Haus" herren der Dekanate eines Planeten, das heißt, in diesem können seine Strahlungen sich am vollkommensten entfalten. Man nennt den betreffenden Planeten den „Herrn" des Zeichens. Zeichen, mit deren Strahlungsweise der Planet noch immer, aber weniger harmonisch schwingt, sind seine „Erhöhung" oder „Exaltation"; der Gegensatz dazu, Zeichen, in denen er disharmonische Einflüsse empfängt, der „Fall" des Planeten. In Opposition zu den Planetenhäusern steht das „Detriment" oder die „Vernichtung". Vernichtung und Fall sind die „Schwächen" der Planeten. Haus oder Beherrschung und die Erhöhung seine „Würden" oder „Stärken". Doch wechselt die Natur eines und desselben Zeichens von 10 zu 10°, den sogen. „Dekanaten" oder „Triplizitäten", deren erstes den Herrn des Hauses noch zum besonderen Herrscher hat, das zweite den Herrn des zweiten im gleichen Element schwingenden Zeichens, das dritte ebenso den dritten. Z. B.: im ♈ beherrscht ♂ das 1. Dekanat, ☉ als Herr des ♌ das 2. und ♃ als Beherrscher des ♐ das 3.

Die Dekanate sind sekundäre Variationen des Einflusses jedes ganzen Zeichens; jedes zerfällt in eine positive und eine negative Hälfte, woraus sich also weiters noch eine Sechsteilung des Zeichens ergibt, die wir Sexturen nennen. Man schreibt von 5 zu 5° den Zeichen differenzierte Wirkung auf die Persönlichkeit zu, durch die der Aszendent seine Charakteristik erhält.

Dies wird später bei der Monografie der Tierzeichen ausgeführt werden.[1)]

Die Sonne schreitet auf ihrer scheinbaren Bahn stets in Opposition mit der Erde vor. Indem sie sich so alljährlich durch die 12 Teile des Zodiakus bewegt, durchläuft sie in jedem Monat 30 Grade.

Da der Frühlingspunkt ihrer Bahn jedoch nicht auf den Anfang des Monats, sondern um den 21. (März) fällt, so hat jeder Monat Anteil an zwei Zeichen. Die ersten 20 Tage ca. fallen in die zwei letzten Dekanate und die letzten 10 Tage des Monats in das erste Dekanat des folgenden Zeichens.

So steht z. B. der März unter den Zeichen ♓ und ♈. Nach allgemeinem Brauch teilt man dem ganzen Monat das Zeichen des ♈ zu, und so fort in Analogie jedem der zwölf Monate nur ein Zeichen.

So wie die Farben sind auch die Tage in Entsprechung mit den Herren der Zeichen. Der ♋ hat ☽ als Herrn, sein entsprechender Tag ist der Montag, u. s. f.

Gleichwie ein Resonanzraum nur auf einen bestimmten Ton widerhallen kann und wie ein Kollektor nur eine bestimmte Menge von elektrischer Energie zu fassen vermag, so ist auch die Wirkung der Zeichen und Planeten auf jeden Menschen eine verschiedene. Das Individuum selbst trifft eine Auswahl unter diesen Strahlenkräften; es ist für die einen aufnahmsfähig, für die anderen nicht, es reagiert auf bestimmte Schwingungen stärker, auf die anderen weniger stark. Welche von den zahlreichen Gestirneinflüssen eine Wirkung auf diesen Menschen auszulösen vermögen und welche auf ihn wirkungslos bleiben, das hängt von seinem physischen, seelischen und geistigen Entwicklungsstande ab. Dem äuße-

---

1) Die neueste Astrologie schreibt sogar jedem einzelnen Grade eine besondere Wirksamkeit zu.

ren Anschein nach leben wir alle unter gleichen Bedingungen und mit nicht allzu verschiedener Lebensführung auf unserer Erde. In Wahrheit jedoch lebt der Mensch auf den verschiedensten Ebenen, auf manchen mehr, auf manchen weniger intensiv, und eben diese Intensität ist für die Persönlichkeit charakteristisch.

Eine Summe von Aspekten ergibt noch kein Lebensbild. Die Bezugnahme auf die Persönlichkeit des Geborenen ist der grundlegende Faktor für die richtige Lesung des Horoskops. Sogar die Aspekte sind in ihrer Wirkung relativ zu jener Stufe, eine Funktion von ihr.

Die Art der Auffindung jener entscheidenden Ebene ergibt sich aus unserem fortschreitendem Studium.

Der Zodiakus und						
Zeichen	**Grade**	**Himmels gegend**[1)]	**Elemente und Temperamente**	**Guna**	**Haus des Planeten**	**Erhö-hung**
♈ Widder	0° - 30°	Ost	Feuer (heiß u. trocken) cholerisch	Rajas Kardinal	♂	☉ 19°
♉ Stier	30° - 60°	ONO NO	Erde (kalt u. trocken) melancholisch	Tamas fix	♀	☽ 3°
♊ Zwillinge	60° - 90°	NNO NO	Luft (heiß u. feucht) sanguinisch	Sattwa ausglei-chend	☿	—
♋ Krebs	90° - 120°	Nord	Wasser (kalt u. feucht) phlegmatisch	Rajas Kardinal	☽	♃ 15°
♌ Löwe	120° - 150°	NNW NW	Feuer (heiß u. trocken) cholerisch	Tamas fix	☉	♆ 9°
♍ Jungfrau	150° - 180°	WNW NW	Erde (kalt u. trocken) melancholisch	Sattwa ausglei-chend	☿	☿ 25°
♎ Waage	180° - 210°	West	Luft (heiß u. feucht) sanguinisch	Rajas Kardinal	♀	♄ 21°
♏ Skorpion	210° - 240°	WSW SW	Wasser (kalt u. feucht) phlegmatisch	Tamas fix	♂	♅ 24°
♐ Schütze	240° - 270°	SSW SW	Feuer (heiß u. trocken) cholerisch	Sattwa ausglei-chend	♃	—
♑ Stein-bock	270° - 300°	Süd	Erde (kalt u. trocken) melancholisch	Rajas Kardinal	♄	♂ 28°
♒ Wasser-mann	300° - 330°	SSO SO	Luft (heiß u. feucht) sanguinisch	Tamas fix	♅	—
♓ Fische	330° - 360°	OSO SO	Wasser (kalt u. feucht) phlegmatisch	Sattwa ausglei-chend	♆	♀ 27°

seine Beziehungen I.					
Vernichtung	Fall	Herren der Dekanaten und Polarität der Sexturen			Natur
♀	♄ 20°	1-5° (+) 5-10° (–) ♂	10-15° (–) 15-20° (+) ☉	20-25° (+) 25-30° (–) ♃	nördl., positiv kurze Aufsteigung
♂	—	1-5° (+) 5-10° (–) ♀	10-15° (–) 15-20° (+) ☿	20-25° (+) 25-30° (–) ♄	nördl., negativ kurze Aufsteigung
♃	—	1-5° (+) 5-10° (–) ☿	10-15° (–) 15-20° (+) ♀	20-25° (+) 25-30° (–) ♅	nördl., pos., kurze Aufst. starke Konstituition unfruchtbar, zweiteilig
♄	♂ 28°	1-5° (+) 5-10° (–) ☽	10-15° (–) 15-20° (+) ♂	20-25° (+) 25-30° (–) ♆	nördl., negat., tropisch lange Aufst. schwache Konst., stumm, fruchtb.
♅	—	1-5° (+) 5-10° (–) ☉	10-15° (–) 15-20° (+) ♃	20-25° (+) 25-30° (–) ♂	nördl., pos., lange Aufst. starke Konst. unfruchtbar
♆	♀ 27°	1-5° (+) 5-10° (–) ☿	10-15° (–) 15-20° (+) ♄	20-25° (+) 25-30° (–) ♀	nördl., negat., lange Aufst., starke Konst., unfruchtbar
♂	☉ 19°	1-5° (+) 5-10° (–) ♀	10-15° (–) 15-20° (+) ♅	20-25° (+) 25-30° (–) ☿	südl., pos., lange Aufsteigung, starke Konstitution
♀	☽ 3°	1-5° (+) 5-10° (–) ♂	10-15° (–) 15-20° (+) ♆	20-25° (+) 25-30° (–) ☽	südl., negat., lange Aufst. starke Konstitution, fruchtbar, stumm
☿	—	1-5° (+) 5-10° (–) ♃	10-15° (–) 15-20° (+) ♂	20-25° (+) 25-30° (–) ☉	südl., pos., lange Aufst. starke Konstitution, Anfang zweiteilig
☽	♃ 15°	1-5° (+) 5-10° (–) ♄	10-15° (–) 15-20° (+) ♀	20-25° (+) 25-30° (–) ☿	südl., negat., tropisch kurze Aufsteigung, schwache Konstitution
☉	—	1-5° (+) 5-10° (–) ♅	10-15° (–) 15-20° (+) ☿	20-25° (+) 25-30° (–) ♀	südl., pos., kurze Aufsteigung, starke Konstitution
☿	☿ 15°	1-5° (+) 5-10° (–) ♆	10-15° (–) 15-20° (+) ☽	20-25° (+) 25-30° (–) ♂	südl., negat., kurze Aufst. schwache Konst., frucht., zweitg., stumm

Der Zodiakus und

Zei-chen	Monate	Tage	Menschliche Organe	Lebensfunk-tionen	Farbe	Kabbal. Zahl
♈	21. 03 bis 19. 04	Dienstag	Kopf	Gesicht, Blindheit	rot	7
♉	20.04 bis 22.05	Freitag	Hals Lymphat. System	Gehör, Taubheit	grün	6
♊	23.05 bis 21.06	Mittwoch	Schultern, Arme, Hände Nerven	Geruch und dessen Mangel	grau	12
♋	22.06 bis 23.07	Montag	Lunge, Brust, Seiten Leber, Milz	Sprache Stummheit	blau	5
♌	24.07 bis 23.08	Sonntag	Rücken, Herz, Zwerchfell	Ernährung Hunger	gelb	1
♍	24.08 bis 23.09	Mittwoch	Muskeln, Nerven, Solarplexus, Magen u. Darmkanal	Coitus Castratio	grau	10
♎	24.09 bis 23.10	Freitag	Wirbelsäule, Lenden, Nieren, Blase, Nabel	Fruchtbar Unfrucht bar	grün	8
♏	24.10 bis 22.11	Dienstag	Blase, Zeugungsorgane	Gehen, Lahmheit	rot	4
♐	23.11 bis 22.12	Donners-tag	Hüften, Schenkel, Gesäß, Nerven	Zorn, Affekte der Leber	blau	4
♑	23.12 bis 21.01	Sonn-abend	Sehen, Knie, Haut	Lachen, Affekte der Milz	schwarz	3
♒	22.01 bis 19.02	Mittwoch oder Freitag	Unterschenkel, Knöchel	Denken, Affekte des Herzens	(schwarz)	2
♓	20.02 bis 20.03	Montag oder Freitag	Füße	Schlaf, Mattigkeit	(blau)	11

seine Beziehungen II.		
Krankheiten	**Länder**	**Städte**
Kopfleiden, Migräne Pocken, Scharlach, Fieber, Masern, Kahlköpfigkeit	England, Deutschland, Dänemark, Palästina, Syrien, Südpole, Burgund	Neapel, Florenz, Verona, Padua, Capua, Marsaille, Utrecht, Saragossa
Schnupfen, Bräune, Difterie	Irland, Weißrussland, Persien, Kl. Asien, Zypern	Dublin, Mantua, Leipzig, Parma, Seus, Nantes, Palermo
Nervenkrankheiten	Flandern, Belgien, Lombardei, Sardinien, Tripolis, Nord. Amerika	London, Mainz, Metz, Versailles, Lovano, Cardova, Melbourne, Nürnberg
Verdauungsstörungen, Brust- und Magenkrebs, Skrofulose	Holland, Schottland, Ost- u. Süd-Afrika, Türkei, Neuseeland	Amsterdan, Konstantinopel, Tunis, Bern, Magdeburg Venedig, Genua, Mailand, Lübeck, New York
Brusstfellentzündung, heft. Fieber, Herzklopfen, Seuchen	Frankreich, Italien, Böhmen, Sizilien, Chaldäa, Nord-Rumänien	Rom, Ravenna, Bristol, Damaskus, Cremona, Prag, Philadelphia
Magen- und Darmkrankheiten	Europ. Türkei, Asien, Assyrien, Schweiz, Kreta	Paris, Lyon, Bagdad, Toulouse, St. Etienne, Jerusalem
Nieren- u. Blasenstein, Nierenkrankheiten, Blasenkrankheiten	China, Japan, Österreich, Ägypten, Savoyen, Tibet	Lissabon, Wien, Anvers, Frankfurt a. M., Freiburg
Geschlechtskrankheiten, Gebärmuttererkrankung, Fisteln	Morokko, Norwegen, Bayern, Algerien, Katalonien	Valencia, Messina, Frankfurt a. O., Fez, Liverpool
Plötzliche Verletzungen und Brandgefahr	Spanien, Ungarn, Dalmatien	Köln, Neapel, Avignon, Narbonn, Toledo, Stuttgart
Beinbrüche, Beinschmerzen, Hauterkrankungen	Indien, Persien, Griechenland, Mexiko, Mazedonien	Hessen, Oxford, Brüssel, Brandenburg Konstanz
Krämpfe	Rotrussl., Tartarei, Arabien, Abessinien, Westfalen, Schweden, Preußen	Bremen, Hamburg, Ingolstadt, Salzburg, Trient
Rheumatismus (im Bein), Verschleimung, Geschwüre	Normandie, Kalabrien, Portugel, Süd-Asien, Sahara	Alexandrien, Regensburg, Sevilla, Compostella, Worms

Der Zodiakus und

Zeichen	Tiere 1) Säuger	Vögel	Bäume und Sträucher[1)]	Mineralien1) Edelsteine	Kristalle
♈	Ziege	Nacht-eule	Ölbaum	Sardonix Amethyst	Pyrit, Schwefel, Ocker, rote Steine
♉	Bock	Taube	Myrte	Carneol Achat	Weiße Koralle, Alabaster, weiße Steine
♊	Stier	Hahn	Lorbeer	Topas Beryll	Granat, gestreifte Steine
♋	Hund	Ibis	Haselnuss	Chaledon Smaragd	Kalk, Selanit, weiße zarte Steine
♌	Hirsch	Adler	Eiche	Jaspis Rubin	Hyazinth, Chrysolith, gelbe Steine
♍	Schwein	Sper-ling	Apfelbaum	Samaragd Jaspis	Kieselsteinarten
♎	Esel	Gans	Buchsbaum	Beryll Diamant	Weißer Marmor, Spat, weiße Quarze
♏	Wolf	Specht	Ahorn	Amethyst Topas	Magnetstein, Hämatit, Zinnober
♐	Hirsch-kuh	Krähe	Palme	Hyazinth Granat	Türkis, rot und grün gemischte Steine
♑	Löwe	Reiher	Fichte	Chrysopas Onyx	Kohle, schwarze und aschfarbene Mineralien
♒	Schaf	Pfau	Kreuzdorn	Kristall, himmelblauer Saphir	schwarze Perle, Obsidien
♓	Pferd	Schwan	Ulme	Saphir, weißer funkelnder Chrysolith	Korallen, Felsen Bimsstein Kies, Sand

seine Beziehungen III.

Kräuter[1]	Gott-heiten[1]	Erzengel[1]
Ginster, Stechpalme, Distel, Klette, Knoblauch, Hanf, Senf, Nessel, Zwiebel, Mohn, Radieschen, Rhabarber, Pfefferstrauch	Pallas	Malchidiel
Mangold, Wegerich, Flachs Rittersporn, Akelei, Gänseblume, Löwenzahn Huflattich, Flieder, Moos, Spinat	Venus	Asmodel
Liguster, Jasmin, Hundszahn, Krapp, Geißblatt, Rainfarn, Eisenkraut, Schafgarbe	Phöbus	Ambriel
Gurke, Kürbis, Melone, alle Wasserpflanzen wie die Binsen, Seerose, usw.	Merkur	Muriel
Anis, Kamille, Schlüsselblume, Asphodel, Heckenrose, Augentrost, Fenchel, Kohl, Lavendel, Mistel, Hollunder, Petersilie, Minze, Chrysantheme	Jupiter	Verchiel
Endivie, Hirse, Hartriegel, Kopfsalat, Jelängerjelieber, Sandelholz, Baldrian, Weizen, Gerste, Hafer, Roggen	Ceres	Hamaliel
Brunnenkresse, weiße Rose, Erdbeere, Primel, Rebe, Veilchen, Viola tricolor, Melisse, Zitronenbaum	Vulkan	Zuriel
Schlehe, Rübe, Heidekraut, Bohne, Brombeerstrauch, Lauch, Wald, Absinth	Mars	Barbiel
Leberklette, Betonie, Malve	Diana	Adnachiel
Schierling, Bilsenkraut, Belladona, schwarzer Mohn	Vesta	Hanael
Indische Narde, Weihrauch, Myrrhe	Juno	Gabriel
Seepflanzen und Gräser, Farne und Moose die im Wasser wachsen	Neptun	Barchiel

1) Die Begründung für diese Zuteilung der Himmelsrichtungen an die einzelnen Tierzeichen ist durch die Forschungen Reichenbachs und Zieglers und die Schriften A. Kniepis hierüber gegeben.

2) Nach Agrippa.

3) Nach Raphaels „Hermetische Lehrbriefen".

4) Z. T. Nach Agrippa.

Monografien der Tierzeichen

Auch die Vielheit der Strahlungen, die von jedem einzelnen Zeichen in sich ausgehen, manifestiert sich auf verschiedenen Ebenen verschieden stark. Die „Edition Française de Modern Astrology“ Nr. 11 (III. année, II. Trimestre 1909) bringt unter dem Titel „Astrologie Théorique“ von H. S. Green, Appendice III eine Tabelle, die hier in Übersetzung wiedergegeben werden soll, über die verwandten Beziehungen der Ebenen als Wirkungssphären der Guna und Elemente zu den Zodiakalzeichen.

Elemente und Ebenen	Atma Tamas (fix)	Buddhi Sattwa (ausgleichend)	Manas Rajas (beweglich)
Feuer – Geistige Ebene	♌	♐	♈
Luft – Mentale Ebene	♒	♊	♎
Wasser – Astrale Ebene	♏	♓	♋
Erde – Physiche Ebene	♉	♍	♑

Widder – Aries – ♈

Kopf und Gehirn des großen Menschen symbolisiert der ♈.

Er ist das Zeichen der himmelstürmenden Jugend. Heftig in allen Impulsen, drängt er gewaltsam zur spirituellen Ebene, seiner eigentlichen Wirkungssphäre.

Selbstvertrauen, Mut, Ehrgeiz, Despotismus, Hartnäckigkeit, ein leidenschaftlicher Charakter, alles, was Hindernisse überwinden kann, dient ihm als Mittel, um aufzusteigen.

Auch auf dem intellektuellen Plan verleiht er noch den aktiven Willen und setzt sich durch kraft seiner souveränen Geistesstärke. Kein Wunder, dass er als Geist der Zerstörung und des Angriffs auch auf dieser Ebene empfunden wird.

Herrschaft ist sein Grundprinzip. So wie der Kopf den ganzen Körper beherrscht, so streben auch die unter diesem Zeichen Geborenen nach Souveränität über ihre Mitwelt, die sie einer rückhaltlosen Analyse und Kritik unterwerfen. Aus ihm gehen die Don Juan-Naturen hervor: Männer, die rücksichtslos jedes Weib ihrem Willen zwingen.

Schon der äußere Anblick des martischen ♈-Sohnes ist charakteristisch. Sehnige, magere Statur, ein durchdringender Blick, dunkler Teint, Haare in allen Nuancen von dunklerem Rot und eine kurze Adlernase machen ihn kenntlich.

Die Sexturen geben weitere individuelle Färbungen. Die Grade 1–5°: Mittlere Statur, breites Gesicht mit hohen Wangenknochen, gewöhnlich dunkelrötliches Haar. Eigenschaften: Eigenwille, Tatenlust, Lebensbejahung, Gewandtheit.

5–10°: Derbere Statur, längliches Gesicht, Haare und Teint sehr dunkel. Eigenschaften: wichtigtuend, empfindlich, missmutig; aus Mangel an Erfahrung in viele Unannehmlichkeiten geratend.

10–15°: Mittlere Statur, mager, gute Züge. Eigenschaften: Ernst, geistig begabt, nachdenklich; manchmal guter Redner.

15–20°: Gut proportioniert, dunkelbraunes Haar mit bernsteinhellen Lichtern, jugendliches Gesicht. Eigenschaften: Edelmut, Feinheit, Verlässlichkeit und Tapferkeit; ein vornehmer Geist; (die ☉ ist in diesem Teil in Erhöhung).

20–25°: Kleines, längliches Gesicht, glänzende Augen. Eigenschaften: Unentschiedenheit, unbegründete Streitsucht, Widerspruchsgeist, Impulsivität.

25–30°: Gute Figur, ausgeprägte Gesichtszüge, voll entwickelt, manchmal braunschwarzes, gelocktes Haar. Eigenschaften: Tapferkeit bis zur Tollkühnheit. Heftig, unbesonnen, ehrgeizig, strebsam.

Nach seiner ganzen Art disponiert der ♈ zu führenden, herrschenden Stellungen.

Der Widdersohn ist ein geborener Kämpfer, Soldat oder Forscher; ein Kulturpionier, ein leidenschaftlicher Reformator. Welche soziale Stellung er auch einnehmen mag, immer wird seine Tätigkeit durchdrungen sein von Enthusiasmus für die Sache, von Ehrgeiz; immer wird man ihn an der Tete finden.

Das hauptsächlichste Wirkungsfeld des ♈ dürfte die höhere Mentalebene sein.

Stier – Taurus – ♉

Ist Aries das Zeichen der elementaren Männlichkeit, so steht ihm Taurus als Zeichen der elementaren Weiblichkeit zur Seite. Er ist das Zeichen der Fruchtbarkeit und des quellenden Lebens, das Symbol aller Mittel, dieses hervorzubringen, das ♀-Zeichen der Verführung und der Empfängnis, – das eigentliche Zeichen der ♀.

Als schöpferisches Paar stehen diese beiden Zeichen mit den Regenten ♂ und ♀ an der Spitze des Tierkreises. Und während im ♈ die ☉ wie durch einen gewaltigen Willensakt die Erde aus dem Winterschlaf aufrüttelt, so spendet sie ihr im Zeichen des ♉ die Kräfte zur Entwicklung des keimenden Lebens.

Stiergeborene sind die natürliche Ergänzung der Widdergeborenen. Sie wirken im Stillen und entfalten ihre belebenden Fähigkeiten ohne Pomp. Ihre höheren Schwingungen sind Geduld und Liebenswürdigkeit, Fleiß und Ausdauer, ein solider Charakter, Hingebung und Empfänglichkeit, das Aufgehen in anderen, eine Freude am Sichbeherrschenlassen, gepaart mit unbewusster Sinnlichkeit.

Der ♉ charakterisiert das empfangende weibliche Prinzip, die Gretchennaturen, das *echte Weib*, das die Gesellschaft erhaltende Element, das sich gefällt in der Freude am Bestehenden.

Seine niederen Schwingungsformen sind die charakteristische Entsprechung aller schlechten Tamasqualitäten[1)]; sie erzeugen die Hemmungen der menschlichen Gesellschaft im fortschreitenden Geistesleben, und es gilt der ♉ daher bei den exoterischen Astrologen als schlechter Aszendent. Es hängt eben auch hier alles von dem Entwicklungsstande des Geborenen ab.

Die äußere Erscheinung des ♉-Geborenen ist breit und gedrungen. Mächtige Schultern, ein kurzer, starker Hals, breite Gesichtszüge, ein

---

1) Vergleiche Dr. Lanz–Liebenfels, „Das Weib und seine Vorliebe für den Mann der niederen Artung".

großer Mund, eine starke Nase, Haut und Haare dunkel, geben ihm von vornherein das Gepräge von Erdenhaftigkeit.

In den Sexturen variiert das allgemeine Bild:

1–5°: geben mittlere Gestalt, kleine blaue Augen. Eigenschaften: Feierlich und entschlossen, manchmal nachdenklich, aber unzufrieden.

5–10°: Kürzere Statur als in der vorigen Sextur, kompakter, volles Gesicht und nicht besonders anziehend. Eigenschaften: ränkevoll und unstet, etwas kleinmütig, verdrossen.

10–15°: Kurze Figur, mürrisches Aussehen, die Gesichtszüge nicht angenehm; Anlage zur Korpulenz, spärliche Haare. Eigenschaften: Geiz, Phlegma, manchmal Faulheit und Energielosigkeit. Als Gesellschafter unwillkommen, böswillig und gefühllos.

15–20°: Größer in der Erscheinung als die Vorhergehenden, angenehmer im Aussehen, gut proportioniert, manchmal hübsch, ziemlich lichter Teint, lichtbraune Haare. Eigenschaften: Liebevolle, gute und treue Veranlagung; sehr aufnahmsfähige Natur.

20–25°: Kleine oder mittlere Statur, rötlicher Teint, dunkle Augen. Eigenschaften: Nicht gutmütig, verschlagen, gewöhnlich wenig gewissenhaft. Es ist eine schlechte Sextur.

25–30°: Gute Gestalt, hübsch entwickelt, dunkles Haar und dunkle Gesichtsfarbe. Eigenschaften: Etwas locker und verführerisch.

Die Berufe, zu denen der ♉ geneigt macht, sind entweder praktische oder solche geistige, welche keine originelle Arbeit, sondern reproduktive Tätigkeit erfordern; er beweist in seinem Beruf große Ausdauer, Fleiß und guten Willen; als Gelehrter ist er ein höchst geduldiger Materialiensammler, Synthetiker; er liebt am meisten die ruhigen, beschaulichen Beschäftigungen.

Der ♉ wirkt am stärksten anscheinend auf der astralen Ebene.

Zwillinge – Gemini – ♊

Dieses zweiteilige Zeichen schafft den Widerspruch in der Seele des Menschen, der seinem Forschungsdrang entspringt. Damit das All-Eine begriffen werden könne, musste es sich spalten in ein betrachtendes und ein betrachtetes Prinzip, in eine Lichtseite und eine Schattenseite, in einen äther-fliegenden Geist und einen zurückbleibenden Erdenrest. Dieser innere Zwiespalt ist besonders im ♊-Geborenen manifestiert. Menschlichen Gefühlen wenig zugänglich, strebt er, die Höhen und Tiefen des Universums zu ergründen, und im inneren Zwiespalt ringt sein höheres Ego mit seinem physischen Teil bis zur Auflösung.

Faustnaturen im wahrsten Sinn des Wortes: „Zwei Seelen wohnen, ach, in meiner Brust; die eine will sich von der anderen trennen."

Die erhabenste karmische Aufgabe dieses Zeichens ist die Vereinigung von Vernunft und Intuition zur Entwicklung der höchsten menschlichen Werte. Es macht gedankenvolle und freie, Kunst und Wissenschaft liebende Naturen; sie sind scharfe Beobachter, kritische Köpfe, vornehm, energisch und nach philosophischer Klarheit Ringende.

Niedrigere Äußerungen dieses Zeichens sind Leichtsinn und Veränderlichkeit, Argwohn und Oberflächlichkeit. Allen aber eignet große Lernlust und ein aufnahmsfähiger, reger Geist.

Die unter diesem Zeichen Geborenen haben eine gute Statur, um oder über Mittelgröße. Rötliche Gesichtsfarbe, schwarze Haare, dunkle oder graue Augen mit durchdringendem Blick, einen lebhaften und schnellen Gang. Ihre Erscheinung wirkt unruhig, aber elegant.

Die durch die Sexturen stattfindenden Modifikationen sind:

1–5°: Schlank, etwas helleres Haar, dunkler Teint, unstäter Gang. Eigenschaften: Etwas eingebildet und der Heuchelei ergeben, oft unehrlich und betrügerisch.

5–10°: Gute Gesichtsfarbe, schöne Figur, helleres Haar, joviales Gesicht. Eigenschaften: etwas eitel, sich gern loben hörend, auf seine Interessen bedacht, aber leicht zu beeinflussen.

10–15°: Etwas kleiner, sehr dunkel, sanfte Züge, rötliche Gesichtsfarbe. Eigenschaften: Bombastisch, manchmal sarkastisch, sehr gesprächig.

15–20°: Groß, reiner Teint, leuchtende Augen, kultivierte Erscheinung. Eigenschaften: Frei und tätig, impulsiv und witzig, mutig und intelligent.

20–25°: Gut gebaut, schlank, dunkles Haar und dunkle Augen, schmales, blassbraunes Gesicht. Eigenschaften: diplomatisch, leidenschaftlich.

25–30°: Gut proportioniert und schöne Züge, bleiche Gesichtsfarbe, glänzendes Haar. Eigenschaften: kühn, verbindlich, Takt und Talent gut vereinigt.

Ihrer Natur gemäß lassen die ♊ selten den unter ihrem Zeichen Geborenen mit einem einzigen Beruf ganz zufrieden sein. Sie spornen ihn an, immer neue Zusammenhänge zu suchen, zu lernen und zu forschen; das Weltsystem einheitlich zu erfassen, die Begriffe zu klären und kausal zu verbinden. Philosophen, *lebenslängliche Studenten*“, Männer der Wissenschaft, Schriftsteller, Politiker, Künstler haben sehr häufig dieses Zeichen als Aszendent oder in ähnlicher exponierter Stellung.

Es übt seine stärksten Wirkungen auf der mentalen Ebene.

Krebs – Cancer – ♋

Dem Zeichen höchster Intelligenz, dem der ♊, gliedert sich ♋ als das der Inspiration, der Fantasie an.

Es wirkt im Sinne seines Beherrschers, des Mondes, mild und doch stark, mehr psychisch als sinnlich. Es bringt die natürlichen Medien hervor und verleiht die seelischen Mutterinstinkte. Und wie das Spiel des Mondes sich in fantastischen Formen und Lichterscheinungen äußert, so beeinflusst das Zeichen des Mondes seine Lieblinge und macht Künstler aus ihnen: die eindringlich zarten, die Impressionisten. ♋ ist ein hervorragend künstlerisches Zeichen; die durch seine höchsten Ausstrahlungen Beeinflussten schieben die Welt mit linder Hand vorwärts kraft ihrer astralen Instinkte. Sie sind äußerst aufnahmsfähig und werten die empfangenen Eindrücke um, sie nach der Geartung ihres Seelenspiegels reflektierend. Sie neigen zum Okkultismus, aber mehr zu seiner Gemütsseite. Die Welt sieht sie als sanft, schüchtern und zurückhaltend, gütig und sympathisch, anscheinend träge; aber ihre Wirkungsweise liegt nicht an der Oberfläche. Tief innerliche, empfindsame Menschen mit der Fähigkeit, zum Gleichgewicht der materiellen und spirituellen Kräfte sich zu erheben und mit weichen Händen Ruhe und Harmonie über ihre Lieben zu verbreiten, sind sie angenehm und anziehend im Umgang. Ihre magnetische Kraft ist hervorragend, sie sind unermüdliche Arbeiter auf höherem Plan und was ihnen an Intuition mangelt, ersetzen sie durch natürliche Inspiration. Goethes „Mignon“ kann als Muster eines ♋-Typus gelten.

Die niederen Strahlungen des Krebses machen furchtsame, zimperliche Menschen, manchmal mit einem Hang zur Selbstsucht und starker Neigung zur Überwertung ihres Ich. Wo es ihnen an eigener Standfestigkeit mangelt, trachten sie sich durch Anklammern an andere zu stärken. Die Zuneigung der ♋-Geborenen umfasst alle Stufen von der höchsten selbstlosen Mutterliebe bis zum seelischen Schmarotzertum; ihre Äußerung ist wiederum eine Funktion der bereits erlangten relativen Vollkommenheitsstufe.

Sie erscheinen körperlich als zart gebaute Menschen von mittlerer Statur und weibischem Aussehen, kleinem, rundem Gesicht mit bleicher oder zarter Hautfarbe und braunem Haar, die Augen hellblau oder grau, nicht groß und versonnen; ihre Stimme ist verschleiert, der Gang zögernd, träumerisch. Infolge ihrer Sensibilität sind sie oft kränklich, sie inklinieren insbesondere zu Brustleiden.

Abänderungen dieser Disposition treten mit den wechselnden Sexturen auf, und zwar:

1–5°; Mittelgroß, voll und fleischig, dunkles Haar, taktvoll, bewusst, aber argwöhnisch.

5–10°: Kleine Figur, ebensolches Gesicht, hübsche Stirn, Haar und Teint dunkel, bläuliche Augen. Ziemlich eitel, der eigenen Fähigkeiten bewusst, romantisch und abenteuerliebend.

10–15°: Durchschnittsgröße, schwarzes Haar, schmale Nase, dünnes, bleiches Gesicht, schrille Stimme. Zäh und streitbar, doch zur Traurigkeit geneigt; selbstsüchtig.

15–20°: Sehr mager, merkwürdig gebaut, dunkler Teint, schwarzes Haar, graue Augen. Verzagtes Temperament, eigensinnig, oft eigenwillig.

20–25°: Schlank und mager, nicht hübsch, Züge etwas unproportioniert, braunes Haar. Voll Selbstschätzung, Vorliebe für törichte Handlungen, oft sehr redselig.

25–30°: Klein, langes Gesicht, manchmal fleckiger Teint, Augen und Nase verhältnismäßig groß, schmales Kinn, Neigung zu Fettleibigkeit. Schlau, tätig, oft stolz, zu nachdenklichen Betrachtungen geneigt; mit viel Geduld begabt, daher verlässlich.

Die Berufe, denen der ♋ die ihm Unterstehenden zuführt, sind von der Art, dass sie ihnen möglichste Ungebundenheit gestatten; der ♋

bevorzugt alle *freien Berufe*, wie Schauspieler usw., und verschmäht alle ernsten Pflichten. Besonders in jüngeren Jahren unterliegt sein Berufsleben daher häufigen Schwankungen. Mit Vorliebe sind an seinen Beruf Reisen und zahlreiche Ortsveränderungen geknüpft. Im allgemeinen bringt es der ♋-Geborene seltener zu einem festen Besitzstande.

Diese grundlegende Disposition des aszendenten ♋ wird durch die Aspekte und Häuser entweder bestärkt oder entsprechend verändert.

Sein stärkstes Wirkungsfeld hat der ♋ wohl in der höheren Astralebene.

Löwe – Leo – ♌

Der Thron der Sonne und ein wahrhaft königliches Zeichen! Es ist das Herz des Makrokosmos, und was dem Herzen entquillt, ist sein Gebiet. Es ist das Zeichen der Fürsten und Heroen und derer, die da herrschen im Reiche der Liebe. Es ist auch der Träger aller Sonnengaben, sein Repräsentant das herrliche Tier, das ihm den Namen geliehen hat.

Sonnige Freude am eigenen Leben und an dem der anderen ist seine höchste Strahlung; was diese Strahlung fördert, ist sein Geschenk, und in diesem Zeichen muss Saturn fallen.

Sein Symbol ist die Sonne selbst mit ihrer großen, weiten, strahlenden Liebeskraft; der Liebesüberfluss seiner Bevorzugten droht ihnen das Herz zu zersprengen. Ihre Großherzigkeit gegen Freund und Feind kennt keine Grenzen. Sie wird zur Schwäche, wo sie sich vom Gefühl mehr als vom Urteil hinreißen lassen.

Oft wird der ♌-Mensch missverstanden von seiner selbstsüchtigen und befangenen Mitwelt; nie gelingt es ihm, dies Liebesüberfluten zu dämmen, das so unerschöpflich ist wie die Fülle seiner physischen Lebenskraft und seiner regenerativen Fähigkeit. Seine hervorstehenden Eigenschaften sind Stolz und Entschlossenheit, Mut bis zur Tollkühnheit, Energie und eine souveräne Verachtung alles Kleinlichen.

Er liebt das Metall, das die Farbe der Sonne trägt – Gold – und das ihm zur Befriedigung seines unstillbaren Lebensdranges dient. Sein gewaltiger Wille, seine Ideen in ihrer Mannigfaltigkeit und Großartigkeit überschreiten oft die Grenzen des menschlich Erreichbaren.

Richard Löwenherz, wie ihn die Sänger überliefern, kann als charakteristischer ♌-Sohn gelten, auch in den Eigenschaften, die als Gegenpole die niederen Ausstrahlungen des Zeichens begleiten: Unüberlegtheit und Grausamkeit, Abenteuerlust, ein unbezwinglicher Ehrgeiz.

Die ♌-Geborenen sind glänzende Redner, ihr Wort ist feurig und hat die Kraft der Überzeugung und Überredung; sie gewinnen, auch ungesucht, reiche Sympathie und besitzen „jenen besonderen Grad von magnetischer Kraft, die sie befähigt, in anderen die schlummernden Sympathien zum Leben zu erwecken".[1)]

Seine letzten Grade, in denen sich der ♌ zur ♍ neigt, sind die Sphären der großen Befriedigung und Einigung. Sie sänftigen den glühenden Lebenswillen zur weltumfassenden, welterlösenden Nächstenliebe. Der im ♌ Geborene ist von freudiger Frömmigkeit; sein Gott ist kein konfessioneller, nicht der finstere Gott der Rache, – ein hoher Gott der Liebe, der seine Kinder nur züchtigt, weil er sie liebt.

Schon äußerlich charakterisieren sich diese Sonnenkinder durch eine hohe, schöne Gestalt und breite Schultern, ovales Gesicht, große, leuchtende Augen, goldiges Haar und rötliche Gesichtsfarbe. Die letzten Grade bringen einen kleineren und dunkleren Typus hervor.

1–5°: Breit und gut gebaut, nicht übermäßig groß. Schöne Züge, braunes Haar. Waghalsig, hoheitsvoll, theatralisch; sehr magnetisch.

5–10°: Mittelgroß, schön, klarer Teint, lichte Haare und Augen. Gütig und großmütig und sehr anziehend; willig und ausdauernd, aber ohne große Selbstachtung.

10–15°: Breit, dunkle Haare und Augen, voller Bart, bleiche Gesichtsfarbe, gut begabt, ehrenhaft und freimütig, voll Diskretion. Sehr großmütig.

15–20°: Schlank, ziemlich groß, lichtes Haar, bleiche Gesichtsfarbe, schöne Stirn, gut entwickelt. Diplomatisch und erfinderisch.

20–25°: Gut proportioniert, feine, männliche Figur, volles Gesicht und scharfe Augen. Sehr aufrichtig und gerecht, furchtlos, edelsinnig und großmütig; prachtvolle Lebenskraft.

---

1) Raphael, Hermetische Lehrbriefe.

25–30°: Schlank, Haar und Augen dunkel, wohlproportionierte obere Hälfte, kurze Beine. Diplomatisch und impulsiv, großmütig und aufrichtig in der Freundschaft. In diesem Teil steht der mächtige Fixstern Regulus.

Der Beruf des ♌-Geborenen entspringt in der Regel der eigenen Wahl. Und es ist für ihn in Wahrheit ein *Beruf*, Vokation, und nicht nur Brotmetier. Der Durchsetzung seiner hochfliegenden Pläne stellen sich meist Hindernisse vonseiten seiner Umgebung in den Weg. Mit günstiger Aspektierung aber setzt er sich durch, allen zum Trotz, und schmiedet sich sein eigenes Glück. Er hat seine Errungenschaften, materielle und geistige, nur sich selbst zu danken. Den Aszendent oder das Medium Coeli des Autodidakten und des Selfmademan wird man häufig im ♌, finden.

Es heißt, dass Seereisen für den ♌-Geborenen nicht so günstig zu sein pflegen, als es seine Landreisen gewöhnlich sind.

Dieses Zeichen prädisponiert zur Erlangung hoher Ämter und Würden, Ehren und Auszeichnungen, zu verdienter Bevorzugung. Wie der & vorzüglich ein Herrscher im Reiche des Geistes, so ist er souverän in der irdischen Welt, auch in der Welt des Gemüts.

Sein Feuergeist ist gewohnt zu siegen im Guten wie im Bösen.

Treffen diese Strahlen eine unmoralische Natur, so tritt an die Stelle des starken Glaubens Halsstarrigkeit und Dogmatismus, Prahlsucht statt der Großzügigkeit, Weltverachtung und Blasiertheit anstelle der Liebe zum All und zur Menschheit, Rohheit anstelle der ritterlichen Tapferkeit, Wegwerfung und Habsucht anstelle des Mitleids. Der Philanthrop wird zum Misanthrop.

Jungfrau – Virgo – ♍

Virgo ist das Zeichen der Keuschheit und der Jungfrauschaft, es stellt (als ausgleichendes Zeichen) die Einigung des vom ♌ beherrschten inneren Geistes mit seiner äußeren Erscheinung dar und reiht sich dem ♌, fast ebenbürtig an. Allen Erlösern der Welt wird ♍ als aufgehendes Zeichen zugeschrieben; denn „eine reine Jungfrau vollbringt jedwedes Herrliche auf Erden“, und das kraft ihrer Keuschheitsallmacht, des unbewussten Empfindens für alles Reine, Heilige, Erlösende, und die Gottesmutter selbst ist seine symbolische Vertreterin. ♍-Geborenen ist es gegeben, durch den Schmutz der Erde zu gehen, ohne sich die Füße zu besudeln. In Fehltritten, im Sündenfall selbst verlieren sie nicht die innere Reinheit und ihre Erscheinung wirkt auch dann noch Jungfrauenhaft, wenn sich ihnen längst die Mysterien des Geschlechts erschlossen haben. – „Santa Venere“.

Als Erdzeichen und als das eigentliche Haus des ☿ kombiniert ♍ eine Auswahl von Eigenschaften des ♉ und der ♊, ohne weder die erdständige Schwerfälligkeit des ersteren, noch auch den hinreißenden Schwung des letzteren zu erreichen.

Doch sind ♍-Geborene immer hochbegabt, neigen zur Reflexion und zu fleißigem Studium, lieben außerordentlich die Lektüre und sammeln viel positives Wissen. Einfache Formen und praktische Dispositionen machen ihren Umgang anregend und anziehend. Sie sind meist gute Redner und gehören überhaupt zu den intelligentesten Typen der zwölf Zeichen. Sie werden gute Geschäftsleute und hervorragende Gelehrte und wissen sich auch als Staatsmänner Bedeutung zu verschaffen.

Frauen, in ♍ geboren, betätigen nicht so sehr ihre animalischen Mutterinstinkte, als sie ausgezeichnete Freundinnen und Führerinnen ihrer Kinder in intellektuellen und weltlichen Angelegenheiten werden.

Die höheren Strahlungen des Zeichens geben immer Hoffnungsfreudigkeit und Zufriedenheit, selbst unter misslichen Umständen, Vertrauen und innere Harmonie, philosophische Selbstbeherrschung, Tatkraft, Gewissenhaftigkeit, echte Bildung.

In seinen niedrigen Einflüssen äußert sich das Zeichen durch Selbstsucht, Skepsis, Unentschlossenheit, Sondergeist, Kälte, Selbstquälerei.

Dieses Tierkreiszeichen ist von großem Einfluss auf das physische Wohlbefinden, da es die Eingeweide des Adam Kadmon darstellt und die Verdauungstätigkeit reguliert.

Es beherrscht auch den Solarplexus und widrige Aspekte können dem ♍-Geborenen nervöse Störungen in diesem Gebiet hervorrufen, daher es das Zeichen einer veränderlichen Gesundheit ist. Doch besitzen Menschen mit ♍ als Aszendent eine besondere Fähigkeit zur Auswahl dessen, was für die Gesundheit am zuträglichsten ist.

Die diesem Zeichen Unterstehenden sind im Allgemeinen schöne Menschen von mittlerer Statur und gutem Bau, bedeutendem Kopf, lebhaftem Teint und dunklem Haar.

Sextur 1–5° macht groß und schlank, braune Augen und Haar, intelligente Stirn. Geistiger Aristokrat, voll Takt und Feinheit.

5–10°: Groß, lichtbraune Augen und Haare, gute Farbe. Ehrlich, aufrichtig, kultiviert.

10–15°: Volle Statur, blaugraue Augen, lockiges Haar, schöne Züge und klarer Teint. Liebenswürdig, gebildet, angenehme Formen, anziehend im Umgang, Geschmack für Wissenschaft.

15–20°: Groß und schlank, rundes Gesicht, schöne Stirn, dunkle geistvolle Augen. Liebe zu Kunst und Wissenschaft, sprachbegabt, sehr klug und besonnen.

20–25°: Groß, langes, mageres Gesicht, hohe Wangenknochen, schwarze Augen, dünne Lippen, breite Nase. Leutselig und intelligent, aufgeklärt und offen. Guter Redner. Ängstlich bemüht, Gutes zu tun und anderen zu dienen.

25–30°: Schöne Gestalt und lebhafter, schöner Teint, künstlerische Fähigkeiten, materialistische Tendenzen. Fast zu ängstlich in fremden Angelegenheiten.

Nach Flambarts „Statistique des ascendants d'esprits supérieurs“ fallen besonders auf die Anfangs- und Schlußgrade der ♍ eine große Anzahl von schöpferischen Geistern, die in Philosophie, Kunst oder Wissenschaft hervorragen.

Waage – Libra – ♎

Es ist das Zeichen der Vornehmheit und der Gerechtigkeit, der inneren und äußeren Ausgeglichenheit. Es bringt das Auffassungsvermögen in Harmonie mit der Intuition. Wenn die Sonne in diesem Zeichen steht, so gleicht der Tag an Länge der Nacht. Und so gleicht die ♎ die schwankenden Pole der Leidenschaften aus, sie befähigt ihre Lieblinge, nach richtigem Maß und Wert die Erscheinungen der Welt zu betrachten, Vernunft und Vorhersicht sind ihre Kennzeichen. Sie sind eifrige Verfechter der Menschenrechte, theoretisieren aber mehr, als sie ins praktische

Leben treten. Um sich auch gegen ihre Mitwelt durchzusetzen, fehlt den ♎-Geborenen, infolge ihrer toleranten Beanlagung, die Ellbogenkraft und auch der nötigende Impuls, sowie sie überhaupt Feinde physischer Arbeit sind.

Sie sind zu feine Naturen, um sich brutal geltend zu machen; zu stolz und vornehm, zu gerecht, um mit Gewalt etwas zu nehmen, was nicht ihr Recht ist, und es kann ihnen geschehen, dass sie mit anderen Partei gegen sich selbst ergreifen. Sie sind die geborenen Richter. Sie lieben Luxus und verfeinertes Leben und suchen über ihre Umwelt den Glanz von Schönheit und Harmonie zu verbreiten. Gegen Leidende und Schwache sind sie voll Mitleid.

In seinen minderen Aspekten gibt das Zeichen eine Tendenz, die Ansichten anderer aufzunehmen, und der ♎-Geborene kann nicht vorsichtig genug in der Hingebung an seine Mitwelt (zu der er neigt) sein, bis er sie durchschaut hat.

Er ist gegen schlechte Schwingungen seiner Umgebung sehr empfänglich und leidet sehr darunter. Er ist besonders geneigt zu Ungeduld, Sorglosigkeit und zu großer Empfindlichkeit; aber obwohl leicht aus dem seelischen Gleichgewicht gebracht, vermag er es ebenso schnell wieder zu erlangen.

Man findet oft, dass er in die Einsamkeit flüchtet, um dort die Ruhe zu finden, die er im Welttreiben vermisst. Der „Vicar of Wakefield“ kann als Repräsentant eines Libra-Geborenen gelten.

Im Makrokosmos stellt ♎ die Nieren und Lenden dar, ist daher von besonderem Einfluss auf die reproduzierenden Säfte des Organismus.

Waage als Aszendent verleiht häufig große Schönheit, eine Gestalt von vollkommenem Ebenmaß, feine Züge, einen schönen durchsichtigen Teint, kastanienbraunes, schwarzes oder dunkles Haar und (mit wenigen Ausnahmen) leuchtende blaue Augen.

1–5°: Ziemlich groß, ovales Gesicht, blasser Teint, graue Augen, kastanienbraunes Haar; sehr hübsch. Aufrichtig, beweglich, gütig und liebenswürdig, fließender Redner, mit viel Verständnis und allgemein beliebt.

5–10°: Groß und korpulent, mit lichtem Teint, blauen Augen, lichtem Haar. Ernsthaft und verständig.

10–15°: Mittelgroß, dunkler Teint, graue Augen, schöne Stirn, dunkles Haar, anziehende Züge. Gedankenvoll, lernbegierig, ernsthaft, voll Scharfblick und Diplomatie.

15–20°: Schlank, mit klarem Teint und grün-grauen Augen, sehr magnetisch und von dauernder Schönheit. Ernst, gerecht, klug und gedankenvoll, mit wissenschaftlichen Neigungen.

20–25°: Schöne Gestalt, schöner irischer Teint, dunkelblaue Augen; schöne Erscheinung. Gut veranlagt, gegen jedermann gut und großmütig. Sehr gelehrt.

25–30°: Groß, von herrlicher Gestalt, sehr würdevoll und schön, blaue oder hellbraune Augen, braunes Haar. Edel, tugendhaft und ehrenhaft; ein Mensch, den man bewundern und achten muss.

In dem Diagramm der Aszendenten großer Philosophen, Künstler, Gelehrter und Forscher von Flambart ist das Zeichen ♎ in seiner ganzen Ausdehnung am dichtesten besetzt. Ganz hervorragend disponiert es zum Musiker.

Skorpion – Scorpio – ♏

Das Zeichen Skorpion, das gegenwärtig dem ♂ als *sekundäres Haus* zugeeignet wird, ist vielfach missverstanden werden. Es ist dies eine Folge der Verschiedenheit seiner Strahlungen und der Verschiedenheit seiner symbolischen und materiellen Ausdeutung.[1)]

Denn es symbolisiert den Tod und die Täuschung, ist aber der zodiakale Repräsentant der Zeugung und des Lebens, seine Sphäre im *Großen Menschen* sind die Sexualorgane. Nur durch Betrachtung des tief mystischen Zusammenhangs zwischen seinen zwei Bedeutungen wird es gelingen, der Natur dieses geheimnisvollen Zeichens näherzukommen, das je nach der Weise seiner Strahlung Menschen von anscheinend grundverschiedener Geartung erzeugen kann: Einerseits positive Lebensbejahung im Sinne des elementarsten Naturgesetzes, des Gesetzes der

1) Die Auslegung erfolgt eben aufgrund des Milieus, wie Kniepf im „Zodiacus" sehr treffend ausführt.

Erhaltung der Art. Anderseits Mystik, die jenseits von Tod und Sünde zufolge einer unerschöpflichen Quelle von Ideen und Bildern dem transzendentalen Leben neue Werte abzuringen weiß.

Der ♏-Geborene ist leidenschaftlich, aber verschwiegen, sein Geist sowie sein Leib sind von überströmender Fruchtbarkeit. Er ist entschlossen und beharrlich, oft streng und sehr genau. Seine Zuneigung ist mehr intensiv als äußerlich. Als Feind offenbart er die ganze Schärfe seiner Natur. Er hat einen zwingenden Willen, eine große magnetische Gewalt, ein scharfes Auffassungsvermögen des Intellekts und auch bedeutende Intuition.

Mit der generativen Kraft des Zeichens hängt wohl auch die Fähigkeit zusammen, die es seinen Lieblingen gern erteilt: das Menschengeschlecht zu erhalten. Kein Zeichen bringt vorzüglichere Ärzte und Chirurgen hervor, eine große natürliche Veranlagung lehrt sie, die Schwächen des Organismus zu erkennen und durch richtig angepasste Mittel zu beheben, worin sie durch auffallende manuelle Geschicklichkeit unterstützt werden. Der Typ Skorpio gehört zu den lebhaftesten und reizbarsten der aus den zwölf Zeichen hervorgehenden Individualitäten.

Er ist zurückhaltend, in sich gehend und verinnerlicht, träumerisch und fantasievoll.

Schlechte Strahlungen lösen die schlimmsten Laster in ihm aus[1)] als Gegenpole der dem ♏ eigentümlichen, hervorstechenden Qualitäten: teils Laster, die sich aus den physiologischen Funktionen des Zeichens ergeben – sexuelle –, teils die Entartungen der an und für sich ans Extreme grenzenden Emanationen des Tierkreisbildes, wie Ichsucht, Übermenschentum, Selbstverherrlichung. In einer primitiveren Entwicklungsstufe: Sinnlichkeit und Egoismus, Härte, Grausamkeit, Misstrauen, Menschenscheu, Argwohn, Verschlossenheit, Hinterlist.

Ein Zug, der die Skorpion-Naturen – an und für sich große Freunde von Geheimnissen – besonders auszeichnet, ist ihre hervorragende Begabung zu mystischen und okkulten Betätigungen, zur *weißen* wie zur *schwarzen* Magie, und zur Bildung geheimer Gesellschaften mit mystischer, höherer Tendenz.

---

1) Daher wohl der schlechte Leumund des ♏.

Einen typischen Vertreter für die Eigenschaften des Zeichens zu finden ist nach dem Gesagten nicht leicht. Goethe sowie Napoleon I. sind in ♏ geboren, und jeder von beiden mag als Vertreter wenigstens einer Gruppe aller Skorpion-Eigentümlichkeiten gelten. Auch in Paracelsus finden wir eine verwandte Natur.

Der Typus der ♏-Geborenen ist eher dunkel, der Teint dunkel oder rosig, die Haare schwarz mit einer Neigung sich zu ringeln, die Nase leicht gebogen, der Blick durchdringend, der Mund üppig und sinnlich. Sie sind selten über mittlere Größe, untersetzt, zu Korpulenz und Muskelfülle neigend, gewöhnlich mit starkem Hals.

1–5°: Mittlere Größe, eher klein; heller, manchmal rötlicher Teint, volles rundes Gesicht. Gewichtiges Auftreten, großmütig und angenehm, sehr magnetisch.

5–10°: Kurz, kompakt, stattlich gebaut, rötliches oder kastanienfarbiges Haar, lebhafte dunkelgraue Augen. Großmütig, liebt das Mystische, gut begabt. Starker Wille.

10–15°: Mittlere Größe, gut proportioniert, von angenehmer und freimütiger Haltung; helleres Haar, graue Augen. Meditativ, verständig, ehrenhaft und gut veranlagt; liebt Kunst und Wissenschaften, besonders Musik und Malerei.

20–25°: Klein, gut proportioniert, ovales, bleiches Gesicht, hübsche Züge. Künstlerisch gut veranlagt, meist sehr verliebt.

25–30°: Gut gebaut, doch gewöhnlich klein, rötliches Haar und ebensolcher Teint. Gerecht, von gutem Charakter, oft zu sehr durch die Sinnlichkeit geleitet.

Bei dem weiten Spielraum, den der ♏ seinen Söhnen zur Auswertung ihrer Fähigkeiten bietet, ist es selbst im allgemeinen nicht möglich, über deren Lebensstellung Näheres auszusagen. Doch pflegt häufig ihr Beruf in hervorragendem Maße eine tüchtige Lebensschule für sie zu werden.

Schütze – Sagittarius – ♐

♐ ist, besonders in seinen ersten Graden, ein zweisinniges Zeichen. Er repräsentiert die Vergeltung, den erhobenen Arm des Rächers mit dem

Pfeil und hat so einen tiefernsten, schicksalsschweren Charakter. Andrerseits ist Jagd und Sport sein Gebiet. Er gibt derart in seinen höchsten Strahlungen eine äußerst glückliche und sympathische Vereinigung von Geist und Körper, seine Lieblinge zeichnen sich durch große intellektuelle Beweglichkeit ebenso sehr aus als durch körperliche Gewandtheit. Eine besondere Gabe vieler Schützgeborener ist die der Prophetie; ihre Prophezeiungen werden oft wie ungewollt gemacht und treffen seltsam zu. Sie sind die Gesetzgeber und Organisatoren der menschlichen Gesellschaft und des Staates, die Bewahrer der Autorität, die das Gesetz selbst dann noch achten, wenn ihr Temperament sie treibt es zu umgehen. Sie sind auch die Walter der physischen Kraft. ♐ beherrscht die Schenkel des Adam Kadmon, Standfestigkeit ist seine Gabe und ein festes Fußen auf Mutter Erde ein Kennzeichen seiner Kinder. Sie sind gerecht und ehrenhaft, freimütig und gütig und Werden zufolge ihrer Großmut leicht populär. Ihre Lebhaftigkeit und Vitalität erzeugt Kampflust und verführt sie oft zu Extremen, die ihnen Schaden bringen. Sie lieben Stellung und Macht, vergessen aber nie der leidenden Mitwelt. Ihre Entscheidung ist schnell und sicher; sie lieben und suchen die Gefahr und treten ihr kaltblütig entgegen, auch ist es ihren Freunden oft schwer, ihnen in ihren tollkühnen, dem ersten Impuls entspringenden Unternehmungen zu folgen. Parallel mit dieser Tendenz läuft aber die Fähigkeit, die Folgen ihrer Handlungen zu tragen und zu überwinden. Bewegung und Sport im Freien, besonders im kalten Wasser, waghalsige Touren sind ihnen Lebensbedingung, auch sind sie leidenschaftliche Tänzer. Die Erfahrungen über Welt und Leben erwerben sie sich am liebsten selbst, Belehrung von zweiter Hand gilt ihnen wenig. Sie huldigen dem absoluten Individualismus. Sie lieben Heiterkeit in ihrer Umgebung und sind selbst lustig und jovial und Freunde von Tafelgenüssen.

Schlechte Aspekte des Zeichens rufen die den verschiedenen Dekanaten eigentümlichen Mängel hervor, im ersten Habsucht, im zweiten Wankelmütigkeit, auch Unaufrichtigkeit, im dritten Eigensinn und Willkür bei romantischem Wesen.

Seinen Gott oder seine Götter schafft sich der ♐-Geborene gern selbst, doch besitzt er tiefes religiöses Gefühl; er hat auch Interesse für die Meinungen anderer, die er im Sinne seiner eigenen Weltanschauung umwertet. Er besitzt große Intuition. Er liebt es, seine Umgebung zu seinen Zwecken heranzuziehen, doch nützt er sie nie ungebührlich aus. Da

♐ ein Zeichen von ausgesprochener Männlichkeit ist, liebt der im Sagittarius Geborene das andere Geschlecht, liebt es aber um so mehr, wenn er in angenehmem Körper auch eine schöne Seele findet. Er ist großzügig, treu, im Detail wankelmütig. Sein Lebensdrang lässt den in diesem zweiteiligen Feuerzeichen Geborenen selten an einer einzigen Liebesverbindung dauerndes Genügen finden, und ebenso ergeht es ihm im Berufe oder den Lebensaufgaben, die er sich selbst stellt; in letzterem gleicht er sehr den ♊-Geborenen.

Perikles kann man sich wohl als geeigneten Repräsentanten dieses Zeichens vorstellen.

Die Schützgeborenen sind im Allgemeinen schöne Menschen von ebenmäßiger, über mittelgroßer Figur, ovalem Gesicht, sanguinischem Teint, hoher Stirn und klassischer, schöngeformter Nase. Die Augen sind immer bemerkenswert, klar, dunkelbraun oder auch himmelblau, kristallisierte *Intelligenz*", wie sie einmal treffend bezeichnet wurden; die Haare dicht, glänzend, kastanienbraun. Alle Bewegungen energisch und positiv.

1–5°: Groß, breitschulterig, langes Gesicht und schöne Stirn, kühne, braune Augen, lichtbraunes Haar. Manchmal fleckiger Teint. Aufrichtig, geistreich und begabt, vorsichtige Sprecher, edelmütig und zuversichtlich.

5–10°: Mittelgroß, gut gebaut, heller als der vorige Typus, lichtes Haar, dunkle Augen; tätig, religiös, nachdenklich und betrachtend.

10–15°: Kleiner und voll, gewöhnlich sehr schön mit kleinem Mund und graublauen Augen. Lebhaftes Temperament, liebt Reisen und Abenteuer, gut veranlagt und voll Edelmut. Große Lebenskraft.

15–20°: Volle Figur, ziemlich schwer gebaut, volle Züge und langes Gesicht: graue Augen, braunes Haar. Keine liebenswürdigen Naturen, ziemlich eitel und anspruchsvoll, Nachahmer, wo es ihnen am eigenen fehlt.

20–25°: Schlank, mittelgroß oder darüber, gut gebaut; voll beweglichen Temperaments, heiteres Wesen. Wankelmütig und abwechslungssüchtig, nachdenklich, aber oft unbesonnen.

25–30°: Ziemlich groß mit plumpen Zügen, gesunder Farbe und dunkelgrauen Augen. Aufrichtig und treu; mit Neigung zur Heftigkeit, aber immer wohlmeinend (gutmütige Polterer).

Die verschiedenen Berufsarten, die die Schützgeborenen erwählen, sind häufig mit zahlreichen Reisen verbunden. Die Berühmtheit, die ♐-Geborene sich erwerben, fußt zumeist auf materiellen Leistungen, obwohl dieses Zeichen auch tüchtige Redner und echte Philosophen hervorbringt und, seltener allerdings, auch Gelehrte, die gründliche und erfolgreiche Studien betreiben. Unter den Künsten bevorzugt der Sohn des Sagittarius am meisten die Musik.

Steinbock – Capricornus – ♑

♑ ist eines der am kräftigsten wirkenden Zeichen des Zodiakus. Doch ist sein Einfluss zumeist kein guter, sondern häufig ein inferiorer.

Capricornus ist das Haus des ♄; seine Strahlungen sind ähnlich dem Wesen dieses Planeten geartet. Er ist das Symbol der Sünde, des Tiefstandes der Welt, charakterisiert durch die Wintersonnenwende; das Zeichen, in dem der Erlöser geboren werden muss, um die Welt zu retten. Christus wird geboren, wenn die Sonne um Mitternacht in das Zeichen des ♑ tritt.

Aber eben aus dieser symbolischen Bedeutung ergibt sich auch seine zweifache Wirkung: mit dem Wintersolstitium überschreitet die Sonne die Wende vom toten Winter zum werdenden Frühling und *zur Fülle der Zeit* erscheint der Heiland als Befreier von seelischem Tod und Sünde. Es ist das Zeichen der Einkehr in sich selbst, der Meditation, und als solches hat es die Potenz zur Selbstbefreiung in sich, stufenweise sich fortsetzend in der seelischen Entwicklung durch die Kräfte der folgenden Zeichen ♒ (der die Intuition erzeugt) und ♓ (denen die dritte und höchste geistige Tätigkeit, die Gabe der göttlichen Inspiration eigen ist).

Der Steinbockgeborene ist höchst besonnen, intellektuell sehr hochstehend. Aber er läuft Gefahr, ganz im Intellekt aufzugehen, die anderen Lebenssphären vernachlässigend und so die echt menschlichen Fähigkeiten einbüßend. Sein Scharfsinn verführt ihn leicht zum Sarkasmus, seine Nüchternheit zu Pessimismus und Morosität. Seinen Geist zeichnet eine große Sicherheit aus, mit der er die Umwelt beherrscht. Trotz seines Selbstbewusstseins besitzt er doch selten wirkliche Selbstachtung. Oft ist ihm eine glänzende Rednergabe eigen und ein genialer, der Diskussion kundiger Verstand, aber er pflegt seine Gaben nur für seine eigene Person zu nutzen. An die Mitwelt denkt er nicht, er verschließt sich ihr materiell wie geistig, denn ein hässlicher Geiz verbietet ihm, anderen als sich selbst etwas zu gönnen. Im Umgang beobachtet er kühle Reserve, und auch wenn es gelungen ist, sich seine Zuneigung zu erwerben, vermeidet er äußerliche Zärtlichkeit. Im Verfolgen eigener Zwecke ist der ♑-Geborene ausdauernd und konsequent und lässt sich durch keine Schwierigkeiten abschrecken.

Auch die niedrigeren ♑-Strahlungen geben großen Scharfsinn, der aber dem Nativen nur dazu dient, um die schwachen Seiten seiner Mitmenschen zu erspähen und auszunützen, worin er Meister ist. Gewöhnlich eignet ihm eine angeborene Unordentlichkeit, *ein schlampiger Steinbock* ist geflügeltes Wort bei manchen Astrologen.

Doch variieren die Naturen, die aus diesem Zeichen hervorgehen, stark. Im zweiten Dekanat, dessen Herrscherin ♀ ist, werden häufiger gute Menschen geboren, die tiefer Freundschaft fähig, aufrichtig und treu sind; auch eignen ihnen Anlage, Sinn und Verständnis für die Kunst.

Dem dritten Dekanate steht ☿ vor; dieser Abschnitt des Zeichens schafft Herrschbegierde, Organisationstalent. Aus ihm gehen besonders Politiker, Staatsmänner, Reformatoren oder Revolutionäre hervor. Meist erfreut sich der ♑-Geborene guter Autorität; man liebt ihn nicht, oft aber scheut oder fürchtet man ihn.

Wenn jedoch vorzüglich nur hohe Strahlungen des ♑ den Nativen beeinflussen, dann gehen aus diesem Zeichen die größten und bedeutendsten Menschen hervor. Sie werden zu den Führern ihrer Zeit, sie schaffen neue Epochen in der Wissenschaft oder im Leben des Staates; Genies und imposante Künstlernaturen entspringen dieser Sphäre.

Zur Mehrheit jedoch lösen seine Emanationen ungünstige Einflüsse aus.

Ein Repräsentant der hohen ♑-Naturen wäre Michel Angelo, falls man die Zeitangaben seines Vaters als richtig für den Aszendenten annehmen darf; ein charakteristischer Typ für seine boshaften Emanationen dagegen ist der schlaue, rachsüchtige, aber feige Shylock.

Die Angehörigen dieses Zeichens sind von mittlerer Statur, mager, häufig engbrüstig und missgestaltet. Sie haben ein verschlagenes Gesicht, spitzes Kinn, eine schmale Nase, kleine, stechende Augen, dünnen Bart, aber dichtes, dunkles Haar; sie neigen zu Lungenleiden.

Die Beschreibung für die einzelnen Sexturen trifft nur die günstigeren Strahlungen des ♑ und hauptsächlich unter der mildernden Bestrahlung günstiger Planeten.

1–5°: Groß, schlank, wohlgelormte Züge, zwischen hell und dunkel. Edel, sehr gerecht, aufrichtig und freundlich; von guten Gedanken und Tendenzen und vertrauenswürdig.

5–10°: Klein, längliches Gesicht, aber angenehme Züge. Geringe Selbstachtung; freimütig, gerecht und verlässlich. Guter Redner.

10–15°: Muskulös, voll und von förmlich imponierender Erscheinung. Gut angelegt, unabhängigkeitsliebend, taktvoll und diplomatisch.

15–20°: Klein, doch von angenehmer Erscheinung. Klare Haut, lichtbraunes Haar. Lebhaftes Temperament und gewinnende Manieren, aber leicht zu betrügen.

20–25°: Hübsche Gestalt, edle Haltung, angenehme Erscheinung und schöne Züge. Eher hell als dunkel. Freier, großer Geist, zieht das Gute dem Bösen vor; sehr meditativ.

25–30°: Gut proportioniert, mittlere Größe, lichter Teint und lichte Haare. Ehrgeizig und nach führenden Stellen strebend; oft vergnügungssüchtig.

Seine Ausdauer und sein Ehrgeiz befähigen den ♑-Geborenen, hervorragende Stellungen zu erringen. Vor allem werden sie Staatsmänner und Gelehrte, aber auch Genies und Künstler von der geschilderten Art gehen aus diesem Zeichen hervor.

Sie finden stets sichere Wege, um sich einen entsprechenden Besitzstand selbst zu erwerben.

im Leben werden sie manchen Kampf zur Durchsetzung ihrer Interessen auszufechten haben und ihr scharfer Verstand wird sie darin vorteilhaft unterstützen.

Wassermann – Aquarius – ♒

Dieses Zeichen, sowie das folgende, ♓, wurde von der älteren Astrologie dem ♄ beziehungsweise ♃ zugeeignet.[1)] Seit der Entdeckung des ♅ und ♆ haben vergleichende Forschungen ergeben, dass ♒ dem ♅,

♓ jedoch dem ♆ als Haus zukommen. So wie die Eigenschaften dieser zwei Planeten bisher nicht nur einzelner Ergänzungen und Berichtigungen, sondern noch eingehender Studien bedürfen, namentlich jene Gruppe, welche auf das transzendentale Gebiet hinüberleitet, so ist auch die Wirkungsweise ihrer Häuser erst ganz einseitig erforscht. ♒ und ♓ lassen noch eine Reihe von Möglichkeiten offen, ein weites Gebiet, das die ganze esoterische Planisphäre sowohl des Gefühls als auch des Verstandes umfasst.

Wir stehen hier an der Lösung eines der vielen Rätsel, mit denen die Astrologie bisher noch so manche Divination ad absurdum geführt hat, und jeder ernsthafte Astrologe hat die Pflicht, sich um die Erschließung dieser *terra incognita* zu bemühen.

Die folgenden Ausführungen, die sich an die hervorragendsten Werke der alten Schule halten, werden am besten zeigen, wie einseitig äußerlich die beiden Zeichen noch aufgefaßt werden.

Die Lückenhaftigkeit derselben liegt klar auf der Hand, namentlich wenn man in Betracht zieht, dass ♒, dem Haus des ♅, dieses okkultwissenschaftlichen Planeten, eine zwar sehr hervorragende, aber ganz exoterische geistige Wirkungssphäre zugeschrieben wird, und ♓, das Haus der subtilsten, sensitivsten Planeten, Neptuns, der alle feinsten geistigen und seelischen Schwingungen auslöst, als „Repräsentant der geistigen Indifferenz“[2] angesehen wird.

Wohl mag es besonders für diese beiden Häuser gelten, dass nur besonders organisierte, ihnen gleich gestimmte Instrumente auf ihre Schwingungen antworten können.

Bringt man doch sogar, und wahrscheinlich mit Recht, die Neuentdeckung der beiden Planeten ♅ und ♆ mit dem spirituellen Fortschritt der Menschheit in Verbindung und mit der Möglichkeit, dass immer breitere Massen derselben auf ihre Strahlungen reagieren können. Für die niedrigeren Ebenen mag also immerhin Geltung haben, was im Folgenden dargestellt wird.

---

1) Allerdings schon als ihre „sekundären Häuser“. Vgl. Abel Haatan, „Traité d' Astrologie Judiciaire“.

2) Raphael, „Hermetische Lehrbriefe“.

Als Schlüsselwort für dies Zeichen hat man sehr treffend *Konzentration* erwählt[1] und seine Tendenz als *metaphysisch* bezeichnet. Seine Beherrschung sind die Unterschenkel des Adam Kadmon, mithin das Bewegliche, Wandernde im Mikrokosmos.

♒ gilt[2] als wahrscheinlich das schwerst verständliche Zeichen, da es eine Durchdringung der beiden Luftzeichen ♊ und ♎ darstellt. Es gibt alle intuitiven Fähigkeiten der ♎ und viel vom äußeren Geistesglanz der ♊. Seine Angehörigen sind entweder sehr stark oder sehr schwach, last immer gütig. Sie sind ausgezeichnete Charakterleser und haben große Unterscheidungsfähigkeit. Sie sind elementare und gründliche, dabei echt menschliche Naturen. Ihre innere geistige Entwicklung ist bemerkenswert, aber sie geben ihr langsam Ausdruck und brauchen immer einen Anstoß, um sie zu betätigen. Sie scheinen schwach und nutzlos, bis sie ihre geistige Stärke entdecken, dann aber erschließen sich ihnen bedeutende Möglichkeiten. Sie sind nervös und sensitiv, Materialismus richtet sie zugrunde, aber sie ringen sich durch die geistige Wahrheit zum Licht und zur Befreiung durch.

Auf den niederen Stuten beschränkt sich ihre Geistestätigkeit auf die Erfahrungen, die sich ihren Sinnen offenbaren. Sie suchen überall nach Phänomenen und verkörpern die induktive Philosophie. Sie sind Vertreter der volkstümlichen Wissenschaften, sie bilden die Grundlage aller exoterischen Geistesbildung, aber sie erheben sich nicht über den intellektuellen Plan des Zeitgeistes. Sie sind jedoch hervorragend gebildet, liebenswürdig und gut, auch witzig, künstlerisch und schriftstellerisch veranlagt.[3] Sie lieben die Eleganz und haben ein zuvorkommendes Benehmen. Dieses Zeichen erzeugt, entsprechend seinem Beherrscher ♅, mit Vorliebe Originale, auch Originalgenies. Wer die köstliche Gestalt des Rat Krespel von E. T. A. Hoffmann kennt, wird in ihm einen Typus eines solchen ♒-Originals erkennen können.

Die Wassermanngeborenen erreichen oft eine hohe Schönheit, die der der ♎-Geborenen nahekommt. Sie sind mittelgroß, gut gebaut, kräftig

---

1) Bailey's „Destiny", 1904.

2) Alan Leo, „Practical Astrology".

3) Flambarts statistische Forschungen sind Zeugnis hierfür.

und stämmig. Doch ist eine Neigung vorhanden, dass ein Körperteil länger ist als der korrespondierende zweite. Sie haben eine schöne klare, manchmal rosige Hautfarbe, haselnussbraune Augen, flachsige, rote oder kastanienbraune Haare, eine sehr sympathische Erscheinung; ganz so wie die ♐-Geborenen eine innerlich und äußerlich markante Individualität.

1–5°: Groß, braune Haut, dunkle Augen; liebenswürdig, leicht zu behandeln, dennoch eigenwillig. Vielen Versuchungen zugänglich; schlau.

5–10°: Dunkel, kleine Züge, nicht groß. Leicht zu leiten, vergnügungsliebend und oft in unbestimmbare Gewohnheiten verfallend, sehr unzuverlässig.

10–15°: Groß, klarer Teint, scharf glänzende Augen, scharfe Züge, braunes Haar. Lebhaft, nachdenklich, gesprächig. Tätige Natur.

15–20°: Mittelgroß, dunkler Teint, kleine, dunkle Augen, schöne Stirn. Merkuriale Natur, erfinderisch, mit hoher Meinung von persönlichen Fähigkeiten.

20–25°: Klarer Teint, mittelgroß, schöne, scharfe Züge, graue Augen, lichtes Haar. Liebt den Wechsel, lernbegierig, ein guter Redner.

25–30°: Voller Körper, schöner Teint, ein schöner Typus. Veränderlich und das Wohlleben liebend, doch gut veranlagt.

Fische – Pisces – ♓

Für die Fische gilt ebenfalls, was in der Einleitung zu ♒ gesagt wurde. Auch dieses Zeichen bedarf noch einer Revision und Umgestaltung im Sinne seines geheimnisvollen Herrn. Das Zeichen stellt im Universum den Gegenpol des Kopfes, die Füße, dar. Es ist die Basis des Menschen, das Symbol seiner Bodenständigkeit und der materiellen Kräfte. Es ist ein friedliches und fruchtbringendes Zeichen; die Wasser beginnen zu schmelzen, sobald die Sonne in dieses Zeichen tritt, und Regenströme beginnen zu fallen. Es ist auch das Sinnbild geduldigen Gehorsams. Fische sind ein *zweikörperliches* Zeichen. Seine Zweiteilung bedeutet im höchsten Sinne eine Vereinigung des diesseitigen mit dem jenseitigen Leben; eine Vereinigung, welche oft zum Unglück der ♓–Geborenen ausschlägt, wenn dieselben nicht von widerstandsfähiger psychischer und physischer Konstitution sind. Denn sie sind hervorragend medial veranlagt und werden leicht die Beute von Feinden aus der transzendentalen Welt, ebenso leicht aber gekränkt durch ihre Mitwelt, die ihr Leben vergällt. Sie sind voll Sympathie und sehr sensitiv und nehmen sich Kümmernisse gern viel zu sehr zu Herzen. Das zweite Dekanat gibt große Neigung für die mystischen Wissenschaften. Aber die ♓–Geborenen sind zu bescheiden, um jemals ihre Talente in den Vordergrund zu drängen; sie schweigen (Fische sind ein *stummes* Zeichen) und dulden. Sie interessieren sich gewöhnlich nicht für Alltagserscheinungen, und diese eigentümliche Gleichgültigkeit wird ihnen als geistige Indolenz ausgelegt.

Die Dinge dieser Welt gewinnen ihnen selten wahrhafte Beachtung ab. Sie neigen zur Schwermut, die zu schweren Nervenstörungen, sogar zur geistigen Umnachtung führen kann. Im äußeren Gehaben sind sie oft ruhelos, überängstlich, ohne Selbstvertrauen, manchmal ungenau und nachlässig in der Rede, im Allgemeinen harmlos und nicht aggressiv. Sie sind fast ausnahmslos verlässlich, voll Teilnahme und Hingebung, werden aber leicht missverstanden; eine neue Quelle von Kränkungen für sie, die ohnehin gewöhnlich nicht glücklich zu nennen sind. In unserer Zeit des Kampfes zweier Richtungen, da nur der Energische und Kraftvolle sich selbst durchsetzt und seiner Gemeinde nützt, wird dieser negative Typus leicht an die Wand gedrückt. Es wird aber eine Zeit kommen, und sie ist nicht allzufern, in der eben jene jetzt Missachteten die Brücke schlagen werden zu einer unbekannten geistigen Welt; eine Zeit, in der ihre Opferwilligkeit im Dienste der Menschheit gewürdigt werden wird. Dann ist der Tag für die Kinder des letzten Zeichens da; die Wolken werden sich von ihrer Gegenwart heben, denn sie werden ihr Doppelleben bewusst und stolz leben; und bis dahin wird eine durchgebildete psychische Hygiene und Therapie auch den lauernden Gefahren des jenseits gewachsen sein. Eine neue Ära bricht an, und auf neuen Erfahrungen kann der Intellekt, dargestellt durch ♈, seinen ewigen Kreislauf fortsetzen.

Schlechte Qualitäten, welche das Zeichen als Charakterbildner auslösen kann, sind: Unentschlossenheit, Misstrauen, Überschätzung der eigenen Persönlichkeit ohne wahres Selbstbewusstsein, nervöse Unruhe, hysterisches Wesen; Weltflucht; Haltlosigkeit, Sklavennaturen, die Puppen und Kreaturen fremder Macht.

Der Typus der Piscesgeborenen ist im Allgemeinen reizlos. Ein kurzer, fleischiger Körper mit unproportionierten Gliedmaßen, das Gesicht groß, bleich und voll, die Augen groß und feucht, manchmal triefend (sogenannte Fischaugen), dunkle Haare, eine schwache Stimme.

1–5°: Groß, breitschultrig, schwer gebaut, eingesunkene Augen, dunkles Haar. Fein veranlagt, das Studium liebend, mediumistisch, oft Spiritist.

5–10°: Schwere, knochige Figur, braunes Haar. Nachdenklich, lerneifrig, liebt Kunst und Wissenschaft; sehr geduldig.

10–15°: Kurz, hübsche Züge, licht, ovales Gesicht. Gerecht, rechtschaffen, gut veranlagt, stets das Gute suchend.

15–20°: Mittelgroß, dunkles buschiges Haar, sanfte Züge, oft sommersprossig. Gute Studenten und Forscher, aufrichtig, treu, von ausgezeichnetem Urteil.

20–25°: Gut proportioniert und muskulös. Kastanienbraunes Haar, graue Augen. Angenehm, großmütig und frei. Manchmal starke Charaktere.

25–30°: Klein, rötliche Gesichtsfarbe, harte, trockene Züge, dunkles Haar. Kühn, streitbar, etwas eingebildet.[1)]

Häufig ist es der Fall, dass der ♓-Geborene nur das Medium eines Berufes ist, und ein solcher Künstler, Erfinder, Schriftsteller, usw., schafft nur die Werke anderer, unirdischer Intelligenzen, denen er als Werkzeug der Manifestation dient, bewusst oder unbewusst. Dann besteht sein Verdienst eben darin, ein feines, sensibles Instrument zu großen Kundgebungen zu sein. Die Gefahr solcher Tätigkeit ist jedem Eingeweihten bekannt. Aber wenn schon nicht gänzlich, so wird der Piscessohn doch immer eine teilweise Beeinflussung bei seinem Tun erfahren.

Auch die ♓ führen ihre Kinder meist mehr als einer Herzensverbindung zu und ebenso unterliegt ihr Beruf Schwankungen, sie üben gern einen zweifachen Beruf aus, indem häufig der zweite eine Beschäftigung mit den Musen oder den Wissenschaften darstellt. Am meisten aber neigt der Piscessohn zur Musik und Malerei.

---

1) Die Darstellung dieser Sexturen ist durchweg nach Alan Leos „Practical Astrology" gehalten.

Monografien der Planeten

Die Sonne – ☉

Goethe: „Wenn man mich fragt, ob es in meiner Natur sei, Christus anbetende Verehrung zu erweisen, so sage ich: durchaus! ich beuge mich vor ihm als der göttlichen Offenbarung des höchsten Prinzips der Sittlichkeit. Fragt man mich, ob es in meiner Natur sei, die Sonne zu vereinen, so sage ich abermals: durchaus! Denn sie ist gleichfalls eine Offenbarung des Höchsten, und zwar die mächtigste, die uns Erdenkindern wahrzunehmen vergönnt ist. Ich anbete in ihr das Licht und die zeugende Kraft Gottes, wodurch allein wir leben, weben und sind, und alle Pflanzen und Tiere mit uns."

Die Sonne ist die Beherrscherin unseres Planetensystems, dem auch die Erde angehört. Diese Herrschaft verdankt sie ihrer im Vergleich zu allen Planeten ungeheuren Masse, die mit ihrer Größe im Einklang steht. Denn durch ihre Masse fesselt sie alle Planeten an sich und zwingt sie mittels ihrer Anziehungskraft, die ihnen angemessene Bahn zu beschreiben. Sie ist das monarchische Regierungszentrum, von dem aus der lebendige Riesenorganismus unseres Planetensystems beständig in mathematisch strenger Ordnung erhalten wird.

Die ☉ ist nahezu eine vollkommene Kugel. Ihr scheinbarer Durchmesser beträgt etwa einen halben Grad am Firmament. Wir sind von der Sonne 149481000 km im Mittel entfernt. Daraus ergibt sich ihr wahrer Durchmesser von 1319000 km. Ihr Volumen ist rund eine Million mal größer als das der Erde.

Einige Vergleiche werden uns eine Ahnung von der Riesengröße unseres Zentralgestirnes geben.

Wenn man mit Jules Verne eine Reise um die Erde in 80 Tagen vollführt, so entspricht einer solchen Reise um die Sonne mit gleicher Geschwindigkeit eine Zeit von 24 jahren.

Wäre die Sonne eine Hohlkugel und stünde die Erde in deren Mittelpunkt, so wäre innerhalb dieser hohlen Sonne nicht nur genügend Raum für eine ganze Mondbahn vorhanden, sondern es könnte sogar noch ein zweiter Erdenmond in ihr untergebracht werden, der in einem 18 mal größeren Abstand als unser wirklicher Satellit die. Erde umkreiste.[1)]

Die Masse der ☉ beträgt nur 329000 Erdenmassen, ist also ziemlich gering im Verhältnis zu ihrer Größe; die Dichtigkeit ist nur ¼ von der Erde, nämlich 1,4, was etwa der Dichte des Buxbaumholzes entspricht. Aber selbst wenn wir die Massen aller Planeten zusammennehmen, so ist die Sonnenmasse immer noch mehr als 700 mal größer.

Sie übt also eine 329390 mal größere Anziehung aus als unser Erdglobus. Die Beschleunigung der Schwerkraft ist auf der ☉ 276 mal größer als bei uns, das heißt also, ein Gewicht von 100 irdischen kg übt dort einen Druck von 275 kg aus. Nach dem Astrophysiker Zöllner ist die Gesamthelligkeit der ☉ 570000 mal größer als die des Vollmonds und 55760 Millionen mal größer als die des hellen Fixsterns Capella im Sternbild des Fuhrmanns (eines Sternes 1. Größe).

Auch unsere Sonne selbst, obwohl das stete Zentrum unseres Systems, ist nicht fix, sondern sie beschreibt eine sehr komplizierte, im Raum fortschreitende krumme Linie. Der Zielpunkt der Bewegung, der Ort am Himmel, auf den die ☉ gegenwärtig gradlinig loseilt, liegt im Sternbild des Herkules.

Eine wissenschaftliche Hypothese (Kant-Laplacesche Theorie) lehrt, dass unsere Erde (ebenso wie die übrigen Planeten) nur ein einst der Sonne angehöriger Teilkörper sei, der sich aus einem vom Zentralstern abgeschleuderten Ring zur selbstständigen Planetenkugel ausgebildet hat.

Aber mit dem Beginn ihrer selbstständigen Entwicklung hat die Abhängigkeit der Erde vom Mutterkörper keineswegs aufgehört; nicht nur dass die ☉ ihre Bahn bestimmt, unsere Gäa existiert und lebt nur durch die fortwährende Kraftspendung der ☉, von der sie nicht nur Licht und Wärme und Bewegung, sondern alle Energien erhält, die sie beleben.[2)]

Unter dem Pranastrahl der Sonne entfaltet sich das organische Leben und nur durch Prana kann es bestehen und sich entwickeln. Wo das

---

1) Young.

2) „Steinkohle ist eine vorzügliche Licht– und Wärmequelle für uns. Ungeheure Massen dieser wohltätigen Formen der verwandlungsfähigen Energie liegen in ihr gefesselt und können leicht befreit und aktiv gemacht werden. Was aber dann wärmt und leuchtet, ist

Licht Sols nicht hingelangt, dort bilden sich die Bakterien und herrschen mit Krankheit und Zersetzung, Zerfall und physischem Tod. – „Die ganze wunderbare Gestaltenfülle, welche unseren Erdball belebt, ist in letzter Instanz durch die umgewandelte Sonnenstrahlung geschaffen worden.“[1)]

Die ☉ ist die Quelle aller Energiestrahlung unseres ganzen Systems: die Strahlung, welche, von den übrigen Planeten ausgehend, unsere Erde trifft, ist nur gebrochene Sonnenstrahlung. Jedoch sowie der Lichtstrahl, welcher verschiedene Medien passiert, durch dieselben nicht unverändert hindurchgeht, so erleidet auch der vom Planeten zurückgeworfene Energiestrahl jedesmal eine Umwandlung, und zwar entsprechend der eigenen Natur der einzelnen Sterne. (Vgl. A. Besant, „Uralte Weisheit“, und Raphael, „Hermetische Lehrbriefe II“.)

Die ☉ ist nicht nur der physische Mittelpunkt unserer Planetenkette, sie ist auch das geistige Lebenszentrum. In diesen beiden Wirkungen müssen wir sie uns gegenwärtig halten, wollen wir ihren vollen Einfluss erfassen.

---

nichts anderes als die direkt aufgespeicherte Wärme und Leuchtkraft unserer Sonne aus der Zeit, da jene Wälder der Steinkohlenepoche grünten. Viele Jahrtausende lang flossen Ätherwellen der Sonne als Licht und strahlende Wärme (und Lebenskraft) auf diese Waldungen nieder. In den grünen Baumblättern zersetzten die Sonnenstrahlen die Kohlensäure; ihr einer Teil, der Sauerstoff, schwebte frei davon, der Kohlenstoff aber war verarbeitet zum Aufbau des festen Pflanzenleibes. Im Holz steckte nun fortan in weiter nicht verwerteter Gebundenheit die unverbrauchte Energiemenge der eingesogenen Licht- und Wärmestrahlen. In Form der Steinkohle in den Schoß der Erde gebettet als Kohle, überdauerten die wesentlichsten Reste dieses Holzes die folgende ungeheure Zeit, und mit ihnen schlief, wie von lähmendem Zauber gebannt, die Sonnenkraft. Jetzt aber, da wir die Kohle hervorholen und bei der Verbrennung dem Kohlenstoff die alte Gelegenheit zurückverschaffen, sich mit Sauerstoff zu einen, ist der Zauber gelöst und die gesamte Licht- und Wärmemenge strahlt mit der alten Macht von Neuem aus – zu unserem Segen. Beides spricht aus dem Beispiel sehr deutlich: die Unzerstörbarkeit der Energie an sich und die Überbrückung scheinbar endloser Zeiträume zu konsequenter Arbeitsablösung. ... Dem Unwissenden enthüllt die Flamme im Ofen, in dem die Steinkohle verbrennend ihre uralte Sonnenenergie entlässt, ebenso wie dem sachkundigsten Geologen, der den wahren Zeitabstand zu berechnen sucht, den gleichen alten Sonnenhort: ein sicherer Anhaltspunkt, dass das große Einheitsprinzip der Natur ... eine empirische Tatsache ist.“ (Bölsche, Entwicklungsgeschichte der Natur.)

1) Haeckel, „Welträtsel“ S. 129.

Sie verleiht dem Nativen vor allem seine physische Konstitution, sie regelt seine Gesundheit, andrerseits aber auch sein seelisches und im hervorragendsten Maße sein geistiges Leben; sie gibt dem Strebenden Erfolg auf niederen und höheren Ebenen.

Am kräftigsten ist der Einfluss zwischen Sonnenaufgang und Mittag, zwischen dem Aszendenten und Meridian. Wenn die ☉ im Augenblick der Geburt in guter Stellung ist und wenn sie vor allem den Aszendenten gut bestrahlt, so ist das ein mächtiger Schutz gegen alle Schicksalsangriffe durch die Planeten. Sie wird ihrem Schützling endlich zum Sieg verhelfen.

Steht sie aber ungünstig, so wird auch ein sonst gutes Horoskop kein großes Glück verleihen können, denn der Einfluss der ☉ zusammen mit dem des ☽ prädominiert über die ganze Nativität. Ihnen, den *Himmelslichtern* gegenüber, sind die Planeten nur sekundäre Mächte.

Wenn die ☉ im Augenblick der Geburt eben aufgeht am Horizont, so bringt sie starke, festgebaute Menschen von breiter Statur, mit großen, glänzenden Augen, braunem bis flachsblondem Haar, heller Stimme und großem Kopf hervor; Menschen, die ausgesprochene Lebensbejaher sind – es sei denn, dass die ☉ durch schlechte Aspekte verletzt ist. Sonst flößt sie einen kräftigen Selbsterhaltungstrieb ein, Festigkeit, Selbstsicherheit, Tatkraft, physischen und moralischen Mut, Ehrgefühl, vornehme Gesinnung, ein würdevolles, königliches Gebaren. Sie führt ihre Kinder zu Größe und Ruhm, die auf wahrem Verdienste beruhen. Ihre Natur ist großzügig und edel, alles Kleinliche verachtend.

Die ☉ ist die Quelle der höchsten Gedanken, sie ist das Symbol des Logos selbst, des manifestierten und in uns wirkenden Gottes. Sie ist es, die uns emporzieht zum Göttlichen, uns befreiend vom Erdenstaube.

Auf der astralen Ebene erzeugt sie die erhabenen Gefühle, Begeisterung und große, feurige Leidenschaften.

Doch kann sie, wie in der physischen Welt, auch in den höheren Sphären ebenso zerstörend wie schöpferisch wirken; verzehrend und vernichtend, wenn von disharmonischen Strahlen getroffen. Und die große Wohltäterin wird dann die Quelle des schlimmsten Unheils.

So wie eine gute ☉ die besten moralischen Eigenschaften erstehen lässt, Reinheit, Gerechtigkeit, Hochherzigkeit, so erzeugt sie in übler

Stellung das Gegenteil: Nichtigkeit, Leerheit, eitle Einbildung, Unmoralität, Heuchelei, Egoismus; Dünkelhaftigkeit, Härte gegen Untergebene, Kriecherei gegen Vorgesetzte; Engherzigkeit und Lieblosigkeit.

Soll das Leben Glück und Erfolg bringen, so muss vor allem der ☽ im Einklang mit der Sonne strahlen, denn wenn diese beiden in der Nativität disharmonisch stehen, so wird das ganze Leben erfüllt sein von Mühen, Kämpfen, Erregungen, Enttäuschungen, und der von diesem Unglück Getroffene wird schwer nach seelischer Ruhe zu ringen haben. Doch können gute Aspekte von ♃, der *fortuna major*, und ♀, der *fortuna minor* (dem *großen* und dem *kleinen Glück*) vieles lindern. Schlechte Aspekte von ♄ und ♂ auf die Himmelslichter dagegen bringen viel schweres Leid.

Die Lebensschicksale, die eine gute ☉ für den Nativen in Vorbereitung hat, sind Ruhm, Auszeichnung, ein hoher Rang, öffentliche Ehrenstellen, selbst königliche Würden, zum Mindesten ein geachteter Stand und eine vorteilhafte soziale Stellung; im Leben mächtige Freunde und nach dem Tode Ruhm und ein ehrenvolles Angedenken. Eine üble ☉ dagegen schafft schlimme Feindschaften, Unglück in allem, Krankheit und Niedrigkeit. Die ☉ repräsentiert in der männlichen Nativität die eigene Persönlichkeit und das Leben des Geborenen und den Vater; in weiblicher Nativität die Eigenart und Schicksale des Vaters oder des Gatten.

Die unter prädominierendem ☉-Einfluss zur Welt Kommenden sind zum Herrschen über ihre Mitwelt geboren. Ihre Autorität, die sie ungesucht genießen, bahnt ihnen den Weg dazu.

Die ☉ schafft auch Goldschmiede, Hofleute, Priester, sowie Künstler aller Art.

Der Mond – ☽

Während die Sonne unsere Herrscherin, ist der Mond unser Trabant.

Seine Bahn ist eine Ellipse, in deren einem Brennpunkt die ♁ steht. Die (mittlere) halbe *große Achse* dieser Kurve beträgt 60274 Erdradien oder 384.420 km. Der Durchmesser des ☽ misst 3480 km. Er ist 3,6 mal kleiner als der Erddiameter, seine Oberfläche demnach weniger als 1/12 der

Erdoberfläche und sein Rauminhalt 1/49 von dem der ♁, seine Masse bloß 1/80 der Erdmasse. Die *Phasen* des ☽ sind subjektiv irdische Erscheinungen, hervorgerufen durch die wechselnden Stellungen der ♁ und ihres Satelliten zur ☉.

Durch ♁ ☌ ☽ (hellozentrisch resp. durch ☽ ☉ ☌ geozentrisch) entsteht Neumond, durch die Opposition Vollmond; man nennt die Zeit zwischen zwei ☌☌ oder ☍☍ seine *synodische Umlaufszeit* und sie beträgt 29,53059 Tage.[1)]

Die Helligkeit des Vollmondes ist (nach den fotometrischen Messungen Zöllners) 65260 Mal größer als die der Capella; dennoch wirft seine Oberfläche nur 1/8 des Sonnenlichts, das sie empfängt, zurück.

Der ☽ ist nicht nur unser größter und hellster Nachtstern, der uns in Abwesenheit der ☉ sein Licht leiht, sondern seine Einwirkungen auf die Erde sind unendlich mannigfaltig und viel, viel bedeutender, als die exoterische Wissenschaft unserer Zeit es lehrt. Er ist nicht nur der Urheber von Ebbe und Flut, indem die periodischen Gezeiten seinen synodischen Epochen folgen, und er beeinflusst unter den Menschen und Lebewesen überhaupt nicht allein die *Mondsüchtigen* mit seiner Strahlung[2)], sondern gleich der Sonne erstreckt auch Lunas Kraft ihre Wirkung auf alles irdische Leben, nur in anderer Weise.

Darwin schon besaß diese Überzeugung: „Der Mensch ist gleich anderen Säugetieren, Vögeln und sogar Insekten jenem geheimnisvollen

---

1) Seine siderische oder wahre Umlaufszeit ist 27,32166 mittlere Sonnentage, und die tropische Umlaufszeit, die Periode der Wiederkehr zum ♈punkt, *beträgt 27,32158 Tage. Bei der Erde beträgt die Dauer der Bewegung um ihre Achse 1 Tag oder 1/365 ihres Umlaufs um die ☉; auch der ☽ besitzt eine eigene Achsenrotation. Diese absolute (eigene) Bewegung ist von eigentümlicher Art; die Dauer seiner Achsendrehung ist genau gleich seiner Umlaufszeit um die ♁. Daher kommt es, dass der ☽ uns immer dieselbe Seite zuwendet. Die andere Seite ist uns unbekannt. Ein* ☽tag *hat also 14¾ Erdentage (die Hälfte seiner synodischen Umlaufszeit) und die* ☽nacht *dauert ebenso lange.*

2) Die Tatsache des Somnambulismus ist bekannt genug. Weniger bekannt aber ist es, dass diese Beeinflussung auch dann noch wirksam ist, wenn man den Nachtwandler mittels lichtundurchlässiger Körper, wie Mauern u. dgl., zu schützen trachtet; – ein Beweis, dass hier nicht das Licht oder nicht allein das Licht die Attraktion ausübt, sondern vor allem die astrale Strahlung des Mondes.

Gesetz unterworfen, wonach gewisse normale Prozesse, wie Schwangerschaft, Reife, Dauer verschiedener Krankheiten, von den Mondperioden abhängig sind.“ (Abstammung des Menschen I.)

Ein modernes astronomisches Werk äußert sich über diese Einflüsse sehr vorsichtig: „Sie sind teils unbedeutend, sodass sie im gewöhnlichen Leben so gut wie keine Beachtung finden. – Gewisse Beziehungen aber zwischen dem ☽ und unserem Organismus und den Funktionen des Lebens überhaupt sind unbestreitbar; teils sind sie jedoch, wie der Einfluss des Mondscheins auf gewisse Störungen des Nervensystems, die sich in Nachtwandeln z. B. kundgeben, offenbar einem tieferen biogenetischen Grunde entspringend.“

Nun, die alte und die neue Mystik haben sich mit ganz anderem Erfolg, als der astronomische Forscher ahnt, seit Jahrhunderten um die Erforschung dieser tieferen biologischen Gründe bemüht, vor allem die esoterische Astrologie.

„Das Überhandnehmen revolutionärer Ideen in der Wissenschaft ermutigt uns, ihre Vertreter zu fragen, warum die Gezeiten dem Monde bei seiner Bewegung folgen? Tatsache ist, dass sie nicht einmal eine so alltägliche Erscheinung erklären, die für die Neophyten der Alchemie und Magie nie etwas Geheimnisvolles war. Wir möchten auch gern wissen, ob sie ebenso unfähig sind uns zu sagen, warum die Mondstrahlen auf manche Organismen so giftig, ja sogar zerstörend wirken, warum in manchen Teilen Afrikas und Indiens ein im Mondschein Schlafender oft wahnsinnig wird, warum die Krisen gewisser Krankheiten mit dem Mondwechsel korrespondieren[1)], warum Somnambule bei Vollmond stärker beeinflusst werden und warum Gärtner, Farmer und Forstleute so hartnäckig an dem Gedanken festhalten, dass die Vegetation für lunare Einflüsse empfänglich sei? Einige Mimosen öffnen und schließen abwechselnd ihre Blumenblätter, sobald der Vollmond aus den Wolken hervortritt oder dahinter verschwindet.

Die Hindus von Travancore haben ein volkstümliches, aber außerordentlich bezeichnendes Sprichwort, welches sagt: „Sanfte Worte wirken besser als heftige, das Meer wird vom kalten Mond und nicht von der

---

1) Ebenso die weiblichen Perioden.

heißen Sonne angezogen"... Kann daher die Wissenschaft nicht die Ursache einer derartigen Anziehung der Gewässer (den physikalischen Einfluss, der sich in Ebbe und Flut kundgibt) erklären,[1] was kann sie dann von den moralischen und okkulten Einflüssen wissen, die von den Himmelskörpern auf Menschen und ihr Schicksal ausgeübt werden mögen? Warum aber dann das bestreiten, was als falsch zu erweisen für sie unmöglich ist?" (H. P. Blawatsky, „Isis entschleiert" I, 272 ff.)

Die moderne Wissenschaft betrachtet den Mond als einen absterbenden, wenn auch noch nicht alles Lebens entbehrenden Stern. Sie kommt darin der „Geheimlehre" nahe, die gleichfalls lehrt, dass der ☽ auf dem absteigenden Bogen seiner physischen Entwicklung begriffen sei. Aber in einem sonderbaren Verhältnis steht die exoterische Hypothese, der ☽ sei ein einstiger materieller Bestandteil der ♁, zur esoterischen Kosmologie. Diese nämlich stellt dies dar als eine physische Reinkarnation des einstigen astralen Mondkörpers.

„Der Mond hat in die niedrigste Kugel unserer Planetenkette, in unsere Erde, all sein Leben, seine Energie und Kraft ausgeströmt. Und nachdem er sie in sein neues Zentrum übertragen hat, wurde er tatsächlich ein toter Planet, in welchem seit der Geburt unseres Globus die Rotation nahezu aufgehört hat. „Der Mond ist jetzt der erkaltete, übrig gebliebene Rest, der Schatten, der dem neuen Körper nachgezogen wird, in welchen seine lebenden Kräfte und Prinzipien übergegangen sind". (Geheimlehre I.)

Damit stimmt im Allgemeinen der passive Charakter, die Rolle als bloßer Kollektor und Umwandler, überein, den Astrologen dem ☽ zuschreiben. „Sein Einfluss ist an sich rein negativ, und wenn er keine Konfiguration zu der Sonne und den Planeten hat, dann ist derselbe weder gut noch schlecht. Steht er aber in Wechselbeziehung zu anderen Himmelskörpern, dann wird sein Einfluss ausnehmend mächtig; denn den Einfluss, welchen er von den ihn bestrahlenden Sternen empfängt, überträgt er in verstärktem Maß auf uns. Man kann deshalb den Mond das große siderische Medium der Himmelskräfte nennen." (Raphael, „Hermet. Lehrbriefe") Doch entbehrt dieser Stern ebenso wenig, wie etwa ein

---

1) Vgl. Zentralblatt für Okkultismus I. jhrg.: „Ein Beitrag zum Phänomen der Gezeiten" von Surya.

irdisches Medium, das die Kräfte einer Kette von Menschen in sich sammelt und – natürlich verändert – zur Manifestation wiedergibt, einer persönlichen Individualität. Wohl, sie ist nicht impulsiv und aggressiv wie die des ♂, aber sie besteht dennoch.

Eine andere Stelle der Geheimlehre zeigt dies deutlich: „Beständig vampyrisiert von seinem Kind, rächt er sich dadurch an ihm, dass er es durch und durch mit dem verderblichen, unmerkbaren und vergifteten Einfluss durchdringt, der von der okkulten Seite seiner Natur ausstrahlt. Denn er ist ein (physisch) toter und dennoch (ätherisch) lebender Körper. Die Teilchen seines zerfallenden Körpers sind voll aktiven und destruktiven Lebens, obwohl der Körper, den sie gebildet hatten (als Gesamtorganismus), seelenlos und leblos ist.

Daher sind seine Ausstrahlungen gleichzeitig wohltätig und Verderben bringend, – ein Umstand, der seine Parallele auf Erden darin findet, dass Gras und Pflanzen nirgends saftiger und üppiger sind als auf Gräbern (wo mit der Verwesung das Prana des Ätherkörpers und die lebendigen Kräfte der Atome frei werden), während zu gleicher Zeit die Gräber- und Leichenausdünstungen tödlich wirken. Und gleich allen Ghuls oder Vampyren ist der ☽ der Freund der Zauberer … Von den Urvorzeiten der thessalischen Hexen bis zu einigen der gegenwärtigen Tantrikas von Bengalen waren seine Natur und Eigenschaften einem jeden der Geheimwissenschaft Kundigen bekannt, sind aber dem Physiker ein verschlossenes Buch geblieben.“[1] (Geheimlehre I.)

Sonne und Mond repräsentieren aufs vollkommenste im Prinzip den Mann und das Weib. ☉ und Mann, die aktive, zeugende Kraft, ☽ und

---

1) Der Einfluss des Mondes auf die Färbung der Blumen ist nach der „Revue des Sciences“ 1909 von einem Forscher durch Experimente nachgewiesen worden. Er nahm Stecklinge von Teerosen, deren Knospen dem Aufbrechen nahe waren, und teilte sie in drei Gruppen: die erste wurde auf freiem Feld gelassen, die zweite an einen Ort gebracht, wo Tag und Nacht vollständige Dunkelheit herrschte, und die dritte dem Tageslicht ferngehalten, aber in der Nacht den Mondstrahlen ausgesetzt. Nach einem Monat waren die Pflanzen der zweiten Gruppe (ganz ohne Licht) farblos und siech … Die Blumen der dritten Gruppe, die nur den Mondstrahlen ausgesetzt waren, hatten dagegen ein wunderbar feines Kolorit und waren weitaus schöner als die einfach Tag und Nacht im Freien belassenen und sowohl dem Sonnen- als dem Mondlicht ausgesetzten Blüten. „Du glaubst nicht an den Einfluss des Mondes auf die Krankheiten?“ fragt Michel Ardan („Reise zum Mond“). „Und doch finden sich Tatsachen zum Erstaunen in der Geschichte verzeichnet!“

Weib – das empfangende, fruchtbringende Element. Und beider Vereinigung bringt das sprossende, quellende Leben hervor, schafft Form und Wachstum in der Natur.

Die Psyche des ☽ und des Weibes sind nahe Verwandte. Beider stärkste Kräfte liegen nicht auf dem intellektuellen Plan, sondern des ☽ Strahlen verleihen dem Gedankenleben nur bestimmte psychologische Färbungen, so wie das Weib entweder nur von den Gefühlsimpulsen sich leiten lässt oder wenigstens die Verstandsprodukte stets durch das Medium des Gemüts hindurchsendet. (Nietzsche behauptet allerdings etwas grob und übertrieben: „Ein Weib denkt nichts, und wenn sie etwas denkt, so taugts nichts.“) Die Wirkung des ☽ erstreckt sich vornehmlich auf das Gebiet der Fantasie und der Empfindungen. Auch in seinem raschen

---

So sind im Jahr 1693 zurzeit einer Epidemie am 21. Januar im Moment einer Sonnenfinsternis die Leute in auffällig größerer Anzahl gestorben. Der berühmte Bacon fiel während der Mondfinsternisse in Ohnmacht und kam erst dann, als sie vollständig vorüber waren, wieder zum vollen Lebensbewusstsein.

Karl VI. verfiel im Jahr 1399 sechsmal beim Neumond oder Vollmond in Irrwahn.

Die Epilepsie wird von den Ärzten unter diejenigen Krankheiten gezählt, welche den Mondphasen gemäß auftreten.

... Mead spricht von einem Kind, welches stets in Krämpfe verfiel, wenn der Mond in die Stellung der Opposition trat.

Gall hatte bemerkt, dass bei schwachen Personen die Nervenaufregung zweimal des Monats, zurzeit des Neu- und Vollmondes, zunahm; endlich gibt es auch unzählige Wahrnehmungen dieser Art über Schwindel, bösartige Fieber, Somnambulismus, welche zu beweisen geeignet sind, dass das Nachtgestirn einen geheimnisvollen Einfluss auf die Krankheiten des irdischen Lebens ausübt.

Ein auffälliges Beispiel aus der Tierwelt bildet der Palolowurm. „Einmal im Jahr (Oktober), und zwar stets ein bis zwei Tage nach Voll- beziehungsweise Neumond, zu einer bestimmten Stunde erscheinen die mit Geschlechtsprodukten beladenen Endstücke des Palolowurms in Massen auf der Oberfläche des Meeres, entleeren dort diese Produkte und versinken alsbald wieder, sodass das ganze rätselvolle Phänomen in wenigen Stunden wieder verschwunden ist, bis im nächsten Jahr zur selben Zeit der spukhafte Schwarm wieder erscheint.“ (Dr. Häberlein, „Kosmische Lebensprobleme“. In „Naturwissenschaftliche Wochenschrift“ vom 16. April 1905, Nr, 16.)

„Und wenn der Einfluss der Luftelektrizität auf die lebenden Organismen durch Entstehung chemischer Verbindungen in der Atmosphäre erklärt wird, so ist das nur eine gelehrte Umschreibung für die Wirksamkeit des guten alten Mondes.“ Vgl. Svante Arrhenius, Skandinav. Archiv für Physiologie, 8. Bd.

Wechsel kommt er dem Wesen der Frauen gleich, denn kein anderer Stern durchläuft so schnell den Zodiakus. „La donna è mobile“ – come la luna, möchte man hinzufügen. Sein Charakter ist launisch, veränderlich; seine Kinder demnach unbeständig, rasch umschlagend in ihrer Stimmung. Es sind Träumer und Fantasten, unter gutem Mond Idealisten, unter schlechtem aber Taugenichtse, Faulenzer, ausschweifende, eitle und blasierte Menschen.

Wenn der ☽ gute und schlechte Aspekte empfängt, so erzeugt er die seltsamsten Charakter- und Seelenmischungen. Es kann aus solcher Konfiguration ein hochbegabtes Individuum hervorgehen, dem aber die Trägheit den Drang zur Erhebung raubt. Oder der Native schafft bedeutende Leistungen, aber über seinem Leben droht beständig das Damoklesschwert der Umnachtung durch Wahnsinn.

Die Domänen des ☽ sind auf verschiedenen Planisphären sehr verschieden:

Auf der mentalen Ebene ist er energielos, indifferent, intellektuell nicht schöpferisch. Dagegen verleiht er Sinn für Zeit und Sinn für alle häuslichen Tätigkeiten. Ein guter ☽ schafft also eine gute Hausfrau.

Von größter Kraft ist seine Strahlung auf dem astralen Plan, besonders im niederen Kama. Er beherrscht das Sinnenleben, flößt den Hang zur Materie ein und neigt zu intensivem Liebesleben.

Die Auswirkung dieser Dispositionen hängt von seiner zodiakalen Stellung und den Aspekten ab. Dadurch wird sein Einfluss derart schwankend, von den feinsten künstlerischen Gefühlen bis zu den gemeinsten tierischen Trieben. Dem Trunkenbold und Hypochonder eines verdorbenen Mondes steht das zuvorkommende, feine und künstlerische Wesen eines schön bestrahlten Mondes gegenüber; dem Menschenfeind seiner unglücklichen Aspekte der heitere und liebenswürdige Charakter seiner günstigen Anblick.

Nicht in allen Phasen ist seine Strahlenwirkung gleich. Am günstigsten ist die Zeit des Vollmonds, am wenigsten gut die Zeit um Neumond.

Der Mond schafft meist hübsche Typen mit blassem Teint, rundem Gesicht (besonders Vollmond), graue Augen, blondes Haar, mittlere oder kleine Statur, gute Figur.

Im Horoskop repräsentiert er die Mutter oder die Gattin, besonders für die Zeit der Nacht.

An Lebensschicksalen sendet der Mond seinen begünstigten Lieblingen Reichtümer und Glück, einen geschätzten Namen, angenehme Reisen (besonders zur See, denn er liebt sehr das Wasser), eine zahlreiche Nachkommenschaft, glückliche Ehe; hohe Würden und mächtige, einflussreiche Freunde; den Männern Frauengunst und Frauenliebe.

In unglücklicher Stellung aber bringt der ☽ Missgeschick und Verdruss, Enttäuschungen, Armut, Unglück mit der Nachkommenschaft, Schande und üblen Ruf, Zwistigkeiten und Ärgernisse, besonders mit weiblichen Personen.

Ein starker Mond kann Dichter, Musiker und Künstler hervorbringen; deren Talent erhält aber von einem anderen Planeten, wie z. B. ♀ oder ♆, erst seine individuelle Natur; der ☽ bereitet gewissermaßen nur den künstlerischen Boden. Ferner schafft er Fischer, Seeleute, jäger usw.

Der Merkur – ☿

Unter allen bekannten Planeten ist ☿ der nächste zur Sonne. Doch ist wegen seiner Kleinheit und eben infolge der starken Sonnennähe dem Astronomen seine Physis noch wenig genau bekannt. Seine Bahn besitzt die größte Exzentrizität[1)] von allen Planeten, darum schwankt seine Entfernung von der Sonne sehr stark, zwischen 46 und 69 Millionen Kilometer, und bedeutend stärker noch seine Erdferne. Sein Durchmesser beträgt bloß 4770 km, d. i. Etwa ⅓ des Erddiameters. Seine Oberfläche ist siebenmal kleiner als die der Erde, sein Volumen zwanzigmal kleiner. Unter den (wahren) Planeten ist seine Bahn die schnellste, im Durchschnitt 48 km in der Sekunde. Die Masse des ☿ ist wahrscheinlich $1/6000000$ der Sonnenmasse.

Der „Mercurius“ der alten Alchimisten war das Quecksilber. Und die Antike stellte ihn im Bilde mit Flügeln an den Füßen und am Haupte dar. Diese Symbole sind sehr bezeichnend. Merkurs Emanationen erzeugen einen lebhaften, beweglichen Geist, Hurtigkeit und Geschicklichkeit in den Körperbewegungen; sie machen pfiffig, aufgeweckt, berechnend, heiter und witzig, erfinderisch; der Humor aber ist im Gegensatz zu dem

---

1) Abweichung von der Kreisbahn.

gutmütigen und herzlichen Wesen eines guten Mondes schlagend und sarkastisch. Die Tätigkeitssphäre dieses Planeten ist vor allem der Verstandesmanas oder Intellekt. Merkur besitzt auch sehr hohe Strahlungen, die in die Regionen Buddhis hineinragen. jedoch sind noch wenige Menschen reif für diese.

So wirkt er hauptsächlich auf dem Gebiete des nüchternen, kalkulierenden Verstandes.

Die Juden sind zum größten Teil ausgesprochene ☿-Söhne. Hier stimmt die alte Mythologie treffend, die mit seinem Namen den Gott des Handelsbezeichnet hatte.

Wenn von einem Niedrigstehenden empfangen, lösen diese Strahlen Egoismus und Habsucht aus. Ein verdorbener ☿ macht geneigt zur Unredlichkeit, Unbeständigkeit, Torheit und Vergesslichkeit, zu Lüge, Betrug, Diebstahl, Eitelkeit und Geschwätzigkeit, Schmeichelei, Schmarotzertum, Heuchelei, Verleumdung. Falschmünzer und Dokumentenfälscher, Defraudanten usw. sind die Früchte eines schlechten merkurialen Karmas.

Ein guter und starker ☿ verleiht literarische und artistische Befähigung, eine prächtige Auffassungsgabe, impulsiven Forscherdrang und Erfindungsgabe. Besonders hervorragend ist die Begabung zur Mathematik, zu Wissenschaft und Schriftstellerei. Die ☿-Kinder zeichnet liebenswürdige Geselligkeit aus. Das Volk der Franzosen ist ein Vorbild dafür. Für die andere, die praktische Tüchtigkeit des ☿, sind die Amerikaner das beste Beispiel. Ein verunglimpfter ☿ aber macht (auf dem niedrigen Plan) beschränkte Köpfe, Stümper und Plagiatoren.

Der ☿ in exponierter Stellung vom ☽ angeblickt, erweckt Neigung zur Geheimwissenschaft. Besonders wenn ☿ hierbei unter dem Horizont steht, und zwar in günstiger Aspektierung, verleiht er Liebe zu mystischen Studien. Über dem Horizont jedoch zeigt sich nur die positive, rationalististische Seite seines Wesens. Da bringt er Redner (auf Grund des ausgezeichneten Gedächtnisses, das er verleiht), Staatsmänner, Diplomaten, Philosophen, Schriftsteller, Dozenten, Astronomen, Ingenieure, Unternehmer, usw., hervor. „Man kann daher mit Sicherheit sagen, dass der ☿ eine ideal veranlagte Natur verleiht, wenn er unter dem Aszendenten steht im Augenblicke der Geburt, und eine praktische Natur, wenn über dem Aszendenten.“ (Raphael)

Der Einfluss dieses Planeten auf die Physis ist im Allgemeinen nicht sehr stark, doch wenn mächtige Planeten, wie ♅, ♄, ♂, ihn feindlich anblicken, so können diese Aspekte Defekte des Gehirns, der Zunge oder des Auges zur Folge haben, und der kleine Planet wird zur Ursache von Irrsinn, Sprachfehlern (Stummheit) oder Blindheit.

Aus der Umgebung des Nativen repräsentiert ☿ die jüngeren Brüder.

Seine guten Lebensschicksale sind Erfolg aufgrund der eigenen Tüchtigkeit, nützliche Freundschaften, gute Geschäfte. Seine schlechten: vergebliche Mühe, Verlust, Missgeschick, Verrat.

Die ☿–Söhne sind von Mittelgröße, sie haben einen geschmeidigen, kräftigen Körper, runden, festen Schädel, schmale Lippen, klare Augen mit sicherem Blick, dichtes Haar, gerade Stirn.

Der Teint ist nach den Rassen verschieden.

Die Venus – ♀

Venus, der Abend- und Morgenstern, ist der hellste und schönste unter allen Planeten. Er kommt unter den größeren Planeten der Erde am nächsten. Man erkennt ihn leicht an seinem blendenden, gelblich-weißen und intensiven Licht; seine Helligkeit wird nur vom Monde und von der Sonne übertroffen.

Venus ist von der Sonne 108 Millionen Kilometer entfernt. Die Venusbahn ist die kreisähnlichste unter allen. Der wahre Durchmesser dieses Planeten erreicht mit 12420 km last die Größe des Erddurchmessers, auch Oberfläche und Rauminhalt kommen der Erde sehr nahe, ebenso die Masse und Dichtigkeit. Venus legt in der Sekunde 35 km zurück.

Dieser Planet besitzt ganz ähnliche Phasen wie der Mond.

Auch in ihrer astralen Strahlung ist ♀ dem Monde verwandt. Doch ist sie viel wärmer, lebendiger und sympathischer als er. Aphrodite ist nicht verträumt und blass, wie ihre Schwester Selene, sondern in ihr pulsiert das Leben, wogt das Verlangen. Ihre Augen sind nicht schmachtend, sondern glänzend vor Lust, ihre Wangen nicht bleich, sondern von Freude gerötet. Sie besitzt alles, was dem Leben Reiz verleiht; Schönheit und Frohsinn, Liebesfeuer und glänzenden Kunstsinn. Unerschöpflich ist ihre Lebenslust; mit Musik und Tanz, Kunst und Sinnengenuss verschönt sie ihr Dasein und hingebende, glühende Liebe ist ihr Lebenselement.

Wenn günstig bestrahlt, stattet ♀ ihre Lieblinge mit Liebenswürdigkeit und Grazie aus, mit einem Wesen voll Anmut und Heiterkeit; ihre Kinder sind mitleidig, fromm, von aufrichtiger Herzlichkeit, gesellig, friedlich, voll Liebe, Freundschaft und Wohltätigkeit gegen die Mitwelt, artig und klug; sie lieben über alles die Musik, Gesang, Tanz, Fröhlichkeit, schöne Kleider, Vergnügungen; sie hassen Aufregung, Zorn und Gewalt.

Freilich ihr Wille und damit ihr Charakter ist nicht allzu fest und widerstandsfähig. Doch wenn sie irren, so liegt in ihrem Fall nichts Widernatürliches, Perverses; sie folgen eben dem Impuls ihrer animalischen Natur und es ist nur falsche Prüderie, die solche Sünder steinigt. Tritt aber ein guter und starker ♂- oder ♄-Aspekt hinzu, dann sind diese bezaubernden Menschen auch tugendhaft und fest.

Auf anderer Ebene verleiht ♀ die höheren häuslichen Fähigkeiten. Und ihre höchsten Strahlungen, für die nur Vorgeschrittene empfänglich sind, führen zur Einweihung in die Mysterien und zur Vollkommenheit des Initiierten. In disharmonischer Bestrahlung erzeugt ♀ Ängstlichkeit und Trägheit, erotische Absurditäten; sie beeinflusst zur Unvernunft und zum Verrat in der Liebe oder Freundschaft, zur Verweichlichung; sie ruft einen perversen Geschmack hervor und ungezügelte Begierden, Verschwendungssucht, Verführung. Besonders stark treten diese Wirkungen auf, wenn ♀ in einem Eckhaus steht.

♀ stellt im Horoskop die Gattin oder Mutter für die Zeit des Tages vor, ferner Schwestern, Geliebte oder Konkubinen. Ihre Lebensschicksale, wenn sie günstig aspektiert sind, sind: Wohlwollen von aller Welt, angenehmes Vermögen, Gewinn, Glück und Erfolg in der Liebe, ob legitim oder nicht; Freundschaft, Ehrung und Auszeichnung, eine zahlreiche und glückliche Nachkommenschaft.

In schlechter Aspektierung: Unglück, Verluste, Enttäuschung, Kummer oder Exzess in der Liebe. Untreue, Schande; Unglück mit der Nachkommenschaft oder keine Kinder.

Die Berufe der ♀-Naturen sind: Blumenhändler, Parfümeure, Apotheker, Juweliere, Konfektionäre, Schauspieler, Musiker, Inhaber von Hotels und Vergnügungsetablissements, Maler, Dichter, Tänzer, Händler mit Luxusware, Gastwirte.

Eine verdorbene ♀ schafft Leute, deren Gewerbe auf der Ausbeutung der niedrigen Instinkte schwacher Mitmenschen beruht.

Als Typ einer schönen Venusnatur könnte man wohl die *engelgleiche* Agnes Sorel ansprechen.

♀-Kinder haben mittlere, hübsche Statur, geschmeidigen Wuchs, gelocktes Haar, zarte Haut, große, glänzende Augen, schöne Züge und einen schönen Leib. Ihre Bewegungen besitzen verführerische Anmut.

Die Erde – ♁

Auf Venus folgt in der Reihenfolge der Planeten, wenn sie nach ihren Abständen von der Sonne geordnet werden, unsere Erde.

Diese umkreist in einer schwach elliptischen Bahn, deren große Halbachse rund 149½ Millionen km beträgt, in 365,256 Tagen einmal die Sonne; ihre Geschwindigkeit ist hierbei 29,8 km in der Sekunde. Ihre Gestalt ist keine Kugel, sondern ein Rotationsellipsoid. Der Äquatordurchmesser beträgt 12755 km, der Polardurchmesser 12712 km. Ihre Masse ist ca. 329000 Mal kleiner als jene der Sonne.

Unser Planet dreht sich in $23^h\ 56^m\ 4^s$ (Sideralzeit) einmal um seine Achse, die gegen die Ekliptik um 23½° geneigt ist. Im Monde besitzt die Erde einen Trabanten, der sie in einem durchschnittlichen Abstand von 384420 km von ihrem Mittelpunkt umkreist.

Wenn die Geheimlehre die ♁ als die *niedrigste Kugel (Globe) unserer Planetenkette* bezeichnet, so erinnert das unwillkürlich an ihre hohe Dichte (5½), mit der sie vermutlich alle anderen Planeten überragt.

Die Erde hat in der astrologischen Forschung keine individuelle Charakterisierung ihrer individuellen (okkulten) Natur erfahren, da ihre eigene Wirkung ja nie absolut durch die Empirie festgestellt werden konnte, sondern stets nur vermischt mit den jeweiligen Planeteneinflüssen, die sie unablässig treffen. Ihre eigene, wahre Natur ist nur dem Esoteriker bekannt. Jedoch vermögen wir die hohe Bedeutung unseres Planeten daraus zu ermessen, dass er die Aufgabe hat, die menschlichen Wesen so weit zu entwickeln, dass sie fähig werden, den göttlichen Funken des höheren Manas zu empfangen.

Der Eros

Dieser wenig bekannte Planet ist von so winziger Größe, dass man ihn gewöhnlich zu den Planetoiden rechnet. Er ist indessen räumlich von ihnen getrennt, indem er zwischen Erde und Mars kreist, während die Planetoiden in einem breiten Ring den Raum zwischen ♂ und ♃ erfüllen. Er wurde erst 1898 auf fotografischem Wege entdeckt.

Astrologisch natürlich ist er noch so gut wie garnicht erforscht.

Der Mars – ♂

Dieser Planet hat schon zu vielem Fabulieren Anlass gegeben. Der Grundgedanke dieser Fantasien ist meist der, dass die *Marsmenschen* uns Erdenkindern an technischer und intellektueller Tüchtigkeit weit voraus sind.

In der Tat entsprechen seine Emanationen in gewissem Maße diesen Vorstellungen. Man könnte ihn das kosmische Organ der Willensenergie nennen, der impulsiven Kraft. So ist seine Strahlung einer der wichtigsten Faktoren des Fortschritts.

Dabei ist die Größe dieses Sternes keineswegs bedeutend. Sein Äquatordurchmesser ist nur halb so groß wie der der Erde, er misst nämlich 6780 km. Seine Entfernung von der Erde ist sehr großen Schwankungen unterworfen. Sie bewegt sich zwischen 55 Mill. km (☍) und 400 Mill. km. (☌). Seine synodische Umlaufszeit beträgt 779 Tage; in der Sekunde legt er rund 24 km zurück. Seine Masse beträgt das Doppelte von der des ☿. Seine Dichte ist nicht ganz 4, womit er der des Baryums nahe kommt. Die Schwerkraft ist auf diesem Planeten weit geringer als bei uns. Einem irdischen Gewicht von 100 kg entspricht ein martisches von 38 kg. Wenn seine Natur als *heiß und brennend* bezeichnet wird, so hat das mit seiner Physis nichts zu tun, sondern es bezieht sich nur auf seinen Astralkörper. Es ist wahrscheinlich, dass die Temperatur der Marsoberfläche niedriger als 0° ist.

Das Wesen der Emanation des ♂ ist Kampf. Die edelsten Kräfte entspringen aus ihm: Mut und Tatkraft, Entschlossenheit, Unerschrockenheit in der Verfechtung großer Zwecke. Aus diesem Geist heraus werden die Pioniere der Kultur geboren, die Führer des Fortschritts. ♂ ist es, der den Menschen lehrt, die feindliche Natur zu besiegen und sich ihre Kräfte Schritt um Schritt mehr dienstbar zu machen.

So auf dem intellektuellen Plan. Wohl noch stärker als auf diesem ist die Wirkung seiner Kraftstrahlung auf die astrale Sphäre. In der kamischen Ebene ist er der Erreger der Leidenschaft. Er schafft alle ihre Abstufungen: von den sprühenden Emotionen eines künstlerischen Feuergeistes bis zu den niedrigsten Affekten halbtierischer Naturen.

Auch auf die Physis ist sein Einfluss sehr stark. Er liebt plötzliche, heftige Affektionen des ätherischen und chemischen Körpers; neben dem langsamen, schleichenden Todbringer ♄ ist er der radikale Todesengel.

Ein guter ♂ bringt starke Naturen von robuster Konstitution hervor, lebhafte, generöse Menschen, kühne, stolze und selbstbewusste Geister, *Männer eigener Kraft*. Sie sind von cholerischem Temperament, herrschlustig, tatbereit, sie verachten Gefahren und Hindernisse. Kampf und Krieg macht ihnen Vergnügen. Ihre Gesinnung ist liberal.

Unseren Herrgott lassen sie *einen guten Mann sein*, wie der Franzose so hübsch sagt. Sie sind jedoch keine Verächter einer wahren Religiosität. Es sind die großen Kriegshelden, die ein starker und günstiger ♂ schafft. Nicht umsonst stand Napoleons ♂ in Elevation in seiner Nativität, mit ☉ im X. Hause.

Ein disharmonischer ♂ dagegen schafft unbarmherzige, harte und anmaßende Menschen von roher, blutgieriger Natur, gewissenlose Leute, gehässige und brutale, wilde, mordgierige und brutale Menschen. Kampf und Zerstörung ist ihnen Selbstzweck. Trunkenbolde, lasterhafte, ausschweifende Menschen, Räuber, Verbrecher und Diebe gehen aus solcher Bestrahlung hervor; Anarchisten, denen der Sturz gekrönter Häupter nicht ein Mittel zu einem besseren idealen Zweck, sondern nur die Kühlung ihrer Vernichtungswut bedeutet.

In einer weiblichen Nativität stellt ♂ den Gatten vor, für einen männlichen Nativen die älteren Brüder.

Die Berufe, die ♂ regiert, sind vor allem militärische Stellungen, Befehlshaber, Aufseher, Jäger, Gerichtspersonen, Ärzte (besonders Chirurgen), Fleischer, Schmiede, alle Gewerbe, die viel mit Feuer und unedlem Metall, vor allem Eisen, zu tun haben. In feurigem Zeichen stehend und unter gutem Aspekt der Sonne bringt er Geburtsadel oder erworbenen Adel (besonders im ♐ und ♌).

Ein verdorbener ♂ jedoch schafft Henker und Schlächter und Berufmörder (*Bravi*).

An Lebensschicksalen kommen vom ♂ kriegerische Ehren, respektvolle Anerkennung, Kämpfe (Duelle) mit gutem Ausgang, glückliche Schlachten. Erfolg und Gelingen von schwierigen Projekten, von technischen Unternehmungen, aber auch in Herzensangelegenheiten Sieg und Triumph, Freundschaft und Protektion. Ein ungünstig stehender ♂ bringt Feindschaften, Niederlagen, verlorene Schlachten, unglückliche Unternehmungen; Verlust von Ehre und Vermögen, Verschwendung, Beraubung, Diebstahl, Verbrechen, Gefangenschaft, Mord.

Besonders aber für die Emanationen dieses Planeten gilt unser Hinweis auf die Relativität der Aspektwirkungen. In der Einführung zur Divination werden wir dies eingehender ausführen. Der Körper, den ♂ hervorbringt, ist von untersetzter Statur, von fester Konstitution und widerstandsfähig. Der Blick ist entschlossen und durchdringend, die Nase eine Habichts- oder Adlernase, das Haar buschig, rot oder mit einem Stich ins rötliche, der Teint rötlich, oft sommersprossig. Die Bewegungen sind kurz und energisch. Die Kraft herrscht darin vor über die Grazie. Der ganze Typus ist das Komplement zu dem der ♀, daher die gute Sympathie zwischen beiden.

Der Jupiter – ♃

Jupiter ist der größte von allen Planeten. An astrologischem Einfluss kommt ihm unter den Wandelsternen nur der mächtige Saturn gleich.

Man erkennt ihn leicht an seinem schönen, leuchtenden Glanz, der an Helligkeit nur von der ♀ übertroffen wird. Der ♃-Äquator hat einen Durchmesser von 144600 km, seine Polarachse 134000 km. Das Volumen dieses Riesen ist 1300 Mal größer als das der Erde, seine Oberfläche übertrifft die Erdoberfläche 120fach. Seine Masse ist gleich 314,5 Erdmassen, seine Dichtigkeit 1,4.

Die synodische Umlaufszeit Jupiters beträgt 399 Tage; er legt in der Sekunde durchschnittlich 13 km in seiner Bahn um die ☉ zurück.

„Durch die Größe seiner Masse, welche die Masse aller anderen Planeten zusammengenommen fast dreimal übertrifft, ist Jupiter gleichsam ein zweiter Hauptkörper unseres Sonnensystems; die übrigen Planeten würden, wenn die Sonne plötzlich entfernt werden könnte, sofort beginnen, den Jupiter als neues Zentrum zu umkreisen.“ (Littrow.)

Aus dieser Schilderung erklärt sich der starke Einfluss des ♃ auf den verschiedenen Ebenen. Aber es ist ein guter Planet, nicht umsonst heißt er *fortuna major*. Sein Einfluss ist voll wohltätiger Kraft; er emaniert die sympathischesten Strahlen, die stärkend und belebend auf alle Sphären wirken. Seine Natur ist groß, edel, wahrhaft gut, vornehm und froh. Die bevorzugten Söhne Jovis sind generös und heiter – *jovial*, voll Gutmütigkeit und Wohlwollen, offen, frisch, warmherzig und freimütig; voll hoher Würde, gerecht, weise und mild; ehrenhaft, selbstbewusst und imposant, Freunde von weltlichem Genuss, besonders der Tafelfreuden. Wir könnten keinen besseren Repräsentanten für die Natur dieses Sternes finden als den Gott selbst, dessen Namen er trägt: Zeus, der auf dem Olympus thront.

„Ist aber ♃ ungünstig, dann ist seine Natur stark verändert: das Individuum simuliert dann alle edlen Qualitäten, es heuchelt deren Besitz äußerlich, im Inneren seines Herzens ist es aber ein bornierter, raffinierter, ränkeschmiedender Heuchler …; es ist ein Richter, der sein Urteil nach dem Preis fällt, ein Lügner und Poseur.“

So paralysiert zwar ♃ stets die Wirkungen schlechter Aspekte der Übeltäter, aber er leidet selbst darunter. Es ist ähnlich wie bei ♀.

Die Söhne des Jupiter sind gewöhnlich von großer, wohlgestalter Figur, gutem Aussehen und würdigem Auftreten. Das Haar ist kastanienbraun, ihr Teint lebhaft (*sanguinisch*); eine hohe, imposante Stirn und ein voller Backenbart vollenden das sympathische Äußere.

Ein günstiger ♃ verleiht Ehren und Reichtümer, kirchliche und weltliche Würden, einflussreiche, hohe Freunde, eine glückliche und reiche Vermählung; Ruhm, Erfolg in allen Unternehmungen, Glanz und Auszeichnung; er disponiert zu gewinnbringender literarischer, künstlerischer oder Verwaltungstätigkeit, bringt seinen Lieblingen glänzende Honorare und schwere Tantiemen.

Er ist der gute Genius aller echten Aristokraten der Geburt oder des Geistes; in Elevation (MC) schafft er Herrscher. Wenn in schlechter Stellung, so erzeugt er entweder Mangel an allem diesem oder er setzt dessen Maß tiefer herab.

Für den Nativen repräsentiert der ♃ des Geburtshoroskops das Familienhaupt.

In guter Stellung macht ♃ zu folgenden Berufen geneigt: Ratsherren, Richter, Gouverneure, hohe Staatsbeamte, Direktoren, Kanzler, geistliche Würdenträger, einflussreiche Staatsmänner, auch Ärzte, Professoren, Justizpersonen, Polizeipräfekten, Schlossherren, *Finanzbarone*. In verdorbener Stellung pedantische Pädagogen und Schulfüchse.

Der Saturn – ♄

Mehr als 9 mal so weit wie die Erde ist der ♄ von der ☉ entfernt. Sein Licht ist graugelb und matt, denn die Sonnenstrahlen treffen ihn mit 90 Mal schwächerer Helligkeit als unseren Planeten.

Saturn ist derart weit von der ☉ entfernt, dass ein Menschenauge von ihm aus gerade noch ihre Scheibe mit freiem Auge wahrnehmen würde; braucht ja das unvorstellbar schnelle Licht (300.000 km in der Sekunde) nicht weniger als 1^h19^m, bis es von der ☉ zum ♄ gelangt!

Zu seiner synodischen Bahn gebraucht ♄ 378 Tage, und um den ganzen Tierkreis zu durchlaufen, bedarf er 2½ Jahre. Er legt im Mittel nur 10 km pro Sekunde zurück, d. h. er läuft nur $1/_{3,5}$ mal so schnell als unsere Erde. Die Entfernung dieses Planeten von der Sonne beträgt 1426 Mill. km; ein 100 km in der Stunde fahrender Schnellzug würde diese Entfernung erst in rund 1600 Jahren zurücklegen.[1)]

Der Äquator des ♄ hat einen wahren Durchmesser von 120.000 km, d. i. 9¼ Mal mehr als der Erddiameter. So kommt ♄ mit seinen Dimensionen dem Riesen ♃ nahe. Seine Masse dagegen ist nur 100 Mal so groß als die der Erde. Auffallend gering ist seine Dichte; sie beträgt nur 0,8.

Der Astrologe bezeichnet seine Natur als *kalt und trocken*. Er heißt die *infortuna maior*, im Gegensatz zum ♂, der *infortuna minor* (das *große* resp. das *kleine Unglück*). Er gilt als wesentlich unheilvoll. Und auf den niedrigeren Ebenen ist er es auch wirklich für den, der im Leiden nur ein Unglück, nur die Nachtseite ersieht. Er ist der Sonne ärgster Feind, ihren

---

1) Vergl, Littrow-Gutlmick, Die Wunder des Himmels.

Kräften gerade entgegen wirkend; er zerstört die Lebenskraft und den Lebensmut; er zerstört den Frohsinn und schickt in das Organ, welches das Sonnenprana dem Leibe vermitteln soll, seine dienstbaren Geister, damit sie es zugrunde richten: die Tuberkelbazillen, die die Lunge zersetzen. Es ist bekannt genug, wie verheerend deren Macht unter den Menschen wirkt. Ähnliche Leiden erregt der mächtige Übeltäter im Reiche der Seelen.

Neun Zehntel alles irdischen Unglücks, heißt es, verschuldet ♄, und sein unheilvoller Einfluss ist dadurch um so furchtbarer, dass er meist nicht offen und spontan, wie ♂, wirkt, sondern langsam untergrabend und heimlich.

Jedoch, hat denn dieser Stern gar keine Wohltaten zu spenden? Ist seine Natur eine rein satanische? Wer sein Wesen und Wirken tiefer erkannt hat, der wird ihm nachrühmen, dass seine Mission die ernsteste und wichtigste ist von allen Planeten, die die Sonne umkreisen. Er ist, der große Erzieher des Menschengeschlechts. Erst, wer alle die unerlässlichen Lebenserfahrungen gemacht hat, wen das Leben im Leiden geläutert hat, der versteht die hohe Sendung Saturns; er sieht nun klar, dass er vom karmischen Schicksal und dessen unerbittlichem Vollstrecker geschüttelt und gerüttelt werden musste, um den sittlichen Zweck seines Lebens zu erkennen und zu erfüllen: gut zu sein. Dann weiß er, dass das Leid nur die Schule seiner Seele war, das Karma, das er stets selbst geschaffen und das erst dann sich zum ungetrübten Glück und Frieden wandelte, als er die niedrige Begierdennatur in sich besiegt hatte. Es war der Zeitpunkt, von dem an er Herr seines Schicksals ward.

Diesem Vorgeschrittenen werden die Strahlen des im sodann zur Erkenntniskraft, zur tätigen Hilfe für die Versenkung in Gott.

Auf mittleren Entwicklungsstufen bringt der ♄ Menschen von tiefem Geist hervor, Forscher nach verborgener Weisheit, Philosophen und Mystiker. Doch neigen sie zur Einsamkeit, sind sehr bedächtig und vorsichtig, reserviert, ernst, einsilbig, sparsam; ihr Vorzug besteht in ihrer Ausdauer, Arbeitsamkeit und Gründlichkeit. Sie sind verschlossen und lieben Heimlichkeiten, doch sind sie durch und durch ehrenhaft und gewissenhaft.

Es sind die ernsten, verschwiegenen Vertrauten und weisen Ratgeber der Könige.

Ist aber der *Unglücksplanet* unglücklich bestrahlt zur Geburt, so verkehren sich diese Eigenschaften in die denkbar schlimmsten: lebensfeindliche Weltanschauung, zersetzende Spottsucht, Argwohn, Gehässigkeit, Neid, verbohrte Ideen, abstoßendes Gebaren, wegwerfende, unverschämte Manieren. Sie sind durch und durch Pessimisten, Pedanten, Sonderlinge; vertrauenslose, eifersüchtige, ängstliche Leute, morose, trostlos öde Naturen, die nichts erfreut, nichts ergreift, alles nur anwidert. Es sind Melancholiker, Räsoneur, Weltschmerzlicher, schale und leere Seelen. Sie neigen zu Verlogenheit, Misstrauen, Hinterlist, Verleumdung, kalt und arm im Herzen, jeder Begeisterung unfähig; Weltflüchtlinge und Selbstmordkandidaten; durch ♂ beeinflusst, neigen sie zum feigen, hinterhältigen Verbrechen.

Ein guter ♄-Typus, dem jedoch auch ein günstiger ♃ und eine günstige ☉ ihre Strahlen zugesandt haben, mag in Nathan dem Weisen gegeben sein. Als Gegenbild ist die Figur des heimtückischen Jago den bösartigen Emanationen des ♄ entsprechend.

Die Wirksamkeit des ♄ scheint sich am kräftigsten auf der intellektuellen und physischen Ebene zu betätigen; weniger intensiv und ausgedehnt auf dem astralen Plan.

Die Lebensschicksale, die ♄ für die von ihm hervorragend Beherrschten in Bereitschaft hat, sind wenig gute, viele schlimme.

In günstiger Position und Anblickung verleiht er Würden, leitende Stellen, Autorität; hohe Erhebung im Leben, der aber häufig tiefer Sturz folgen soll, besonders wenn in am MC. bei der Geburt stand.

In schlechter Stellung bringt er dem Nativen Verdruss, Armut, Verluste, Knechtschaft, Unglück in allen Unternehmungen, Gefangenschaft, Verbannung, Einbuße an Ehre und Vermögen, Schimpf und Schande, heimliche Feinde, Treulosigkeit, traurige Erfahrungen, Kümmernisse, Enttäuschungen und Kränkungen aller Art; zahlreiche Krankheiten und körperliches Siechtum; mit Vorliebe Affektionen durch Lungenschwindsucht. Prozesse, Verfolgungen und einen traurigen Tod.

Je nach seiner Position im Horoskop bringt ♄ hervor: Philosophen, Theologen, Gelehrte, Schatzmeister, Bergwerks- und Minenbesitzer, Altertumsforscher, Geologen, Agrikultoren (Bauern oder Ländereibesitzer), Teichgräber, Töpfer, Metallarbeiter, Bergleute, Architekten, Gerber, Brunnenbauer; Mönche und Eremiten, Bettler. Schließlich Hexenmeister, Wahrsager, Kanalräumer, Henker. Saturn stellt die Vorfahren, den Großvater und den Erzieher des Nativen dar.

Der ♄-Geborene hat blasse Züge mit strengen Linien; er ist hager, besitzt breite Schultern, schwarzes oder braunes Haar und lebhafte, graue Augen; seine Bewegungen sind schwer und gemessen, sein Gang schleppend.

Uranus – ♅

In einer Entfernung von der Sonne, die beinahe doppelt so groß ist als die des Saturn, wandelt ♅; er braucht zu seinem Umlauf um die ☉ 30.688½ Tage oder rund 84 Jahre siderisch, 369½ Tage synodisch. Seine Sonnenferne (2870 Mill. km im Mittel) ist so groß, dass das Licht bis zu ihm einen Zeitraum von 2^h 39^m bedarf. Sein Durchmesser hat 50.000 km. Sein Volumen ist 60-mal größer als das der Erde; sein spezifisches Gewicht kommt etwa dem des Glyzerins oder Ebenholzes gleich. Seine Masse beträgt l4,4 Erdmassen.

Uranus läuft 4-mal langsamer als die Erde (7 km in 1^s). Seine Beleuchtung durch die ☉ ist 360 mal schwächer als die Sonnenbeleuchtung der Erde, doch noch immer 2000-mal intensiver als die Erhellung unseres Planeten durch den Vollmond. Im Fernrohr zeigt ♅ ein grünliches Licht; seine physische Beschaffenheit dürfte ähnlich der des ♃ und ♄ sein.

Schon 1690 und 1756 war der ♅ von Flamsteed und Tobias Mayer beobachtet werden, wegen seiner unmerklichen Bewegung jedoch als Fixstern betrachtet und verzeichnet worden. Erst 1781 hat ihn W. Herschel zu Bath bei London mittels seines selbst verfertigten Spiegelteleskops als Planeten erkannt; sein englischer Name ist daher – seinem Erforscher zu Ehren – „Herschel“. „Uranus“ wurde er getauft (von einem deutschen Astronomen), weil so in der griechischen Göttersage der Vater Saturns und Großvater Jupiters hieß.

Wenn man so ungeheure Entfernungen vor sich hat, wie die des ♅ oder des ♆, so mögen einem Zweifel kommen, dass diese fernen Sterne noch Einfluss auf uns Erdenbewohner zu üben vermögen. Man vergesse aber nicht der Ausführungen hierüber in der Einleitung, wo wir an den

Satz erinnerten, dass die feinsten Schwingungen am weitesten und am intensivsten wirken.[1)]

Der älteren Astrologie machte man zum Vorwurf, dass sie, mit den Planeten ♅ und ♆ unbekannt, deren Einfluss gar nicht in Rechnung zog und infolgedessen an schweren Irrtümern gelitten haben müsse. Indessen trifft dieses Argument fast nur für die Vorgänge auf dem physischen Plan zu. Dass Wallensteins schlimmes Schicksal erst durch die (Kepler unbekannte) Stellung des ♅ zureichend erklärt wurde, ist wahr; aber die bedeutendsten Kraftwirkungen des ♅ sind auf einem sehr hohen Plan gelegen, in einer Lebenssphäre, zu der die Menschheit eben erst zu erwachen beginnt, für deren Schwingungen sie lange noch nicht reif ist.

Jenseits der sieben sonnennäheren Wandelsterne beginnt eine neue Oktave der planetaren Prinzipien, und der erste Stern dieser Reihe ist ♅, die höhere Oktave des ☿.

„Wenige Fälle ausgenommen, vermochte dieser Planet nur erst einen kleinen Bruchteil seiner Macht auf das Menschengeschlecht auszuüben. Verhältnismäßig wenige Menschen besitzen heutzutage jene subtile Gehirngranulation, die vorhanden sein muss, wenn dieser Planet in vollem Umfang seine Wirkungen offenbaren soll.“

Er ist der Planet des höheren intellektuellen Fortschritts. Fortschritt bedingt aber immer zweierlei: Vernichtung der alten Form und Schaffung einer neuen. Diese beiden Funktionen erfüllt ♅. Er handhabt die Kunst der vernichtenden Kritik, der Negierung des Bestehenden, des Kampfes gegen Vorurteil und erstarrte Gewohnheit.

Ihm macht es eine wahre Lust, der Konvention ins Gesicht zu schlagen und seine Individualität durchzusetzen gegen Philistertum und bornierte, atavierte, verbohrte Ansichten. Der Spießbürger kommt schlecht weg bei ihm, ebenso der zünftige Zopf. Für ihn ist die Tatsache des Bestehens irgendeiner Sache noch keine *raison d'etre* für dieses Ding, er analysiert mit scharfem Verstand, und was seinem kritischen Blick nicht standhält, das wird ausgemerzt mit aller Energie.

---

1) Vergl. Flambart, „Preuves et bases" S. 17: „Du reste, quand on constate, que des étoiles, mêmes invisibles à l'oeil nu, laissent la preuve réelle de leur influence sur la plaque photographique, il est téméraire d'affirmer qu' elles ne peuvent en laisser aucune sur 1'organisme humain, dont personne ne connait la réceptivité." Um wie viel feiner sind die Reaktionen des Astrals, Mentals, usw., gegenüber jenen der Physis!

Ihm stehen aber auch die höchsten schöpferischen Kräfte zur Verfügung, Begeisterung und eine reiche, ideale Fantasie. Diese trägt ihn fort über das niedere Treiben, hoch hinauf in ätherische Höhen, wo seine eigentliche Heimat ist. Er ist nicht bloß destruktiv, wie Saturn, sondern kraftvoll produktiv. Anstelle des zerstörten Alten setzt er zweckmäßiges Neues. Am fruchtbarsten sind seine Lieblinge als Forscher (Psychologen, Physiker), als Reformator der Zeitanschauungen, als Geistespionier überhaupt. Die junge moderne Bewegung des „Okkultismus", die „Renaissance der Geheimwissenschaft", wie sie Surya genannt hat, ist sein Werk, und vor allem hat er die Wissenschaft der Astrologie unter seinem Szepter. Alle ernsten jünger dieser Lehre haben einen starken ♅ in ihrer Geburtsgestirnung.

Weniger kräftig, aber immerhin noch einflussreich ist dieser Stern auf der niedrigeren mentalen Ebene, am schwächsten auf dem kamischen Plan (man nennt ihn den *Kopfokkultisten*, während ♆ der „Gemütsmystiker" heißt). Aber wiederum stark ist seine Wirkung auf der physischen Ebene, im Reiche des Prana; dort kommt er dem ♄, und ♂ nahe, nur dass er den letzteren noch an Plötzlichkeit und Heftigkeit übertrifft, und darin ist er wirklich ein arger Übeltäter.

Seine niedrigen intellektuellen Strahlen erzeugen ebenfalls Originale, Sondernaturen, aber nicht von glücklicher Art. Ihnen ist die Dissidenz, das Sich-unterscheiden Selbstzweck; es ist ihnen nur darum zu tun, anders als die anderen zu sein. Ihnen ist alles Groteske und Absonderliche willkommen, ein bizarrer Geschmack läuft den tollsten Einfällen parallel. In manchen Romanen Jules Vernes finden wir prächtige Exemplare von derartiger Exzentrizität geschildert, mit Vorliebe Amerikaner.

Als ein charakteristischer ♅-Typus von der besten Art erscheint uns Theophrastus Paracelsus.

Die Lebensschicksale dieses Planeten entsprechen ganz seiner sonstigen Eigenart. „Wenn ♅ unter guten Aspekten und günstig ist, bringt er plötzlichen Reichtum. Fälle von unerwartetem Glück, der Schritt vom Bettelstab zum Millionär gehören zu seiner Art. Ist er unter schlechten Aspekten, usw., dann wird er im höchsten Grade unheilvoll, bringt Rückschläge, die ebenso unerwartet kommen wie die Glückserfolge.

Ein plötzlicher Bankrott, ein Börsenkrach und andere finanzielle Katastrophen, die von Reichtum zur Armut führen, sind wenigstens dem

Einfluss des ♅ zuzuschreiben. Wenn ♅ das Haus der Heirat schlecht affiziert oder wenn er im VIII. Hause selbst steht, dann bringt er unerlaubte Verhältnisse, vor oder auch nach der gesetzmäßigen Eheschließung.

Die Natur dieses Planeten ist lange noch nicht erschöpft, es wird noch Jahrzehnte eifriger Forschung bedürfen, um dies zu erreichen.

Neptun – ♆

Im Jahre 1846 berechnete Le Verrier aus den Störungen der Uranusbahn den Ort eines unbekannten Planeten, und acht Monate später fand Galle[1)] tatsächlich am Himmel diesen Stern auf am vorausberechneten Ort. Ein Triumph exakter Wissenschaft!

Die Entfernung dieses Planeten von der Sonne übertrifft dreißig Mal die unsrige. Sie beträgt 4500000000 km. Seine tropische Umlaufszeit ist 1648 Jahre, seine synodische 367½ Tage. Im Jahre legt ♆ nur einen Bogen von ca. 2° zurück, er verweilt in jedem Tierzeichen 13 Jahre. In der Sekunde durchmisst er 5,4 km.

Sein Durchmesser hat 55.500 km (4½-mal soviel als die Erde) Sein Volumen umfasst 87 Erdvolumina, seine Massen 17 Erdmassen. Seine Dichte kommt dem Wasser nahe. Mit freiem Auge ist ♆ nicht sichtbar; er hat ein bläuliches Licht. Bezüglich seiner physischen Beschaffenheit ist er ein Beispiel dafür, dass mit der Entfernung von der Sonne die Atmosphären immer fremdartiger werden. Schon an ♅ beobachtet man dies.

„... Neptun ist nicht der letzte Planet. Es gibt noch andere, fernere, deren Wirkung auf die intellektuelle und Nervenkonstitution des Menschengeschlechts heute noch gleich Null ist. Jeder Weltkörper wird für unsere Erde erst dann sichtbar (und erforschbar), wenn die kosmische Lebenssphäre, die er entwickelt, empfänglich geworden ist für Wirkung und Gegenwirkung seines Einflusses.

Nun ist aber schon die Beeinflussung des Neptun, gewisse Organismen ausgenommen, gegenwärtig noch sehr gering; deshalb sind wir für Einflüsse noch mehr ätherischer Kräfte nicht vorbereitet.“ In dem Maß, wie die menschliche Rasse ihre höheren Fähigkeiten entwickelt, wird der

1) Erst am 12. Juli 1910 ist der große Astronom als 99jähriger gestorben.

Einfluss des ♅ und des ♆ immer mehr wachsen und der des ☿ und der ♀ immer mehr verschwinden.“

Neptun stellt die höhere Oktave der ♀ dar. Er ist Liebe, aber auf höherer Stufe; nicht mehr die Liebe der Sinne, sondern ideale, geistige Liebe, reiner Altruismus; das Ideal der christlichen Nächstenliebe.

Mit diesen Strahlen ragt Neptuns Wirkung in die Regionen Buddhis hinein, er ist darin nicht mehr *irdisch.* Auch auf niedrigerem, mentalen Plan beginnt sein Einfluss sich Bahn zu brechen. Doch es scheint, dass diesen Strahlungen unsere Zeit noch wenig gewachsen sei; denn sie schaffen mehr Unheil als Glück: es sind die Erscheinungen des Mediumismus. Ein wahrhaft hohes Medium ist ein engelgleiches, reines Gefäß, in das der Himmel seine Gaben für die Menschheit legt. Doch findet man diese so selten, verschwindend selten, und die unglücklichen, krankhaften, *besessenen* Medien dominieren in unserer Zeit eines rohen und unvernünftigen Vulgärspiritismus.

Man sollte besser auf die Mahnung achten, die die Naturordnung an uns richtet: zuerst ♅, dann ♆! Lasst zuerst eure höhere geistige Individualität sich entwickeln und erstarken, die hell schauende, sicher führende Intuition, und dann erst tretet zum Jenseits in Verbindung, das, für den Vorwitzigen. Unvorbereiteten, nichts als Gefahr und Unheil birgt, nicht aber – Offenbarungen, für die er gar nicht reif ist!

Ein harmonischer Neptunsohn (der nicht zu den Alltäglichkeiten gehört) ist erfüllt von idealem Geist und feinsinniger Empfindung. Die zartesten, liebevollsten Naturen, fantasievolle Künstler, Träumer und Dichter unterstehen Neptuns Domäne. Musik ist oft ihr Lebenselement.

Sie sind einfach, liebenswert und rein, schwärmerisch, und leiden unter den Brutalitäten der Welt sehr. Es zieht sie nach einer anderen, besseren Welt, wo sie ihre eigentliche Heimat gelegen fühlen, und man nennt sie dafür Fantasten und Utopisten, sie sind still und anspruchslos, sie gelten darum als *indifferent.*

Wenn ☉ und ☽ einen mächtigen ♆ stark anblicken, so verleiht diese Konstellation dem Individuum Anlage zur Hellsinnigkeit und Prophetie; diese sind sodann als Hallutionäre und Visionäre verschrien.

Ein starker ♆ am Aszendenten schafft künstlerische Naturen; sie besitzen auffallend große und verträumte Augen, meist von blauer Farbe.

Sie sind romantisch und trockenem Studium abgeneigt, reich an Schätzen des Gemüts.

Günstig im X. Hause stehend, lässt er seine Lieblinge eine leichte und angenehme, dabei gewinnbringende Stellung einnehmen. Im VII. Hause kündigt er seine glückliche Ehe an, und blickt ihn der ☽ dabei freundlich an, so wird der Gatte die ideale Gesinnung teilen.

Ein ungünstiger ♆ kann schädigend auf Vermögen und Gesundheit wirken; am nachteiligsten aber auf das psychische Leben, wo er schwere Verheerungen anrichtet: Exaltiertheit, Hysterie, Besessenheit gehören unter diese schlimmen Wirkungen.

Das Gleiche wie von ♅ gilt auch von ihm, dass seine Erforschung noch sehr gründlicher und ernster Arbeit bedarf.

Erläuterung zu der Übersichtstabelle über die Beziehungen der Planeten

In den Symbolzeichen der Planeten liegt ein tiefer Sinn verborgen und nur mit Bedauern unterlassen wir hier die Erörterung dieses Kapitels esoterischer Astrologie, da der Raum eine solche nicht zulässt.

Es sei nur bemerkt, dass die Grafik der Zeichen eine Darstellung der Beziehungen des Wesens und Wirkens der Planeten zu einander enthält.

Was die *Herren* der Tierzeichen anlangt, so erlegte eine Aufteilung der 7 alten Planeten auf 12 zodiakale Häuser die Notwendigkeit auf, jedem Planeten nicht nur das ihm am allernächsten verwandte Zeichen als *Haus* zuzuweisen, sondern den 5 restlichen Zeichen die Planeten, mit Ausnahme der *Lumina* (Himmelslichter), als Herren zweiter Ordnung zuzusprechen.

Das sah nach der alten Überlieferung so aus:

Planeten	☉	☽	♄	♃	♂	♀	☿
Primäre Häuser	♌	♋	♑	♐	♈	♉	♊
Sekundäre Häuser			♒	♓	♏	♎	♍

Jetzt allerdings haben zwei von den *sekundären Häusern*, nämlich die des ♄ (♒) und ♃ (♓), in ♅ und ♆ ihren primären Herrn erhalten.

Die Erforschung der zwei jüngstentdeckten Planeten[1)] eröffnet hier eine weitere Perspektive für die Zukunft.

---

1) Siehe hierüber die Notiz des Verfassers im „Zentralblatt für Okkultismus“, IV. 1910, Nr. 3, S. 174: „Unbekannte Planeten“. Zahl und ferner alle mit dieser Zahl zusammengesetzten Zahlen.

Auf der Zuweisung der einzelnen Wochentage an die Planeten beruht das System der *Planetenstunden*, die wir später ausführlich behandeln.

Wem durch die Kabbala die Kraft der Zahl bekannt ist, der wird aus der Kenntnis der Zugehörigkeit der Zahlen zu den Planeten eine große Erweiterung seines Systems gewinnen. Nicht nur die Zahl selbst ist jedem Planeten zugeeignet, sondern auch alle Vielfachen dieser Zahl und ferner alle mit dieser zahl zusammengesetzten Zahlen.

In jenen Jahreszeiten, sowie jenen Lebensaltern, die den einzelnen Planeten entsprechen, vermögen jene Planeten ihre höchste Kraftwirkung auf die Natur resp. den Menschen zu entfalten. Wenn man die physiologischen Einflüsse der Planetenkräfte parallel hält den ihnen zugeteilten Lebens-Epochen, so wird man unschwer die Logik dieser Beziehungen erkennen.

In analoger Weise wirken die Planeten an der Bildung des Embryo.

♄ steht dem Prozess der Konzeption vor und verleiht dem Keim die *vis plastica*, die Disposition zur Entfaltung und Differenzierung. Er regiert den ersten Monat der Schwangerschaft.

♃ beherrscht den zweiten; er bereitet die Ausbildung der Gliedmaßen vor und beginnt mit der Bildung der Säfte.

Im dritten Monat lässt ♂ das Gehirn sich erwärmen und differenziert die Gliedmaßen.

Die ☉ dominiert über den Fötus im vierten Monat. Sie gestaltet seine Teile aus, vor allem das Herz, und erteilt ihm das Empfindungsvermögen.

♀ vervollkommnet im fünften Monat durch ihren Einfluss einige äußere Partien und bildet weitere neue aus: Ohren, Nase, Mund, die Genitalorgane und beim weiblichen Fötus auch die Brustwarzen. Sie formt Hände und Füße, Finger und Zehen.

Im sechsten Monat herrscht der Einfluss des ☿ vor und es bilden sich die Organe des Kehlkopfs (Sprechapparat) und die Augen; dem Fötus wachsen Haare und Nägel.

Der ☽ baut im siebenten Monat das Werk der übrigen weiter aus, füllt leere Räume. ♀ und ☿ schaffen dem Embryo die nötigen Nährsäfte.

Man teilt den achten Monat wieder dem ♄ zu, er soll den Leib des Kindes konsistenter machen.

♃ stattet den werdenden Säugling mit der für das selbständige Dasein nötigen Lebenskraft aus und macht ihn fertig für den Akt der Geburt.[1)]

So stellt Papus (Dr. med. Gérard Encausse) die Entwicklung des Embryo unter dem Einfluss der Planetenstrahlungen dar.

Der II. Teil unserer Tabelle zeigt die Relationen zwischen den Planetenkräften und den Organen der Pflanze. – So oft wird das Wort von der „Harmonie der Sphären" ausgesprochen und so wenigen ist sein wahrer Sinn bekannt.

Die Eingeweihten lehren, dass das Universum eine große, weite Harmonie von Bewegungen sei. Die ganze Natur ist ein gesetzmäßig auferbautes geometrisches Riesengebäude, sie ist zugleich ein ungeheures Orchester, dessen Zusammenklang einen einzigen musikalischen Akkord bildet; unter einem anderen Anblick ist sie eine unendliche Farbenharmonie usw.

Für den Hellsinnigen sind diese drei verschiedenen Aspekte aufs innigste zu einem verschmolzen. Er sieht den Akkord als farbiges geometrisches Gebilde.

So kreisen die Planeten unseres Sonnensystems in einem mächtigen Akkord um den Zentralkörper; jeder Planet schwingt in einem bestimmten Ton dieses Zusammenklangs.

Die Ausführung dieser musikalischen Harmonie würde uns zu weit führen, dagegen ist die Darstellung der Planetenfarben, als von praktischer Bedeutung für unseren Kursus, sehr wohl hier am Platze.

Jeder Mensch besitzt seine bestimmte *Aura*, d.h., eine farbige Sphäre, die durch die Gestirnkonstellation zu seiner Geburt begründet wird und welche von seiner seelischen und geistigen Artung abhängig ist. Der Hellsinnige vermag sie wahrzunehmen und er erkennt daraus die moralische Individualität, die Denkweise und das kamische Leben dieses Menschen.

---

1) Ob nicht wohl der moderne Astrologe auch hier statt ♄ und ♃ an ♅ und ♆ die dominierenden Einflüsse in den beiden letzten Monaten zuzuteilen haben wird?

Die Planeten und								
Pla-net	**Herr-scher**	**Erhö-hung**	**Ver-nich-tung**	**Pola-rität**	**Element u. Temperament**	**Tätigkeits-prinzip**	**Wirk-samkeit**	**Jahreszeit**
☉	♌	♈ (19°)	♒	+	Feuer, heiß u. trocken	Leben	Aktiv	Sommer-anfang
☽	♋	♉ (3°)	♑	–	Wasser, kalt u. trocken	Gemüt	Passiv	Winter
☿	♊ und ♍	♍ (25°)	♐ und ♓	±	Wasser u. Erde, kalt u. feucht	Denken	Neutral	Herbst
♀	♉ und ♎	♓ (27°)	♈ und ♏	–	Luft u. Wasser, warm u. feucht	Lieben; Altruismus	Wohltätig	Frühlings-anfang
♂	♈ und ♏	♑ (28°)	♉ und ♎	+	Feuer, heiß u. trocken	Begehren; Egoismus	Übeltätig	Sommer
♃	♐	♋ (15°)	♊	+	Luft u. Feuer, warm u. trocken	Wohlwollen; Gerechtig-keit	Wohltätig	Frühling
♄	♑	♎ (21°)	♋	+	Erde u. Wasser, kalt u. trocken	Reflexion	Übeltätig	Herbst
♅	♒	♏ (24°)	♌	+	Kalt, feucht	Intuition	Wechse lnd	
♆	♓	♌ (9°)	♍	–	Luft u. Wasser, warm u. feucht	Inspiration	Wech-selnd	

ihre Beziehungen I.					
Befreundete Planeten	**Feindliche Planeten**	**Natur**	**Tag**	**Kabb. Zahl**	**Geschmack**
♃, (♂), ♀, ♉, ☽	♄, (♅)	Elektrisch, konstruktiv, belebend, fruchtbar	Sonntag	1 und 4	Stark u. lind zugleich, angenehm u. kräftig
♃, ☉, ♀, ☿, ♆	♄, ♂, (♅)	Magnetisch, lymphatisch, passiv, empfänglich, fruchtbar	Montag	2 und 7	Salzig, fahl oder widerwärtig
♄, ♃, ☉, ♀, ☽, (♅)	♂	Dual, aktiv, erregbar, mäßig fruchtbar	Mittwoch	5	Absonderlich pikant u. verdorb.; hauts goûts
♃, ♂, ☉, ☿, ☽, ♆,	♄	Magnetisch, passionell, sanft, fruchtbar	Freitag	6	Süß, angenehm, wohlschmeckend
♀, (♃)	♄, ♀, ☽, ☉, (♅)	Elektrisch, destruktiv, heftig, unfruchtbar	Dienstag	9	Beißend und bitter
♄, ☉, ♀, ☿, ☽, (♂), ♅, ♆,		Elektrisch, sympatisch, gemäßigt, belebend, fruchtbar	Donnerstag	3	Süß und gut
♃, ♂, ☿, ☽	☿, ♀, (☉)	Magnetisch, bedächtig, nervös, träge, unfruchtbar	Samstag	8	Herb, scharf, zusammenziehend, stechend
☿, ♂, ♄, ♃	♂, (☉, ☽)	Elektrisch, explosiv, impulsiv, unfruchtbar	(Mittwoch)	(10)	Fremdartig, auserlesen, ungewöhnlich, fein
☽, ♀, ♃, ☿	♄, (♂)	Magnetisch, sensitiv, spirituell, ästhetisch, fruchtbar	(Freitag)	(11)	Ätherisch, ästhetisch, raffiniert

Die Planeten und				
Pla-net	**Organe**	**Lebensfunktion**	**Geruch**	**Lebensalter**
☉	Nerven: Bei Männern: rechtes, bei Frauen: linkes Auge, Gehirn, Herz, Körperseite: Bei Frauen: linke, bei Männern: rechte	Erzeugung der Lebenskraft; Herzschlag; Lebensprozess	Duftend, aromatisch	Die ganze Jugend
☽	Gehirn, Schlund, Magen, Lungen, (weibl.) Brüste, linker Fuß, Genitalien, Haut. Bei Frauen: rechtes, bei Männern: linkes Auge u. Körperseite	Entfaltung aller astralen Fähigkeiten	Schwach, diskret, verdünnt	Erste Kindheit
☿	Linke Hand, Füße, Arme, Nerven, Zunge, Mund, Zähne, (Galle), Finger, Schenkel	Intellektuelle Prozesse; Gehirn-funktionen	Vermischt; pikant; aufdring-lich	Kindheit von 7 bis 14 Jahren
♀	Linkes Nasenloch, Nieren, Lenden, Magen, Leber, Nabel, Rücken; Gebärmutter und Zeugungsorgane	Erzeugung des Samens; Fortpflanzung	Lieblich, anregend	Knaben-(Mädch-) jahre
♂	Rechtes Nasenloch, rechte Hand, Nieren, Leber, Galle; Adern; Bauch, Geschlechtsteile	Funktionen der Galle	Scharf, erregend	Ausgehende Jugend u. angehend Reifezeit
♃	Lungen, Leber, Flanken; linkes Ohr, Arterien, Sperma; Rippen u. Gelenke	Blut und Blutgefäße, sowie die Erzeugung des Blutes	Angenehm, voll	Mannes-(Frauen-) jahre
♄	Rechtes Ohr, rechter Fuß, Magen, Milz, Blase, Lungen, Nerven u. Knochen; Vorderarm	Erzeugung u. Absonderung der Säfte; körperliche Stimmungen	Stinkend, und betäubend	Alter
♅	Gehirn, die höheren Organe des Kopfes	Entwicklung der Intuition	Ausserge-wöhnlich, fremdartig	
♆	*Unterbewusstsein* Nerven. (Zirbeldrüse ?)	Sensibilität; Medialität; Inspiration	Ätherisch, narkotisch, flüchtig	

ihre Beziehungen II.

Farben	Krankheit	Physiolog. Sinne
gelb, orange, gold	Fieber, Herzklopfen, Katharre, Augenkrank. Blutkongestion zum Kopf; Herzkrank.	Rechseitig. Gesicht b. Mann; linksseitiges b. der Frau
Silberweiß, aschblond blaßviolett, grünlich	Wechselfieber, Epilepsie, Kretinismus, Gicht, Katarrh, Kolik, Schlagfluß, Menorrhagie, Erbrechen, Durchfall, Wassersucht, Paralyse, Fisteln, Würmer	Linksseitiges Gesicht b. Mann, rechtsseitig. b. Frau
Auffällige u. bunte Farben, Mischtöne; gelb	Tollwut, Delirium, Schwindel, Irrsinn, Epilepsie, Sprachfehler, Schwindsucht, Konvulsionen, Katarrhe, Geschwüre d. Gliedermaßen, Husten, übermäßiger Auswurf	Geschmack. Gehör, (Gesicht)
(Weiß), sattgrün, indigo, cyanblau	Fisteln, Magenschwäche, Nierenschwäche, usw. Syphilis u. alles venerischen Krankheit., Gonorhö, Ruhr infolge v. Verkühlung u. Feuchtigkeit	Sexuelle Anziehung. Geschmack, Geruch und Tastgefühl u. deren Genüsse
Brennendes erregendes Rot leuchtend wie Feuerglut	Hitziges Dauerfieber, Seuchen, Hemorragie, gelbes Fieber, Durchfall, Milzbrand, Migräne, Furunkeln, Wahnsinn, Manien, Tollwut, Gelbsucht, Nephralgie	Linkes Ohr; sexuelles Lustgefüh
Hell wie Atlas; ferner purpur, tiefblau	Rückenmarksleiden, Brustfellentzündung, Krämpfe, Schlagfluß, Lungenentzündung, Blattern, Bräune	Tastgefühl, Körperempfindung, Geruch
Bleigrau bis schwarz, Erdfarbe, blaßgrün	Atembeschwerden, Lepra, Krätze, Seuchen, Schanker, Paralyse, Hypochondrie, Fäulnis, Wassersucht, Lungenschwindsucht, Schlagfluß, bösartiger Katarrh, Taubheit, Zahnschmerzen, Verstopfung, Kolik, Bruch, Gicht, Krebs, Lendengicht, Lethargie, Husten, Irrsin	Rechtes Ohr
Ungewöhnliche u. fremdartige Töne		
(Rosa u. Grün); tiefblau		Ästhet. Empfindungen, Affekt der Sympathie u. Antipathie

Die Planeten und

Planet	Tiere	Örtlichkeiten	Bäume u. Sträucher	Kräuter
☉	Löwe, Adler, Falke, Hahn, Seekalb	Öffentlich. Plätze, Fürstenhäuser, Paläste, Theater, prächtige und helle Bauten und Orte	Palme	Rosmarin, Heliotrop, Safran, Weizen, Aromatika
☽	Hase, Katze, Schwan, Nachtigal, Frosch, Fische, Schnecke, Muschel, Krabbe	Quellen, Felder, Berge, Flüsse, Ufer, Häfen, Wälder, Wege, verlassene, einsame Orte	Ölbaum Weide	Kürbis, Gurke, Melone, Salat
☿	Fuchs, Affe, Storch; Schlange; Papagei, Spinne, Arbeitsbiene	Schenken, (Jahr)märke, Kaufhäuser, Schulen, Universitäten	Haselnuss, Apfelbaum	Schafgarbe
♀	Ziege, Schaf, Fasan, Rebhun, Taube, Sperling, Turteltaube	Wälder, Wiesen, Gärten, Brunnen, Salons, Theater, Betten, Stätten der Sinnlichkeit	Olive, Rose, Myrthe, Dattelbaum	Lilie, Erbse
♂	Pferd, Wolf, Eber, Hund Strauß, Geier, Sperber; Giftschlangen; Skorpion, Spinne, Hecht	Festungen, Schmieden, Fleischerhallen, Schmelz- und Brennöfen; alle Orte, wo Eisen gehandhabt wird oder Feuer; Schlachtfelder, Blutstätten	Ahorn, Pfeffer, Ingwer	Senf, Rettig, Skammonia, schwarz. Rettig, Koloquinte, alle bitteren, brennenden und giftigen Kräuter
♃	Elefant, Damhirsch, Stier, Hirsch, Pfau Falke; Delphin, Walfisch	Kirchen, Palais, Ehrenstätten, Würdenorte, Richtstätten und heilige Orte	Lorbeer, Eiche	Sandelholz, Zuckerpflanze, Zimt, Balsam, Weihrauch
♄	Kamel, Bär, Ziege, Katze, Esel, Eule, Maulwurf, Fledermaus, Schildkröte, Ratte, Käfer und alle Insekten, welche spät abends oder nachts im Freien herumstreichen; schließlich die Kröten	Keller, Seen, Teiche, Kloaken, Ruinen, Friedhöfe, düstere verlass. stinkende Örtlichkeiten; Gefängnisse usw.	Fichte, Kreuzdorn	Mispel, Raute, Nieswurz, betäubende Kräuter; dornige Pflanzen und alle langsam wachsenden
♅				
♆			Ulme	

ihre Beziehungen III.				
Organe der Pflanzen	**Edelsteine u. Perlen**	**Kristall u. amorphe**	**Metalle**	**Mythol. Entsprechung**
Knospe. Ganze Pflanze bis zur Reife	Diamant, Chrysolith, Karfunkel, Heliotrop		Gold	Osiris, Apollo
Blätter	Bergkristall, Beryll, Opal, Selenit, Koralle, Perlen	Quarz (Glas), alle weichen Steine	Silber	Isis, Cynthia, Diana, Phoebe
Samen und Rinde	Chalcedon, Topas, Achat, Smaragd, Karneol	Feuerstein, Steine von gemischten Farben	Queck-silber	Mercurius, Hermes
Blüte	Himmelblauer Saphir, weiße u. rote Koralle, Lapis-lazuli, Türkis	Alabaster, alle weißen Steine; Perlen, glänzende Dinge	Kupfer	Venus, Aphrodite, Cytheria, Astarte, Luzifer
Stamm (Stängel), festes Holz	Magnetit, Jaspis, Hämatit, Rubin; Diamant	Alle roten Steine	Eisen	Mars, Ares
Frucht	Saphir, Amethyst, Topas	Marmor, Porphyr; alle blauen Steine	Zinn	Zeus, Wotan, Vishnu, Thor
Wurzel	(Magnet-eisenstein), Onyx	Kohle, Schlacke, Lava; Steine von dunkler, trüber, aschgrauer Farbe; giftige Chemikalien	Blei	Kronos
(Keim)				
(Blütenstaub)				

Ganz so besitzt auch jeder Himmelskörper seine charakteristische Aura. Schon in den Urzeiten der Astrologie war dies bekannt, und nach dieser Aura hat man jedem Planeten die ihm eigentümliche Farbe zugewiesen. So hat ♂ die Grundfarbe rot, ♃ purpur, ☿ gelb, usw.

Ein wunderbarer Beweis für die Wahrheit der Astrologie liegt nun in der Erfahrungstatsache, dass jedes Mal die Aura eines Menschen in der Farbe übereinstimmt mit dem oder den prädominierenden Planeten seines Horoskops.

Solche mit ausgesprochen gelber Aura sind einem vorherrschenden ☿-Einfluss unterstehend, andere mit tiefblauer Aura dem Einfluss der ♀, und wenn eine Mischfarbe vom Leibe ausgeht, so ist in der Nativität eine Vermischung der Strahlungen von entsprechenden Planeten in exponierter Stellung zu finden: Die „Gebieter der Geburt."

Alle Grundfarben von ☉, ☽, ☿, ♀, ♂, ♃ und ♄ sind schließlich in ♅ wieder vereinigt. Alan Leo drückt sich so aus: ♅ ist das *Komplement* aller dieser Farben; es ist ebenso ♂ (rot) das Komplement zu ♄ (grün), ♃ (blau) das zur ☉ (orange) und ☿ gelb das zum ☽ (violett). Denn grün ist aus gelb und blau zusammengesetzt; orange aus rot und gelb; violett aus rot und blau, usw.[1)]

Jede dieser Grundfarben der Planeten modifiziert sich in einer Reihe von Unterfarben; wir wollen nur zwei Arten dieser Modifikationen besprechen. Die erste besteht in dem Nuancenwechsel der Farbe in den einzelnen Tierzeichen, und zwar:

im Zeichen ♓ hell
im Zeichen ♐ hell
im Zeichen ♋ dunkel
im Zeichen ♑ dunkel
im Zeichen ♌ hell
im Zeichen ♒ hell

---

1) Man sieht also, dass die Planetenfarben nicht so wie die einfachen Spektralfarben, sondern wie Körperfarben betrachtet werden müssen. Den einzelnen Planeten schreibt „Light of Egypt" der gleichen Kraftwirkung nach folgende Spektralstrahlen zu ♄ blau, ♃ purpur und indigo, ♂ rot, ☉ orange, ♀ gelb, ☿ violett, ☽ grün.

im Zeichen ♍ dunkel

im Zeichen)(dunkel.

Eine weitere Veränderung, die die Grundfarbe erleidet, erfolgt durch eine Modifikation von seiten der Herren der Dekanate. Es vermischt sich die individuelle Aurafärbung des Planeten mit jener des Dekanatsbeherrschers.

Die Betrachtung der Planeten im aszendenten Zeichen oder in anderen wichtigen Punkten der Nativität ergibt dann die *Färbung*, welche die betreffende Sphäre von Lebensäußerungen durch den Planeten, durch das Zeichen, in dem er steht, und durch den Herrn des Dekanats erhält. Wem die psychologische Anwendung dieser Farbenlesung (etwa aus Annie Besant und C. W. Leadbeaters Werken „Gedankenformen“ und „Der sichtbare und der unsichtbare Mensch“) bekannt sind, der wird daraus eine wichtige Stütze für die Divination des Horoskops gewinnen.

Auf diesem Raum hier den Gegenstand weiter auszuführen ist nicht möglich, doch wollen wir wenigstens zu solchen tieferen Studien anregen.

* * *

Jedem Planeten hat die astrologische Tradition bestimmte Arten von Mineralien zugeteilt und insbesondere edle Steine. Begründet ist das darin, dass die Strahlungen dieser Steine verwandt sind mit jenen des Planeten.

In der Zeit unserer modernen physikalisch-chemischen Forschungen hat man ja bereits nicht mehr so sehr zu befürchten, argen Anstoß mit der Behauptung einer Kraftstrahlung der Mineralien zu erregen[1)], als dies seinerzeit, in den verflossenen Jahren der flachen Aufklärung der Fall war. Reichenbach scheint nach und nach schon die gebührende Ehrenrettung zu erfahren.

Und der Glaube an die Kraft der Steine ist auch nicht grundlos. Dass Opale zahlreichen Personen, welche sie getragen haben, Unglück

---

1) Vgl. Hans Mayer, „Die neueren Strahlungen“, und Auguste Righi, „Strahlende Materie und magnetische Strahlen“, Leipzig 1909, ferner insbesondere: Durville, „Die Physik des Animalmagnetismus“, Leipzig, 1911.

brachten, ist häufig genug auch von Nichtokkultisten beobachtet worden. Die auffällige Geschichte des „schwarzen Diamanten“ ferner ist zu gut verbürgt, als dass die Schilderungen seines unheilvollen Einflusses als Aberglaube hingestellt werden könnten.

Die Wirkung der sogenannten „Monatssteine“ ist noch zu strittig unter den verschiedenen okkulten Forschern, als dass wir sie hier anführen wollten.

Dagegen glauben wir eine kurze Beschreibung der Wirkungsweisen wichtiger Edelsteine und Halbedelsteine zur Verwertung für den praktischen Astrologen wohl angebracht.

Jedem Menschen ist es eigentümlich, gewissen edlen Steinen Sympathie entgegenzubringen, während er sich von anderen abgestoßen oder unangenehm berührt fühlt. Der Grund hiervon liegt – wie bei den Empfindungen gegenüber verschiedenen Farben – in der Geburtskonstellation, die grundlegend für die Idiosynkrasie ist. Wem ein so starkes natürliches Gefühl gegeben ist, der trifft auch ohne Kenntnis seines Horoskops das Richtige in der Wahl seines Schmuckes. Jedem aber wird die Nativität den besten Anhalt dafür bieten.

Man soll nur solche edlen Steine an sich tragen, welche in ihrer Strahlungsweise mit günstigen Geburtsplaneten verwandt sind. Wer z. B. im Geburtshoroskop den ☽ arg verletzt hat, dem würde ein Opal Unglück über Unglück bringen. Wer dagegen ♂ in guter Stellung hat, dem wird ein Rubin kräftige Unterstützung in allen Marsangelegenheiten verleihen. Oder wer ☉ sehr schön aspektiert hat, für den werden Diamanten zu wahren Lebensspendern und Erfolgbringern werden. Kurz, der Edelsteinschmuck muss in Harmonie mit der Nativität stehen.

Die Kräfte edler und halbedler Steine

Der Diamant, der Stein, der der ☉ am nächsten kommt an feurigem Glanz, soll am besten allein getragen werden, nicht mit anderen Edelsteinen zusammen; es heißt, dass er sonst die anderen ihrer Kraft beraubt, sodass sie also unnütz würden neben ihm. In seinen höchsten Wirkungen verleiht der Diamant die Kraft der Konzentration, die Erhebung des Mentals über die Sinne; dem Geübten öffnet er in der Ekstase den inneren, geistigen Blick und lässt ihn mystische Visionen erschauen.

Mit einer zweiten Wirkung, auf niedrigerer Ebene, gehört der Diamant dem ♂ mit seiner Kraftstrahlung zu. (Wie bei den Emanationen der Planeten ist auch bei jenen der Mineralien die Wirkung je nach dem Individuum verschieden.) Diese zweite Wirkung besteht in der Entfachung eines erotischen Feuers in den Gemütern jener, die für Stimulationen der Leidenschaft empfänglich sind. Hier kann der Diamant sehr verderblich werden.

Endlich wird ihm noch eine dritte Kraft zugeschrieben, welche an die Bedingung geknüpft ist, den Stein an der linken Seite zu tragen. Da soll er nämlich ein mächtiger Schutz gegen Feinde, Gift und böse Truggeister sein.

Es sei hier sogleich die für alle edlen Steine gültige Bemerkung angefügt, dass nicht von der Größe, sondern lediglich von der Reinheit eines Steines die Kraft seiner Wirkung abhängt.

Der ♂-Stein Rubin verleiht seinem Besitzer Ehre und Reichtum, sowie Heroismus. Er erzeugt Gegenliebe, die man ersehnt, und verschafft Glück und Erfolg. Das soll aber nur den treu Liebenden beschieden sein; die Untreuen sollen durch ihn Leid und Unglück erfahren.

Seine physiologischen Wirkungen bestehen in einer Förderung der Blutzirkulation und in Kräftigung schwächlicher, blutarmer Personen. Auch macht der Rubin standhaft und mutig, entschlossen und impulsiv.

Der Saphir ist der Stein des Seelenfriedens. Er hilft seinem Träger in der Entfaltung der schönen seelischen Eigenschaften und in der Besiegung der Leidenschaft, verleiht Herzensgüte und Mitleid und ist der beste Schutz für Medien und Sensitive, denen er Freunde anzieht und Feinde fernhält. Besonders der gelbe wird sehr gelobt. Er schützt auch vor Unglück und Krankheit, vor allem gegen die Herzkrankheiten.

Wer für hohe planetare Schwingungen empfänglich ist, trägt mit Vorteil diesen Stein, da er diese Schwingungen verstärkt. Der Jaspis gilt als Vorbeugungsmittel gegen Blutungen und soll klare Augen schaffen.

Dem Beryll wird ein günstiger Einfluss auf die Leber zugeschrieben; seine wasserhelle Abart soll vor Feinden schützen und Prozesse gewinnen lassen. Die zartgrüne Spielart soll okkulte Fähigkeiten erwecken; ebenso der Aquamarin.

Karneol schützt vor unglücklicher Liebe, und Sardonix gibt Glück in der Ehe. Chrysopras, heißt es, stärkt Herz und Augen.

Der grünleuchtende Sonnenstein Chrysolith macht klug und mutig und schützt gegen jenseitige Feinde. Am besten trägt man ihn in Gold gefasst. Er schafft Heiterkeit und bewahrt vor Geisteskrankheiten. (Der Chrysolith führt auch die Namen „Olivin“ und „Peridot“.)

Der Amethyst, dessen beste Art sich in Indien findet, verleiht eine keusche Gesinnung und macht gegen Verführung stark. Auch wird ihm die Gabe der Zukunftsschau zugeschrieben, ferner Neigung zu den Wissenschaften. Ähnlich wirkt der Topas.

Bergkristall und Rauchtopas rufen Hellsinnigkeit hervor, besonders Hellsichtigkeit. Auf krank oder erregte Nerven wirken sie beruhigend.

Der Smaragd ist der Stein der Harmonie und Freundschaft, der Offenheit und Treue. Er ist der Feind von Falschheit, Eifersucht und Neid und verhilft seinem Träger zur Aufdeckung von Trug und Verrat. Er stärkt die Denkkraft und besonders das Gedächtnis.

Der Topas bringt Reinheit und Heiterkeit, der Achat Glück, Gesundheit und Besonnenheit. Besonders gerühmt wird der schwarze Achat mit weißen Adern.

Der ♀-Stein Lapis-Lazuli von der Farbe des südlichen Himmels heilt von Melancholie und Fieber. Papus betont die Sicherheit seiner Wirkung. Man trägt ihn in ein Goldreifchen gefasst.

Die Perlen sind stets als Sinnbilder von Reinheit und Tugend betrachtet worden. Doch spezielle Wirkungen werden ihnen nicht zugeschrieben.

Für Liebende und Verliebte gilt der Opal als großer Unglücksbringer. Er ist nur jenen günstig, welche auf die Freuden der Welt Verzicht geleistet und sich einem spirituellen Leben geweiht haben; diesen verleiht er die Gabe der Zukunftsschau. Einem Egoisten bringt er Unheil und Enttäuschung; nur wer von tiefer Nächstenliebe erfüllt ist und vertraut mit den okkulten Wirkungen der Steine und Farben sollte diese mysteriöse Gemme tragen.

Der Granat gibt Frohsinn und Selbstvertrauen.

Der Onyx gilt allgemein als Unglücksstein. Ihn sollten nur solchen tragen, die einen günstig bestrahlten ♄ haben oder den Aszendenten im (ersten Dekanat des) ♑ in guter Bestrahlung.

Der Türkis bringt Treue in der Freundschaft.

Der grüne Heliotrop mit roten Flecken schafft Achtung und Ansehen, gute Gesundheit; er gehört der ☉ zu und trug bei den alten Nekromanten den Namen „der Stein von Babylon“.

* * *

Jene sieben Kräfte, welche die Alchimisten mit den Symbolen der Planeten bezeichneten, decken sich nicht vollkommen mit den wirklichen Planetenstrahlungen; es waren nur Analogiebezeichnungen. Jedoch besteht die Zuweisung der Metalle an die verwandt strahlenden Planeten mit gutem Rechte.

Nicht nur Reichenbachs Versuche, sondern auch die modernen hypnotischen Experimente über die Fernwirkung von metallischen Chemikalien auf den Sinnesapparat des Mediums bestätigen die Tatsächlichkeit dieses physiologischen Einflusses.[1)]

Über die praktische Anwendung der Kenntnis der den einzelnen Planetenkrätten zugehörigen Pflanzen und Mineralien zu Heilzwecken gibt die „Medizinische und Herbalastrologie“ Aufschluss. Man vergleiche hierzu Karl Brandler-Prachts gleichnamiges Buch, den IX. Band seiner „Astrologischen Bibliothek“.

Jeder Planet vermag unter bestimmten Bedingungen die von ihm ausgehenden Krankheitszustände hervorzurufen. Wir werden noch wiederholt darauf zurückkommen. Eine eingehendere Behandlung hat dieser Gegenstand in der von Geo Wilde herausgegebenen Schrift „Das Horoskop als Schlüssel zum Erfolg“ erfahren, das im Verlage vorliegenden Werkes erscheint. Wir haben nun noch einige Punkte zu erörtern, um sodann zur Technik der Horoskopie überzugehen.

Die *bedeutsamen Punkte*

Unter dieser Bezeichnung versteht man bestimmte imaginäre Punkte im Horoskop, deren Lage einerseits durch den Aszendenten und

1) Vergleiche hierzu die interessanten Ausführungen in der deutschen Ausgabe von Professor Durvilles „Physik des Animalmagnetismus“.

anderseits durch für eine gewisse Angelegenheit bedeutsame Planeten bestimmt wird.

Es ist diese Theorie jedoch im Allgemeinen bei der Hypothese geblieben und in der modernen Astrologie wenig in Gebrauch stehend.

Nur der sogenannte „Glückspunkt", bezeichnet durch ⊕ (Glücksrad), auch *pars fortunae* genannt, ist etwas mehr verbreitet.

Es ist dies ein *bedeutsamer Punkt*, dessen Lage eine Funktion der Orte von Aszendent, ☉ und ☽ ist. Der ⊕ nimmt jene Stelle der Ekliptik ein, welche vom ☽ ebenso weit entfernt ist als die ☉ vom Aszendenten.[1)]

Die Formel heißt also: Zu den Graden des Aszendenten die Entfernung des Mondes von ersterem zugezählt und von der Summe den Stand der Sonne abgezogen.

Ein Beispiel:

Asz.: 2° ♐ =	242° der Ekliptik
+ ☽ 6° ♈ =	6°
	248°
– ☉ 15° ♌ =	135°
	113°

Resultat: ⊕ 23° ♋.

Die Bedeutung des Glückspunktes ergibt sich aus seinem Namen. Man sucht zu ihm ebenso die Aspekte wie zu irgendeinem der Planeten.

Die Trutina Hermetis

Diese „Regel des Hermes"[2)] enthält die Beobachtung, dass in jeder Nativität der Ort des Mondes zur Konzeptionsstunde zugleich der Grad des Geburtsaszendenten desselben Kindes ist, und umgekehrt, dass der Ort des Mondes zur Geburtszeit zugleich der Aszendent der Konzeptions-

1) Es unterscheiden aber manche Astrologen noch nach Tag- und Nachtnativität; wir wollen mit Alan Leo nur die obige Methode verwenden.

2) Zu deutsch bedeutet der lat. Ausdruck „Trutina Hermetis" soviel wie „die Wage des Hermes".

stunde ist. Es lassen sich auf Grund dieser Regel und mithilfe anderer (an einem späteren Orte darzustellender) Methoden ungenaue Geburtsdaten nachträglich richtigstellen. Es liegt in dieser Möglichkeit einer der besten Beweise für die innere Wahrheit der astrologischen Wissenschaft.

Mittels solcher Korrekturmethoden wurde auch das den Historikern unbekannte Geburtsdatum Alexanders des Großen rekonstruiert.

Täglich und nächtig

Man nennt eine Tagesnativität naturgemäß jene, welche zwischen Sonnenaufgang und Sonnenuntergang stattfand, und eine „Nacht- oder nächtliche Nativität" eine solche, die in dem übrigen Abschnitt des Tages, zwischen Sonnenuntergang und dem folgenden Sonnenaufgang, erfolgte.

„Täglich" oder „nächtig" nennt man einen Gestirnstand über, bzw. unter dem Horizont.

Bei einer Tagesnativität hat die ☉ den stärksten, den dominierenden Einfluss über das ganze Horoskop. Bei nächtlichen Nativitäten jedoch, mit der ☉ unter dem Horizont, sinkt ihre Macht zu der eines größeren Planeten herab, sie herrscht nicht mehr derartig vor.

Dagegen übt der ☽ bei einem solchen Stand der ☉, wenn er selbst über dem Horizont sich befindet, sodann einen besonders starken Einfluss auf den Geborenen aus.

Planeten über dem Horizont besitzen immer eine stärkere Kraft, als wenn sie unter dem Horizont stehen.

* * *

Die kräftigste mundane Stellung der Planeten ist die in Eckhäusern, besonders nahe an deren Spitzen; die nächstbeste Stellung ist die in nachfolgenden Häusern und ihre schwächste der Stand in einem fallenden Hause.

Weiters steigt und sinkt die Kraftwirkung eines Planeten mit seiner harmonischen oder disharmonischen Strahlung, die er in den einzelnen Tierzeichen aussendet, also mit seinen sogenannten „Würden" (Beherrschung, Exaltation, usw.) und „Schädigungen“ (Vernichtung, Mangel einer Würde).

Die stärksten Modifikationen ihrer Kraftwirkungen aber erleiden die Planeten durch die

Aspekte

Im Allgemeinen gelten folgende Gesetze für die verschiedenen Vermischungen der planetaren Strahlung[1]:

△, ✱, usw., die guten Aspekte	von seiten der Wohltäter ♃ und ♀ sind sehr gut, von seiten des ♄ oder ♂ nicht schlecht, neutral bestärkend, von den Neutralen (☿ und ☽) sind gut, von ☿ und ☽ zu guten Planeten gut, von ☿ und ☽ zu ♄ und ♂ neutral stärkend, von keiner schlechten Wirkung.
□, ☍, usw., die schlechten Aspekte	von seiten der Wohltäter ♃ und ♀ nicht schlecht oder wenigstens nicht sehr schlecht, zwischen diesen beiden Planeten nicht schlecht, von seiten der Übeltäter ♄ und ♂, sowie zwischen diesen beiden sehr schlecht, von seiten der neutralen ☿ und ☽ nicht bes. schlecht, zwischen den Himmelslichtern: schlecht, zwischen den Neutralen und den Wohltätern: nicht schlecht, zwischen den Neutralen und den Übeltätern ♄ und ♂ sehr schlecht.

In seinen niedrigeren Wirkungssphären wird ♅ nicht mit Unrecht als ein Übeltäter bezeichnet und er wäre in den Aspektwirkungen danach dem ♄ am nächsten zu stellen, während wir dem ♆ am ehesten den ☽ in

1) Nach Junctinus' „Speculum astrologiae“.

der Unterscheidung der Wirkungsweise seiner Aspekte nach *gut* oder *schlecht* gleichzustellen haben. Dem P-Aspekt wird von modernen Astrologen u. zw. anscheinend mit Recht – eine sehr starke Wirkung zugeschrieben, deren Qualität ähnlich jener der Konjunktionen ist, nur im Allgemeinen besser.

Der Retrogradität oder Rückläufigkeit

wird ein ungünstiger Einfluss zugeschrieben. Doch wird diese Auffassung besonders von moderner Seite auch mehrfach bezweifelt und bestritten. Wenn wir uns die Erklärung dieser scheinbaren Rückläufigkeit, wie wir sie auf Seite 55 gegeben haben, vergegenwärtigen, so wird man die Ursache dieser kritischen Stellungnahme vonseiten der Modernen gegen den *bösen Einfluss* der Retrogradität begreiflich finden. Sicherlich aber ist wenigstens für „fortunai major“ und „fortuna minor“ der retrograde Lauf ohne schlechte Wirkung.

Die Mondknoten

Auch über die Wirkungskraft dieser sind nicht alle Astrologen einig. Viele vernachlässigen sie überhaupt. Es scheint jedoch dennoch ein Einfluss zu bestehen, und zwar entspricht die Strahlung der Knotenpunkte am meisten den Mondemanationen: ☊ den guten, ☋ den verderblichen Strahlen dieses Himmelslichtes. So erzeugt z. B. ☊ im IX. Hause Wahrträume, ☋ im VIII. Haus Todesgefahr oder einen schlimmen Tod. Die Mondknoten wirken in der Anblickung nur durch ☌ oder ☍; andere Aspekte können sie wohl empfangen, nicht aber selbst bilden.

Fixsterne und Kometen

Was zunächst die letzteren, die Kometen, betrifft, so ist deren astrologische Bedeutung noch viel zu ungenügend praktisch erforscht, als dass ein Lehrbuch sie darstellen könnte. Jedoch sei immerhin gesagt, dass die Esoterik ihnen eine Rolle von größter Wichtigkeit im kosmischen Leben zuspricht.

Über die Fixsterne und ihren astrophysischen Einfluss gehen die Meinungen der neueren Astrologen weit auseinander. Während Raphael (der Herausgeber der Ephemeriden) erklärt, dass zumindest der Mehrzahl der Fixsterne kein Einfluss zuzusprechen sei, betont wiederum ein anderer, der berühmte Astrologe des vorigen Jahrhunderts Carl Vogt, ihre hervorragende Wichtigkeit. Wir selbst haben bei einer Anzahl der Fixsterne eine dezidierte Wirkung feststellen können und so haben wir auch eine Tafel der Fixsternlängen mit Beschreibung der Natur und Wirkungsweisen[1)] der einzelnen Sterne hier aufgenommen. (Siehe später Tafel IV.) Die Orte der Fixsterne sind zwar nicht absolut „fix", jedoch ändert sich ihr Stand erst in 72 Jahren um 1°. Man setzt ins Horoskop diejenigen Sterne der Tabelle, welche mit Planeten oder Häuserspitzen in ☌ (Orbis 3 – 50) oder ☍ stehen, ferner ins Innere der Häuser jene, welche ihrer Wirkungssphäre nach Bezug haben zu den jenem Hause zugehörigen Lebensgebieten.

So werden Aldebaran und Rigel, wenn sie ins X. Haus fallen, dort sehr stark und auch günstig wirken; würden sie dagegen ins VI. Haus fallen, so wäre ihr Einfluss dort von wenig Bedeutung.

---

1) Wir hielten uns darin hauptsächlich an die Darstellung in Wilde-Dodsons „Natal Astrology".

I. Umwandlung von mittlerer Sonnenzeit in Sternzeit

Mittl. Zeit	Reduktion auf Sternzeit	Mittl. Zeit	Reduktion auf Sternzeit	Mittl. Zeit	Reduktion auf Sternzeit
Stunden	m, s	Minuten	s	Sekunden	s
1 2 3	0m 9,86s 0m 19,71s 0m 29,57s	1 2	0,16 0,33	10	0,03
4 5 6	0m 39,43s 0m 49,28s 0m 59,14s	3 4	0,49 0,66	20	0,06
7 8 9	1m 9,0s 1m 18,85s 1m 28,71s	5 6	0,82 0,99	30	0,08
10 11 12	1m 38,56s 1m 48,42s 1m 58,28s	7 8	1,15 1,31	40	0,11
13 14 15	2m 8,13s 2m 17,99s 2m 27,85s	9 10	1,48 1,64	50	0,14
16 17 18	2m 37,70s 2m 47,56s 2m 57,42s	20 30	3,28 4,93	60	0,16
19 20 21	3m 7,27 3m 17,13s 3m 26,99s	40 50	6,57 8,21		
22 23 24	3m 26,84s 3m 46,70s 3m 56,55s	60	9,86		

II. Umwandlung von

Bogenlänge in Zeit								Zeit in Bogenlänge								
°	h	m	′	m	s	″	s	h	°	′	m	°	′	s	′	″
1	0	4	1	0	4	1	0,07	1	15	–	1	0	15	1	0	15
2	0	8	2	0	8	2	0,13	2	30	–	2	0	30	2	0	30
3	0	12	3	0	12	3	0,20	3	45	–	3	0	45	3	0	45
4	0	16	4	0	16	4	0,27	4	60	–	4	1	–	4	1	–
5	0	20	5	0	20	5	0,33	5	75	–	5	1	15	5	1	15
6	0	24	6	0	24	6	0,40	6	90	–	6	1	30	6	1	30
7	0	28	7	0	28	7	0,47	7	105	–	7	1	45	7	1	45
8	0	32	8	0	32	8	0,53	8	120	–	8	2	–	8	2	–
9	0	36	9	0	36	9	0,60	9	135	–	9	2	15	9	2	15
10	0	40	10	0	40	10	0,67	10	150	–	10	2	30	10	2	30
20	1	20	20	1	20	20	1,33	11	165	–	20	5	–	20	5	–
30	2	–	30	2	–	30	2,00	12	180	–	30	7	30	30	7	30
40	2	40	40	2	40	40	2,67	13	195	–	40	10	–	40	10	–
50	3	20	50	3	20	50	3,33	14	210	–	50	12	–	50	12	30
60	4	–	60	4	–	60	4,00	15	225	–	60	15	–	60	15	–
70	4	40						16	240	–						
80	5	20						17	255	–						
90	6	–						18	270	–						
100	6	40						19	285	–						
200	13	20						20	300	–						
300	20	–						21	315	–						
								22	330	–						
								23	345	–						
								24	360	–						

Einige Elemente der Astronomie

1. Die Einteilung der Himmelskugel

Der untenstehende Kreis HZH'Na stellt einen mit der Ebene des Meridians des Beobachtungsortes zusammenfallenden Durchschnitt durch die Himmelskugel dar, deren Mittelpunkt mit dem Mittelpunkt der Erde zusammenfällt; der kleine Kreis zhnah' ist der entsprechende Durchschnitt durch die Erdkugel. HH' ist die perspektivisch gezeichnete Ebene des Horizonts, die am Himmel einen „größten Kreis" bestimmt, ebenso sei

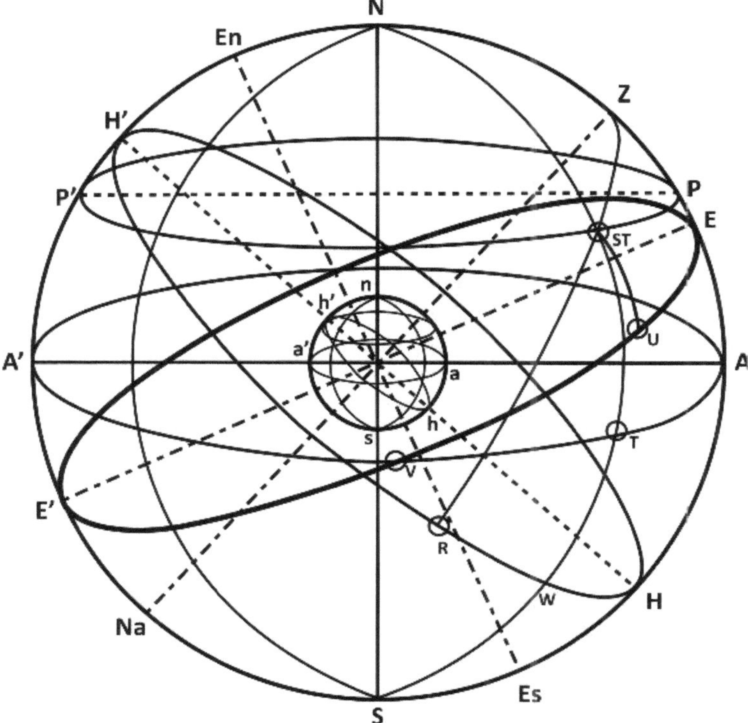

Figur 4. (Nach Littrow-Guthnick, „Die Wunder des Himmels", 1910.)

AA' die Ebene des Äquators. Z und Na sind die Pole des Horizontes und heißen Zenit und Nadir; N und S sind die Pole des Äquators, – Nordpol und Südpol.

Entsprechend liegen das irdische Zenit (z) und Nadir (na) und der irdische Nordpol und Südpol (n und s).

PP' ist ein Parallelkreis des Äquators, der auch auf der Erdkugel seine Entsprechung hat. EE' ist die Ekliptik oder scheinbare Sonnenbahn. Sie schneidet den Äquator in ♈, dem Frühlingspunkt, in welchem die Zählung in der Richtung von Ost über Nord nach West sowohl für Äquator als für Ekliptik vorgenommen wird. E_N und E_S sind die beiden Pole der Ekliptik.

Denkt man sich in St einen Stern und legt durch diesen drei größte Kreise:

1.) ZStR senkrecht zum Horizont, 2.) NStT senkrecht zum Äquator, 3.) StU senkrecht zur Ekliptik, so ist:

1. StR die Höhe des Sternes über dem Horizont, Zst seine Zenitdistanz (= 900 – Höhe). Der Abstand des durch den Stern gehenden Höhenkreises vom Meridian, gerechnet vom Süden aus (HR), ist das Azimut des Sternes.

2. StT ist die Deklination des Sternes, StN seine Poldistanz (= 900 – Deklin). Der Abstand seines Deklinationskreises vom Meridian, also AT, ist sein Stundenwinkel. Der Bogen VT ist seine Rektaszension.

3. StU ist die Breite, VU die Länge des Sternes.[1)]

1) Der „Aszendent" ist der aufgehende, „Deszendent" der eben untergehende Ekliptikpunkt. Die astrologischen „(Mundan-) Häuser" sind Kugelzweiecke; sie haben ihre Anfänge („Spitzen") in den Schnittpunkten ihrer Begrenzungslinien mit der Ekliptik. Man erhält die „schiefen Autsteigungen" dieser Punkte, indem man zur Rektaszension des Meridians je 30° für ein Haus addiert. (Schiefe Aufsteigung oder Ascensio obliqua (A. O.) ist der Abstand auf dem Äquator zwischen ♈ punkt und dem mit einem Himmelskörper zugleich aufsteigenden Punkt des Äquators. Sie wird gleich der λ oder der α in der Reihenfolge der Zodiakalzeichen gemessen.)

2. Astronomische Orts- und Zeitbestimmungen

Die Bahnelemente oder verschiedenen Koordinaten, die für uns in Betracht kommen, sind:

1. Die des ekliptikalen Systems, also Länge (Abstand vom Frühlings- oder ♈punkt) und Neigung zur Ekliptik; die erstere ausgedrückt durch λ (*lambda*) und letztere durch β (*beta*).

2. Die des äquatorialen Systems, die mit α (Rektaszension oder gerade Aufsteigung) und δ (Deklination) bezeichnet werden. (Gesprochen *alpha* und *delta.*)

Wie bekannt, ist die Bewegung der Erde um die Sonne und ihre tägliche Achsendrehung die Grundlage unserer Zeitrechnung. Wir bemessen danach das Jahr und den Tag.

Die Zeit zwischen zwei aufeinanderfolgenden Durchgängen des Frühlingspunktes durch den Meridian nennt man einen Sterntag. Er beginnt und endet für Orte mit verschiedener geografischer Länge zu verschiedener Zeit. Man teilt ihn in 24 Sternstunden (Sideralzeit). Eine Sternstunde entspricht also 15° der Ekliptik (360/24). Für das bürgerliche Leben aber ist der *Sonnentag*, die Zeit zwischen zwei aufeinander folgenden Kulminationen der Sonne, im Gebrauch. (Aus praktischen Gründen wird nicht die wahre Sonnenzeit, sondern eine mittlere Sonnenzeit für unsere Zeitrechnung verwendet.) Der Sterntag ist infolge der während einer Umdrehung der Erde erfolgenden Fortbewegung der Sonne von West nach Ost etwas länger als der Sonnentag. Der Unterschied beträgt beiläufig 4 Minuten im Tag (genauer 3^m $56{,}555^s$) und man nennt diesen Zuwachs *die Beschleunigung der Sternzeit*. (Siehe Tafel 1.)

Der Astronom bedient sich für seine Berechnungen von Gestirnorten, usw., der Einteilung des Äquators in 24 Sternstunden; in diesen werden die Rektaszensionen, also die *Längen am Äquator*, angegeben. Der astronomische Tag beginnt nicht wie der bürgerliche um 0^h Mitternacht, sondern zu Mittag und reicht bis zum nächsten Mittag.

Die Zeit: 1. Januar, 1^h nachmittags wird astronomisch ausgedrückt: 1. januar 1^h; und 1. januar 1900 5^h früh = 31. Dezember 1899 17^h. Denn der astron. Tag, in welchen die 5. Morgenstunde des 1. Januars 1900 fällt, beginnt am Mittag des vorhergehenden bürgerlichen Tages.

Jeder einzelne Ort hat seine eigene (mittlere) Ortszeit, denn wenn die mittlere Sonnenzeit für einen Erdort gleich 0^h ist, so geht in einem anderen Ort die Sonne eben durch den Meridian. Für Köln z. B. ist diese Ortszeit um – 25^m 24^s verschieden von der Berliner Ortszeit, d. h. in Köln tritt der mittlere Mittag um 25^m 24^s später ein als in Berlin. Für Köln und Königsberg wächst dieser Unterschied bis auf beinahe 1 Stunde an. Die Österreich-Ungarische Eisenbahnzeit ist um 1^h der Greenwicher Zeit voraus; sie ist gleich der M. E. Z. (mitteleurop. Zeit).

Die „M. Z. Berlin" (d. h. die mittlere Berliner Ortszeit) = Greenwicher Zeit + 53^m, also um 53^m vor der Greenwicher Zeit voraus. Da die Angaben der Ephemeriden (wie es bei Raphael und Zadkiel der Fall ist) auf den Meridian von Greenwich bezogen sind, so hat man für die Planetenberechnung die Geburtszeit ebenfalls auf Greenwich zu reduzieren. Dies geschieht durch Verwandlung der geogr. Länge des Geburtsortes, die durch ihre Äquatorgrade ausgedrückt ist, in Sternzeit nach dem Verhältnis $360° = 24^h$. (Siehe Tafel II.)

Danach beträgt die (mittlere) Länge von Wien z. B., 16° 23', in Sternzeit: $40^m + 24^m + 1^m\ 20^s + 12^s = 1^h\ 5^m\ 32^s$ oder rund 1^h 05^m. Wenn wir nun die Zeit einer in Wien erfolgten Geburt auf Greenwichzeit zu reduzieren haben, so geschieht dies, indem wir von der Greenwichzeit den in Zeit ausgedrückten Längenunterschied abziehen. (Denn in Greenwich tritt der Mittag um so viel später ein.) Eine Geburt in Wien um 7^h 30^m Ortszeit ist nach Greenwich um 6^h 25^m erfolgt. Ebenso muss bei allen Längen östlich von Greenwich der Längenunterschied für die Reduktion auf „Greenwich-Time" subtrahiert werden; bei allen Orten westlich davon aber ist die Längendifferenz zu der Ortszeit des Geburtsortes zu addieren.

Ist z. B. eine in Argentinien erfolgte Geburt nach der mittleren Ortszeit von Cordoba mit „14^h" angegeben, so ist dazu die Differenz der beiden Ortszeiten (die Uhr in Greenwich zeigt um 4^h 16^m 48^s mehr als gleichzeitig die Uhr des Geburtsortes) zur örtlichen Geburtszeit zu addieren.

Hier aber ist noch eine Ergänzung anzubringen: Falls nämlich diese Geburt nicht in Cordoba selbst (nach dessen Ortszeit die mittlere Einheitszeit von Argentinien angenommen wurde), sondern eine Anzahl von km ostwärts oder westwärts davon erfolgt ist, so ist diese argentinische *Stan-*

dardzeit vorher in die Ortszeit des wahren Geburtsortes umzuwandeln und nun erst zu dieser die zeitliche Längendifferenz zwischen Greenwich und dem wahren Geburtsort zu addieren. Das Entsprechende gilt von allen anderen Angaben in Standardzeit.

Unsere Zeitvergleichungstabelle (Tafel III.) gibt die unmittelbar zu entnehmenden Zeitdifferenzen zwischen den wichtigsten europäischen Hauptstädten (mit Greenwich der Bequemlichkeit halber in der Mitte).

Sie gestattet auch die Beziehung auf einen anderen Meridian, beispielsweise auf den von Paris, Wien, usw.

Für die Zeitdifferenzen mit anderen Orten benutzt man möglichst genaue Atlanten, aus denen man die geografische Länge des Ortes abliest und unter Verwandlung dieser Bogenlänge in Zeit (Tabelle II) die Korrektur auf Greenwichzeit vornimmt.[1)]

(Diese Umrechnung der Ortszeit auf Greenwichzeit ist für die Berechnung der Planetenorte erforderlich. Für die Ermittlung der Häuserspitzen sind andere Rechnungen anzustellen.)

3. Unser Sonnensystem

Es stehen nicht alle Sterne unseres Universums auf derselben Entwicklungsstufe wie unser Planet. Wir finden vielmehr die einzelnen Himmelskörper in den verschiedensten Stadien der kosmischen Evolution lebend, vom Nebelfleck bis zu hoch entwickelten Planeten, die Menschen oder menschenähnliche Wesen tragen.

Das Wort des alten Griechenphilosophen Heraklit, dass alles sich in ewigem Fluss befinde, gilt für das ganze Universum[2)]. Um soviel größer

---

1) Mitteleuropäische Zeitrechnung haben die Länder: Deutschland, Österreich-Ungarn, Luxemburg, Dänemark, Norwegen, Schweden, Schweiz, Italien, Bosnien, Serbien, westliche Türkei, Malta. [Nach dem Meridian von Görlitz in Preußen]. Greenwich-Zeit: Groß-Britannien, Belgien, Holland, Spanien, Gibraltar. [Die sogenannte westeuropäische Zeit]. Frankreich hat Pariser-Zeit.

2) Humboldt, Kosmos I, 87: »Wie wir in unseren Wäldern dieselbe Baumart gleichzeitig in allen Stufen des Wachstums sehen und aus dem Anblick dieser Koexistenz den Eindruck fortschreitender Lebensentwicklung schöpfen, so erkennen wir auch in dem großen Weltengarten die verschiedensten Stadien allmählicher Sternbildung.«

III. Zeit-Vergleichungs-Tabelle

Wenn es 12 Uhr Mittag ist in	so zeigt die Uhr in								
	Amsterdam	Berlin	Bern	Brussel	Köln	Dresden	Greenwich	Frankfurt a. M.	Hamburg
Amsterdan	12:00	12:34	12:10	11:53	12:03	12:35	11:40	12:15	12:30
Berlin	11:26	12:00	11:36	11:24	11:34	12:01	11:06	11:41	11:46
Bern	11:50	12:24	12:00	11:48	11:58	12:25	11:30	12:05	12:10
Budapest	11:03	11:37	11:14	11:01	11:12	11:30	10:44	11:19	11:24
Brüssel	12:02	12:36	12:12	12:00	12:10	12:38	11:43	12:01	12:22
Köln	11:52	12:26	12:02	11:50	12:00	12:27	11:32	12:27	12:12
Konstantinopel	10:24	10:58	10:34	10:22	10:32	10:59	10:04	10:39	10:44
Dresden	11:25	11:59	11:35	11:22	11:33	12:00	11:05	11:40	11:45
Frankfurt a. M.	11:45	12:19	11:55	11:43	11:53	12:20	11:25	12:00	12:05
Hamburg	11:40	12:14	11:50	11:38	11:48	12:15	11:20	11:55	12:00
Kopenhagen	11:29	12:03	11:40	11:27	11:36	12:05	11:10	11:44	11:50
Greenwich	12:20	12:54	12:30	12:18	12:27	12:55	12:00	12:35	12:40
London	12:19	12:54	12:30	12:17	12:28	12:55	12:00	12:35	12:40
Madrid	12:34	01:08	12:45	12:32	12:43	01:10	12:15	12:50	12:55
Mailand	11:43	12:17	11:53	11:41	11:51	12:18	11:23	11:58	12:03
München	11:33	12:07	11:43	11:03	11:41	12:09	11:14	11:48	11:53
Paris	12:10	12:44	12:20	12:08	12:19	12:46	11:51	12:25	12:31
Prag	11:22	11:56	11:32	11:20	11:30	11:57	11:02	11:37	11:42
Rom	11:30	12:04	11:40	11:28	11:48	12:05	11:10	11:45	11:50
St. Petesburg	10:13	10:52	10:29	10:16	10:27	10:54	09:59	10:34	10:49
Stuttgart	11:43	12:17	11:53	11:41	11:51	12:18	11:23	11:58	12:03
Triest	11:34	11:59	12:00	11:22	11:33	12:00	11:05	11:40	11:45
Warschau	10:55	11:29	11:06	10:53	11:04	11:31	10:36	11:11	11:16
Wien	11:14	11:43	11:34	11:12	11:22	11:50	10:55	11:29	11:35

III. Zeit-Vergleichungs-Tabelle

	so zeigt die Uhr in								
Kopenhagen	London	Mailand	München	Paris	Rom	St. Petersburg	Stuttgart	Warschau	Wien
12:41	11:40	12:17	12:27	11:50	12:30	01:42	12:17	01:05	12:46
11:57	11:06	11:48	11:53	11:16	11:56	01:05	11:43	12:31	12:12
12:20	11:30	12:07	12:17	11:40	12:20	01:31	01:27	12:54	12:36
11:34	10:44	11:21	11:30	10:53	11:34	12:45	11:21	12:08	11:49
12:33	11:43	12:19	12:29	11:52	12:32	01:44	12:19	01:07	12:43
12:22	11:32	12:09	12:19	11:42	12:22	01:32	12:09	12:56	12:38
10:54	10:04	10:41	10:51	10:13	10:54	12:05	10:41	11:38	11:10
11:55	11:05	11:42	11:51	11:14	11:55	01:06	11:42	12:29	12:11
12:16	11:25	12:02	12:12	12:00	12:15	01:26	12:02	12:49	12:31
12:10	11:20	11:57	12:07	11:29	12:10	01:21	11:57	12:44	12:26
12:00	11:10	11:46	11:56	11:19	12:00	01:11	11:46	12:34	12:15
12:50	12:00	12:37	12:46	12:09	12:50	02:01	12:37	01:24	01:05
12:50	12:00	12:37	12:46	12:09	12:50	02:01	12:37	01:24	01:06
01:05	12:15	12:52	01:01	12:24	01:05	02:16	12:51	01:39	01:30
12:14	11:23	12:00	12:10	11:33	12:13	01:24	12:00	12:47	12:29
12:04	11:14	11:50	12:00	11:23	12:04	01:15	11:50	12:38	12:19
12:41	11:53	12:27	12:37	12:00	12:41	01:52	12:27	01:15	12:56
11:53	11:02	11:39	11:49	11:12	11:52	01:04	11:39	12:26	12:08
12:00	11:10	11:47	11:57	11:19	12:00	01:11	11:47	12:34	12:16
10:49	09:59	10:36	10:45	10:08	10:49	12:00	10:35	11:22	11:04
12:14	11:23	12:00	12:10	11:33	12:13	01:25	12:00	12:47	12:11
11:55	11:05	11:42	12:51	11:14	11:55	01:06	11:42	12:29	11:28
11:26	10:36	11:13	11:22	10:45	11:26	12:37	11:13	12:00	11:41
11:55	10:55	11:31	11:41	11:04	11:45	12:56	11:31	12:19	12:00

IV. Fixsternlängen für 1900, Größe,

Long.	Stern	Größe	Sternbild	Natur	Wirkungsweise
13° ♈	Haupt. d. Andromeda	1.	Andromeda	♀	Glückbringend
13° ♈	Sirrach	1.	α Andromeda	♃ ♀	Glückbringend
29° ♈	Mirach	2.	*o* Walfisch	♀	Glückbringend
2° ♉	Almach	2.	*o* Walfisch	♀	Ehre, Glück; Erbschaften
4° ♉	Horn d. Widders	2.	Widder	♂ ♄	Gefahr, körperl. Verletzung
24° ♉	Algol	2.	β Persei	♄ ♃	Heftig
28° ♉	Plejaden	3.	η usw. im Stier	♂ ☽	Gef. v. Erblindung
8° ♊	Aldebaran	1.	α Tauri	♂	Reichtum und Ehre, besond. für Militärs; Glanz und Pracht, Ruhm
15° ♊	Rigel	1.	β Orionis	♄ ♃	
19° ♊	Bellatrix	2.	γ Orionis	☿ ♂	Reichtum, Auszeichnung
20° ♊	Capella	1.	α Fuhrmann	☿ ♂	Glück u. Protektion
21° ♊	Nordl. Horn d. Stieres	2.	Stier	♂	Sehr günstig
23° ♊	Gürtel d. Orion	2.	Orion	♃ ♂	Glück u. Erfolg
27° ♊	Betelgeuze	2.	α Orionis	☿ ♂	Ehren u. Reichtum, in ♂ ☉ oder ☽ gefahrenvoll
28° ♊	Polarstern	2.	α Kl. Bär	♄ ♀	Variabel
12° ♋	Sirius	1.	α Groß. Hund	♀ ♃ ♂	Ruhm u. großer Reichtum
13° ♋	Canopus	1.	α Schiff Argo	♄ ♀	Variabel
19° ♋	Castor	1.	α Zwillinge	♂ ♀ ♄	Bosheit, Verderb., Neigung zu heftigem Zorn
21° ♋	Pollux	2.	β Zwillinge	♂	Anerkennung
24° ♋	Procyon	1.	α Kl. Hund	♀ ♂	Glück und Reichtum; Fall
6° ♌	Praesepe	–	ε im Krebs	♂ ☽	Verderben, Bosheit, Blindheit
6° ♌	Nördl. Esel	4.	(Nebel)	♂ ☉	Heiße, brennende Natur, plötzlicher Unfall, Brand
7° ♌	Südl. Esel		Krebs	♂ ☉	

Natur und Wirkung der wichtigsten Fixsterne

Long.	Stern	Größe	Sternbild	Natur	Wirkungsweise
25° ♌	Alphard	2.	α Wasser-schlange	♄ ♀	Tod u. Verderben durch Wasser, Gift, Frauen
28° ♌	Regulus	1.	α Löwe	♂ ♃	Erfolg, Reichtum, Ehren, Gefahr v. Schlagfluss
19° ♍	Denebola	1.	Löwe	♅	Erhebung; Sturz
26° ♍	Benetnasch	2.	Großer Bär	☽ ♀	Gütig
22° ♎	Spica (Arista)	1.	α Jungfrau	♀ ♂	Reichtum, Ruhm, Auszeichnung
22° ♎	Arcturus	1.	α Bootes	♃	Auszeichnung
7° ♏	Waage α		Waage	♀ ☽	Gütig
10° ♏	Gemma	2.	α Nordli. Krone	♀ ☿	Günstig
13° ♏	Südl. Schale	2.	Waage	♄ ♀	Unglück, Gefahr, Gefangenschaft, Vergiftung
18° ♏	Nördl. Schale	2.	Waage	♃ ♂	Großes Glück
20° ♏	Unuk	2.	Schlange	♄ ♀	Verderblich
22° ♏	β Centauri	1.	Centaurus	♄ ♀	Variabel
28° ♏	α Centauri	1.	Centaurus	♄ ♀	Variabel
1° ♐	Stirn d. Skorpion	2.	Scorpio	♄ ♀	Unglückselig
8° ♐	Antares	1.	Scorpio	☿ ♂	Tatkraft u. Erfolg
13° ♑	Wega	1.	α Leyer	☿ ♀	Günstig
0° ♒	A(l)tair	1.	α Adler	♅	Übeltäter
22° ♒	Schwanz des Steinbockes	3.	Steinbock	♄	Unglück, Gefahr durch Tiere
26° ♒	δ Aquarii		Wassermann	♅	Erhebung u. Sturz
2° ♓	Fomalhaut	1.	α südl. Fische	☿ ♀	Hervorrag. glückl.; sehr mächtig
4° ♓	Deneb	1.	α Schwan	♂ ☿	Übeltäter
22° ♓	Markab	2.	Pegasus	♂ ☿	Gefahr d. Hieb, Stich, Explosion o. Feuer
27° ♓	Scheat Pegasi	2.	Pegasus	♄	Gefahr d. Wasser

noch ist dieser Unterschied in der Entwicklung der höheren Prinzipien als der physischen Körper der Sterne, da auf den höheren Ebenen die Erscheinungen weit mannigfaltiger sind. Man möge z. B. Den Abstand der ♂-Natur von der des ♅ oder ♆ betrachten (vergl. die Charakteristik dieser in der „Monografie der Planeten“).

Wenn die Laplacesche Theorie über die Entstehung unseres Planetensystems Wahrheit ist, dann erscheint es als eine notwendige Konsequenz daraus, dass alle Planeten aus den gleichen Grundsubstanzen wie die Sonne zusammengesetzt seien, deren losgerissene Teile sie sind. »Unsere Erfahrung spricht unbedingt dafür, dass die uns irgendwie [durch Instrumente] zugänglichen Teile des Alls eine gewisse stoffliche Gleichartigkeit zeigen. Es kann schwerlich als Zufall betrachtet werden, dass die Bruchstücke außerirdischen Daseins, die unserer direkten chemischen Analyse zugänglich werden – die Meteoriten – lediglich auch auf der Erde bekannte Grundstoffe (Elemente) zeigen. Die Verbindung dieser Elemente kann gelegentlich eine fremdartige sein[1)] – die Faktoren sind uns durchaus vertraute.« (Bölsche a. a. O., I 239.) Das lässt auf die physische Einheit des Universums schließen.

Es ist genügend bekannt, dass die Planeten die Sonne so umkreisen, dass diese in einem *Brennpunkt* ihrer elliptischen Bahn steht. Man sagt: die Planeten *gravitieren um die Sonne* und diese bildet so das Zentrum des *heliozentrischen Planetensystems*. Es ist auch bekannt genug, dass diese Lehre durch Kopernikus, der die Sonne als Mittelpunkt erkannte, und Kepler, den *Gesetzgeber des Himmels*, begründet werden ist.

Nun wird der Astrologie, die aus uralten Zeiten stammt, woher sie nach der Tradition die ♁ als Mittelpunkt für ihre Berechnungen beibehalten hat, zum Vorwurf gemacht, dass sie die veraltete, als falsch erwiesene geozentrische Auffassung zur Grundlage ihres Systems habe und demnach auch falsche Resultate liefern müsse.

Doch ist das ein vorschnelles Urteil. Vor allem waren die Verhältnisse, die Beziehungen der kosmischen Kräfte, die von anderen Sternen aus den unsrigen trafen, vor Kopernikus die gleichen wie nach ihm, und die empirisch entstandene Astrologie hat die beobachteten Resultate induktiv erhalten, vorurteilsfrei verzeichnet und unabhängig von theore-

1) Eisen, Nickel, Phosphor in gewissen auf der Erde unbekannten Legierungen.

tischen Spekulationen zu einem aus reiner Erfahrung aufgebauten System vereinigt.

Die Theorien folgten erst nach; der Wert der empirischen Erkenntnisse aber ist unabhängig von theoretischen Erklärungen.

Man machte die Wahrnehmung, dass ein Kind, wenn zurzeit seiner Geburt der Saturn nahe am Horizont stand von düsterer, wenig lebensfreudiger Natur war und häufiger im Leben von Unglück oder Krankheit heimgesucht wurde als andere.

Oder aber, dass ein Kind, bei dessen Geburt ♃ und ☉, ☽, ♀ die Erde im Trigonus bestrahlten, sich im Leben guter Gesundheit und glänzenden Reichtums oder eines mit geistigen Gütern reichlich bedachten Lebens erfreute.

Die Stellungen der Gestirne zur Erde wusste man richtig zu berechnen, und das war das einzige Erfordernis. Man vermag das heute noch um vieles genauer, und das geozentrische System ist heute ebenso zweckmäßig wie es vor zweitausend Jahren war, wo man, weder von Ptolemäus noch von Kopernikus etwas wusste.

Wir haben in unseren modernen Disziplinen schon einige, die auf die Renaissance der uralten astrologischen Kosmologie langsam, aber mit zielsicherem Schritt – ihnen selbst unbewusst – hinstreben. Das sind u. a. die vergleichende Biologie und ganz besonders die Meteorologie.

Der mit Unrecht so wenig bekannte Genfer Forscher Martin Ziegler hat begonnen, die exakten Grundlagen für die Erforschung der planetaren Einwirkungen auf die Physis zu schaffen, und sein Nachfolger August Zöppritz hat durch fachgemäße astronomische Beobachtungen, aus denen er eine neue meteorologische Prognostik gewonnen, ohne Astrologe zu sein, ein wichtiges Gebiet der Mundanastrologie als wahr bewiesen und auf eine feste Basis gestellt.

Aus der modernen Astrophysik muss mit Naturnotwendigkeit die Wiedergeburt der Astrologie hervorgehen, denn diese ist nichts anderes als (bisher) okkulte kosmische Physik.

Es ist den Studierenden unseres Kursus sehr zu empfehlen, sich eingehendere Kenntnisse in der Astronomie zu erwerben. Als besonders elementares Werk, das wir auch hier öfter herangezogen haben, eignet sich hierfür die Bearbeitung der „Wunder des Himmels“ von Littrow durch Dr. Paul Guthnick, ferner die 7. und 8. Auflage des gleichen Werkes, die aber von E. Weiss, dem Nachfolger Karl von Littrows in dem Direktorat der Wiener Sternwarte, besorgt wurden (8. Auflage 1897), ferner Meyer, „Das Weltgebäude“ und Flammarions „Gemeinverständliche Himmelskunde“, endlich Newcomb-Gläser, „Astronomie für jedermann“ 2. Auflage.

Die astrologische Technik und ihre Hilfsmittel

1. Die astronomischen Ephemeriden

Angenommen, es sei ein männliches Kind am 16. Februar 1910 vormittags $11^h\ 20^m$ zu Wien geboren worden und wir hätten seine Nativität zu berechnen.

Das Geburtsbild besteht aus dem jeweiligen Sternstand und den in den Zodiakus eingesetzten Mundanhäusern.

Die erste Aufgabe ist die Berechnung der geozentrischen Planetenorte für den Augenblick der Geburt.

Es stehen dem Astrologen hier verschiedene Wege frei. Entweder, wenn er genügende astronomische Kenntnisse besitzt, berechnet er sich den Gestirnstand selbst und wird damit auch die größte Genauigkeit erzielen, oder er bedient sich zur Erleichterung dieser Berechnungen verschiedener Tabellen.

Wir wollen die wichtigsten davon der Reihe nach kennenlernen.

Die gebräuchlichsten Planetentafeln sind „Raphaels astronomische Ephemeriden der Planetenorte" für die einzelnen Jahre[1)]; ebenfalls gut und dabei viel billiger sind die Ephemeriden von Zadkiel. Außerdem sind die (aber hier auf den Äquator bezogenen) Planetenorte auch in „Connaissance des temps" (Paris), ferner in „The nautical almanac" (London) und im „Berliner astronomischen Jahrbuch" viel genauer als in den Ephemeriden von Raphael und Zadkiel (nämlich nach Sekunden) angegeben. In den Berliner astronomischen Jahrbüchern sind die Planetenorte gleichfalls von Tag zu Tag verzeichnet, die beiden *langsamen* Planeten ♃ und ♄ ausgenommen.

Weiter kommt der Wiener astronomische Kalender in Betracht. In diesem finden wir für ☉ und ☽ die Längen verzeichnet, für die Planeten aber nur die Rektaszensionen. Die Gestirnorte sind für das Horoskop aber alle in Länge zu berechnen, daher haben wir bei Gebrauch dieser Epheme-

---

1) Bisher nur englisch. Der Originaltitel lautet „Raphaels astromomical Ephemeris of the Planets Places for (1830 z. B.)."

riden die Rektaszensionen in Ekliptiklängen überzuführen. Das geschieht auf trigonometrischem Wege mittels der Herrschen Formel:

$$tg\,\lambda = \frac{\cos(M-\varepsilon)\cdot tg\,\alpha}{\cos M},$$

wobei

$$tg\,M = \frac{tg\,\delta}{\sin\alpha}$$

λ ist die gesuchte Länge,
δ die Deklination,
α die Rektaszension des Planeten zur Geburtsstunde,
ε die Schiefe der Ekliptik = 23° 27' 3,58''[1)]
M ist eine Funktion der Größen α und δ.

Dabei wird a auf den Widder- oder Waagepunkt („Äquinoktiallinie") bezogen, also von 0° (360°) resp. 180° genommen.

In den Fällen, wo man von „Kolurpunkten" (90° und 270°) abzuziehen ist, treten für α und λ. die Kofunktionen ein.

Es wird dann: $tg\,M = \frac{tg\,\delta}{\cos\alpha}, \quad cotg\,\lambda = \frac{\cos(M-\varepsilon)\cdot ctg\,\alpha}{\cos M},$

λ wird darauf auf denselben Quadranten wie α bezogen.

So erhält man die Ekliptiklängen der Gestirnorte, unter steter Beachtung, in welchen Quadranten das a mit seinen Graden fällt.[2)]

Viel bequemer gestaltet sich die Planetenberechnung nach den Raphael'schen oder Zadkiel'schen Ephemeriden. Wir wollen sogleich die ersteren jetzt gründlicher kennenlernen.[3)]

Für unsere angenommene Geburtszeit (16. Februar 1910 vorm. 11^h 20^m) benützen wir also „Raphaels Astronomical Ephemeris of the Planets Places for 1910". Wir finden darin auf Seite 4 und 5 die Überschrift „February 1910". Das ist die Tafel, die wir brauchen. Wir beginnen mit den Reihen unter dem dicken Querstrich, der ungefähr durch die Mitte der beiden Seiten geht.

---

1) Mittel für 1910. Sonst nehme man im Durchschnitt 23° 27'.

2) Vergl. das Beispiel im Anhang. (h)

3 Siehe unsere Kopie in Tabelle V.

Über der ersten Reihe steht als Aufschrift: „D“ und darunter „M“, d. h. „Tag des Monats“; daneben eine Reihe mit „D“ und „W“, „Wochentage“[1]; dann „Sidereal Time“ (gesprochen „sidiriel taim“), die Sternzeit; weiter „☉ Long.“, „ ☉ Dec.“, „☽ Long.“, „☽ Lat“, „☽ Dec.“, d. i. Länge der ☉, Deklination der ☉; Länge, Breite und Deklination des ☽ Ferner: „Midnight“ und darunter „☽ Long, ☽ Dec.“, d. h. Länge und Deklination des ☽ um Mitternacht.

Denn der ☽ läuft am schnellsten (durchschnittl. 12-13° im Tag), sodass durch die Angabe seines Standes um Mitternacht die Mondorte genauer bestimmbar sind.

Weiter auf der rechten Seite zunächst wiederum „D“ und „M“, der Monatstag, dann „♆ Long.“, „♅ Long.“, „♄ Long.“, usw., – die Längen von ♆, ♅, ♄, ♃, ♂, ♀, ☿; alles für den Mittag (astronomischen Tagesanfang) berechnet.

Schließlich noch eine Rubrik „Lunar Aspects“, die hauptsächlichsten Aspekte des ☽ zu den Planeten für jeden Tag.

Die obere Hälfte der Monatstafel bringt die Latitüde (Breite) und Deklination der Planeten Neptun, „Herschel“ (der englische Name für ♅), Saturn, usw., für jeden 2. Tag angegeben. Für die schnelleren Planeten ♂, ♀ und ☿ jedoch für jeden einzelnen Tag, indem die Deklinationen der geraden Tage in einer zweiten Reihe neben denen der ungraden zwischen angeführt sind. Weiter rechts davon sehen wir eine Rubrik „☽ Node“, es ist der aufsteigende Mondknoten oder ☊, der hier in Abständen von zwei zu zwei Tagen angegeben ist.

Und schließlich noch die „Mutual Aspects“, die wechselseitigen Aspekte der Planeten untereinander für eine Anzahl von Monatstagen.

Nun können wir zu unserer Berechnung des Planetenstandes schreiten. Die Geburtszeit astronomisch ausgedrückt = 15. Februar 1910, 23^h 20^m (= 12^h + 11^h 20^m) Wiener Ortszeit. Die Ephemeriden sind auf die Greenwicher Ortszeit berechnet; Wien liegt (mit einer östlichen Länge von 16° 23’) um 1^h 05^m ostwärts von Greenwich, in Greenwich ist es gleichzeitig um so viel weniger später.

---

1) S(unday) - Sonntag, M(onday) - Montag, T(uesday) – Dienstag, W(ednesday) - Mittwoch, Th(ursday) - Donnerstag, F(riday) – Freitag, S(aturday) - Samstag.

Daher:

$23^h\ 20^m$
$-\ \ 1^h\ 05^m$
$=22^h\ 15^m$ als Ortszeit nach Greenwich.

Auf diese Zeit haben wir die Planetenorte zu berechnen. Wir könnten nun, um den Stand der ☉, usw., für diese Zeit zu finden, von der λ der ☉ am Mittag des 15. Februar ausgehen, die während der $22^h\ 15^m$ (seit diesem Mittag) erfolgte Weiterbewegung des Sternes durch eine Proportionalrechnung ermitteln und die gefundene Bogenstrecke zum Mittagsstand desselben am 15. addieren, um so den Stand des Gestirnes um $22^h\ 15^m$ des 15. Februars zu finden. Erleichtert wird uns das bei diesen Ephemeriden durch eine Tabelle Seite 26, „Dain motion of the planets, 1910“ (Die täglichen Bewegungen der Planeten). Diese Bewegungen an jedem einzelnen Tag sind angegeben für die λ von ☉, ☽, ♂, ♀, ☿, und die δ des ☽. Wir finden dort für die ☉ unter „February, 15“: 1° 0’ 34” angegeben, was die Bewegung der ☉ vom Mittag des 15. bis Mittag des 16. darstellt. Sie legt also (unter Vernachlässigung der ”) in 24^h 1° oder 3600” zurück, demnach in 1^h einen Bogen von 150” und in $22^h\ 15^m$ einen solchen von 55’ 37,5”.

Diese zum Mittagsstand der ☉ am 15. Februar zugezählt, unter „Korrektur“ mit den ⁵⁄₁₀” auf 38”:

25° 56’ 42” ♒
+ 55’ 38”
26° 52’ 20” ♒ als Ort der A um $22^h\ 15^m$

des 15. Februar 1910 für den Meridian von Greenwich.

In gleicher Weise könnten wir die Stelle des ☽ und aller Planeten berechnen. Doch gibt uns die Ephemeride selbst eine Kürzung an die Hand. Zunächst schon ist es einfacher, hier nicht vom vorhergehenden Mittag an zu rechnen, von dem die Geburtszeit schon um $22\frac{1}{4}^h$ entfernt ist, sondern auf den nachfolgenden Mittag, den des 16. Februar, die Berechnung zu gründen, zu dem sie nur um $1^h\ 45^m$ entfernt ist.

Ferner können wir die „Proportional logarithms for finding the planets places“ („Die Proportionallogarithmen zur Auffindung der Planetenorte“) auf der letzten Seite unserer Ephemeride benützen. Wir finden dort eine obere Querreihe „Degrees or Hours“ („Grade oder Stunden“)

und links und rechts eine Vertikalreihe, die mit „Min.“ (Minuten) überschrieben ist.

Wir wollen mit dieser Tabelle den ☽ort berechnen. Wieder auf die Tabelle Seite 26 zurückgehend, finden wir als die „tägliche Bewegung des ☽“ für den 15. Februar dieses Jahres 14° 6’ 3” als seinen Weg in 24^h.

Wir suchen nun den Proportionallogarithmus für diese 14° 6’ (die ” sind in der Tabelle nicht berücksichtigt). In der Vertikalrubrik für 14 (Grade) gehen wir bis zur Querreihe für 6 (Minuten) herab und finden so als Proportionallog. für 14° 6’ die Zahl 2310. Dazu addieren wir den Prop.log. für unsere Differenzzeit auf den nächsten Mittag (1^h 45^m) nämlich 1,1372,

also 2310
+ 11372
1,3682

und die Summe ist der Prop.log. für den Bogen, welchen der ☽ während der Zeit von 1^h 45^m zurücklegt. Wir finden als größte Näherungswerte zu diesem Logarithmus in der Tabelle die Zahlen 13730 und 13660, zwischen welchen 13682 gerade in der Mitte liegt. Diesen Logarithmen entsprechen Numeri von 1° 1’ und 1° 2’, das Mittel daraus ist 1° 1’ 30”. Dieser Weg des ☽ ist von seinem mittägigen Ort am 16. Februar abzuziehen, weil von unserer Geburtszeit auf diesen Mittag noch 1^h 45^m fehlen.

Wir erhalten demnach den Mondstand um 22^h 15^m des 15. Februar mit

23° 26’ 5” ♉
– 1° 1’ 30”
= 22° 24’ 35” ♉

(Wäre die Geburtszeit um 1^h 45^m nach dem Mittag des 16. Februar gefallen, so wären die gleichen Grade zu 23° 26’ 5” ♉, dem Mittagsstand des ☽ am 16., zu addieren gewesen. Fällt die Geburtszeit nahe um Mitternacht, so bedient man sich zur genaueren Bestimmung des ☽ortes der für diese Stunde angegebenen Koordinaten.)

♆ steht im Zeichen ♋ und ist „℞“, retrograd. Er bewegt sich zwischen diesen beiden Mittagen um 1’ nach rückwärts (d. h. gegen die Zodiakalreihe). Er steht zur Zeit von 1^h 45^m vor dem Mittag des 16. schon ganz nahe bei 16° 58' und wir entnehmen deshalb als seinen augenblicklichen Bahnort: 16° 58' ♋.

Für die Jahre 1800 bis 1879 sind die genaueren Neptunorte in einem Separatbändchen von Raphael, „The approximate longitude etc. of the planet Neptune from 1800 to 1879“ angegeben.

♅ legt diesmal einen Bogen von 3' zurück (er ist „D“, d. h. direkt oder rechtläufig). Der Prop. Log. für 0° 3' ist

26812, dazu abermals den Prop. Log. für 1^h 45^m
addiert 11372
ergibt 38184

jedoch dieser Prop. Log. ist in der Tabelle nicht mehr enthalten. Der Log. für den kleinsten Wert ist erst 3,1584, also zu weit unter unserem Logarithmus. In einem solchen Fall, wo also der Bogen für die Differenzzeit kleiner als 1' sein würde, vernachlässigt man diesen entweder überhaupt und trägt unmittelbar den Gestirnstand des Mittags ins Horoskop ein (also hierfür den 16. Februar 23° 10' ♑) oder man greift zur Regeldetri ohne Prop. Log. und bestimmt danach die Sekunden 3" in 24^h, macht ⅛' oder 7½" in 1^h, und in 1^h 45^m ca. 13". Diese vom ♅ort am Mittag des 16. abgezogen, ergibt als Stelle dieses Planeten um 22^h 15^m des 15. Februar: 23° 9' 47" ♑.

Doch ist für bloße Nativitätsstellungen eine solche Subtilität nicht erforderlich.

♄ macht eine Bewegung von 6' oder in 1^h 45^m ca. 26" in direktem Lauf. Diese von seinem mittägigen Ort am 16. Februar abgezogen, ergibt als Stelle des ♄ 19° 19' 34" ♈.

Da aber die Ephemeriden selbst nur auf ', nicht auf " genau sind, so ist mit dieser Proportionalrechnung nicht viel gewonnen und man kann einfach auch seine Mittagsgrad vom 16. Februar mit 19° 20' ♈ aus den Tafeln übernehmen.

Ebenso machen wir es mit ♃, der gleich ♆ ℞ ist. Wir notieren für ihn ♃ ℞ 14° 3' ♎.

Für den viel schneller laufenden ♂ hinwiederum suchen wir uns die Tafel der „Dain Motions“ Seite 26 auf und entnehmen ihr für den 15. Februar 36' als seine Bewegung in 24^h. Der Prop. Log. für 36' ist:

16021, dazu den schon gefundenen
Prop. L. für 1^h 45^m: 11372
= 27393,

was dem Prop. Logarithmus 26812 am nächsten kommt. Diesem Logarithmus entsprechen als Numerus 0° 3', welche wir vom Mittagsort des ♂ am 16. subtrahieren und so für 22^h 15^m des 15. Februar seinen Ort mit 14° 17' ♉ erhalten.

♀ ist ℞ im ♒. Ihre diesmalige Tagesbewegung beträgt ebenfalls 36', für 1^h 45^m daher gleich dem ♂ : 0° 3'. Diese haben wir aber, weil ♀ retrograd, zu ihrem Mittagsort am 16. zu addieren, denn sie stand 1^h 45^m vor diesem Mittag in einem vorgerückteren Ort des Tierkreises als dann zu Mittag. Der ♀ ort um 22^h 15^m ist demnach 20° 33'; man notiert ♀ ℞ 20° 33' ♒.

Ei ist gleichfalls anfangs des Monats Februar noch ℞, vom 8. an aber wieder D, rechtläufig. Seine tägliche Bewegung an diesem astron. Tag ist 47'.

Proport. Log. Dafür: 1,4863
+ 1,1372 (für 1^h 45^m)
= 2,6235,

dem etwa 0° 3½' entsprechen.

Stand des ☿ am 16. Februar: 0° 45' ♒
Abzügl. der Bewegung in der Zeit bis Mittag – 3' 30''
☿ ort in 22^h 15^m des 15. Februar: 0° 41' 30'' ♒

Als Nächstes obliegt uns, die Längen der Mondknoten zu berechnen.

Wir sehen: „☽ Node" am 15. in 3° 21 ♊, am 17. in 3° 15' desselben Zeichens. Er ist in 48^h um 6' zurückgeschritten und steht also gegen Mittag des 16. Februars in 3° 18' ♐. Dies ist der ☊.

Der Drachenschwanz steht in genauer Opposition dazu, also ☋ 3° 18' ♐.

Schließlich wollen wir noch ganz besonders auf sehr nützliche Planetentafeln verweisen, die einstweilen nur in französischer Ausgabe vorhanden sind, aber vielleicht im Verlag von Max Altmann, Leipzig, in deutscher Ausgabe erscheinen werden. Diese sind nicht nur Ephemeriden für je ein Jahr, sondern es ist ein 39 Seiten Text und VIII Tafeln umfassendes Werk in großem Format, mittels dessen es möglich ist, sich selbst in ungefähr derselben Zeit wie mit den Raphaelschen Ephemeriden die Planetenorte ohne Schwierigkeiten zu berechnen.

Sie erstrecken sich nicht nur wie diese Ephemeriden über die Zeit von 1800 bis jetzt, sondern über die Jahre von 1000 vor Chr. bis 3000 nach Chr. und sind auch noch über diese Grenzen hinaus zu gebrauchen.

Sie verdienen also wirklich ihren Namen „Ephémérides perpétuelles“ (Immerwahrende Planetentafeln). Diese vermögen die jährlichen Ephemeriden zu ersetzen, die man sich sonst für jedes Jahr, auf das man ein Horoskop berechnen will, einzeln kaufen müsste.

Als das einzige Mittel aber kommen sie dann in Betracht, wenn man historische Nativitäten berechnet, die einer früheren Zeit angehören.

Eine eingehendere, ebenfalls sehr empfehlende Besprechung fanden diese Ephemeriden im „Zodiakus“, l. Jahrg., Heft 8, durch Herrn Wilh. Knappich, den Sekretär der „Wiener Astrologischen Gesellschaft“.

2. Die Häusertabellen

Unsere Ephemeride enthält nach Seite 41 sechs Seiten mit Häusertabellen; es sind „Tables of Houses for London, Latitude 51° 32’ N.“, „for Liverpool, Latitude 53° 25’ N.“ und „for New York, Latitude 40° 43’ N.“

Wollen wir mithilfe der ersteren Häusertafeln die Spitzen der Mundanhäuser für eine Nativität berechnen, die auf die Zeit des 4. Februar 1910, ½12^{h} nachts, London fällt.

Die Ortszeit dieser Geburt ist also, astronomisch ausgedrückt, 4. Februar, 11^{h} 30^{m}. Und diese Zeit ist auch gleichzeitig die Greenwicher Geburtszeit, da London mit Greenwich den gleichen Meridian hat.

Wir suchen uns zunächst die Sternzeit vom Mittag des 4. Februar in der Ephemeride auf und finden unter der Rubrik „Sidereal Time“ 20^{h} 55^{m} 5^{s}. Zu dieser zählen wir die Ortszeit der Geburt + Beschleunigung der Sternzeit für 11^{h} 30^{m}, d. i. 1^{m} 5^{s},

$$\begin{array}{r} 20^{h}\ 55^{m}\ 5^{s} \\ +\ 11^{h}\ 31^{m}\ 53^{s}, \\ \hline \text{ergibt } 32^{h}\ 26^{m}\ 58^{s}. \end{array}$$

Das Resultat ist um 24^h zu groß; wir ziehen daher einen ganzen Kreis ab:

$$
\begin{array}{r}
32^h\ 26^m\ 58^s \\
-\ 24^h \\
\hline
\end{array}
$$

und erhalten $8^h\ 26^m\ 58^s$ als R. A. (Rektaszension) des Medium Coeli (gekürzt „R. A. M. C.").

Wir suchen nun in den Häusertafeln den engsten Näherungswert für diese Zeit, ebenfalls unter „Sidereal Time". Die Sternzeit von $8^h\ 25^m\ 19^s$, die wir in der 5. Kolonne der Tafeln finden, entspricht am nächsten unserer R. A. M. C.

Neben dieser Sideralzeit stehen der Reihe nach die Häuserspitzen verzeichnet: 10, ♌, 4°, d. h. X. Haus 4° ♌, XI. Haus 8°♍, XII. Haus 5° ♎, Aszendent oder Spitze des I. Hauses 25° 34' ♎, II. Haus 23° ♏, III. Haus 26° ♐.

Die Anfänge des IV. bis IX. Hauses braucht die Tabelle nicht zu verzeichnen, sie sind die genauen Oppositionsstellen zu den übrigen. Dem Aszendenten liegt der Deszendent oder Spitze des VII. Hauses gegenüber.

Das VII. Haus beginnt also in 25° 34' ♈; das VIII. Haus als ☍ des II. fängt mit 23° ♉ an, das IX. Haus in ☍ zum III. Mit 26° ♊; Anfang des IV. Hauses = MC. + 180° = 4° ♒, Anfang des V. = Spitze XI. + 180° = 8° ♓, Spitze VI. = Spitze XII. + 180° = 5° ♈.

Andere Häusertafeln sind analog eingerichtet. Die Häuserberechnungen für die Breiten von 22° bis 56° enthalten „Daltons Tables of Houses".

Sodann gibt es von Raphael eine Ausgabe von Tables of Houses, welche für die Breiten von Glasgow (55° 53'), Liverpool (53° 25'), Birmingham (52° 30'), London (51°32'), New York (40° 43'), Calcutta (22° 33'), Madras (13° 4') und alle Orte mit denselben oder angenäherten Breiten, ferner noch für die Breiten von oder um 37° und 45° brauchbar sind, im Ganzen 9 verschiedene Tafeln.

Für unsere Breiten benützt man mit Vorteil die kürzlich erschienenen deutschen „Häusertabellen für 40–56° geogr. Breite" von Karl Brandler-Pracht.

Diese enthalten auch einen Anhang mit Proportionallogarithmen, welche zum Gebrauch für die Direktionen bestimmt sind; auch ist ihnen eine Tabelle beigegeben, welche die geografische Lage vieler größerer Orte der Erde enthält.

Alle diese Tabellen sind auch für südliche Breiten verwendbar, es bedarf nur einer einfachen Umrechnung für dieselben.

Nehmen wir an, die Geburt wäre ½12h Uhr nachts des 4. Februar 1910 in der gleichen, aber negativen Breite wie London erfolgt, also unter 51° 32' südlicher Breite. In der Berechnung der Planetenorte ändert sich nichts gegen früher, aber für die Bestimmung der Häuserspitzen. Wir benützen dafür abermals die Tafeln von 51° 32' nördlicher Breite, wie für London.

Jedoch müssen wir die frühere Rektaszension des MC um 12^h vermehren und sodann die für diese R. A. in den nördlichen Häusertabellen angegebenen Grade für die oppositionellen Mundanhäuser verwenden, weil Zeichen von kurzer Aufsteigung in nördlichen Breiten solche von langer Aufsteigung in südlichen Breiten sind und umgekehrt.

Also: $8^h\ 26^m\ 58^s$
$+\ 12^h$
$20^h\ 26^m\ 58^s$

Dem kommt in den Häusertafeln für London die Sidereal Time von $20^h\ 25^m 19^s$ am nächsten, für welche wir die (nördlichen) Häuseranfänge mit: X. Haus = 4° ♒, XI. = 29° ♒, XII. = 11° ♈, Asz. = 8° 12' ♊, II. = 28° ♊, III. = 15° ♋ finden. Diese verwandeln sich also in die Oppositionshäuser: 4° ♒ IV. Haus, 29° ♒ = V., 11° ♈ = VI., 8° 12' ♊ = VII., 28° ♊ = VIII., 15° ♋ = IX. Haus, und die übrigen Häuserspitzen liegen in ☍ zu diesen letzteren: X. Haus 4° ♌, XI. Haus 29° ♌, XII. Haus 11° ♎, Aszendent 8° 12' ♐, II. Haus 28° ♐, III. Haus 15° ♏.

Wollen wir nun für die Nativität unseres Wiener Kindes, das am 16. Februar 1910 vormittags um $11^h\ 20^m$ zur Welt gekommen ist, die Häuseranfänge berechnen, so haben wir dazu Tabellen nötig, in denen die Polhöhe von Wien enthalten ist.

Wien hat eine geograf. Breite von + 48° 13'.

Wir können also beispielsweise Dalton oder Brandler-Pracht dafür benützen.

Zunächst obliegt uns die Bestimmung der Ascensio recta medii coeli.

Dieser Berechnung legen wir die Sidereal Time oder Sternzeit vom Mittag des 15. Februar d. J, zugrunde, die aus den Ephemeriden zu ersehen ist. Sie beträgt… … … … … … … … … … $21^h\ 38^m\ 27^s$

Dazu addiert man die Zeit, welche seit diesem Mittag bis zur Geburt, in Ortszeit gerechnet, verflossen ist. In unserem Fall also … … … … … … … … … … … … … … … … $23^h\ 20^m$

Korrektur auf Sternzeit für $23^h\ 20^m$ ist nachTafel I … $3^m\ 50^s$

Summe: $45^h\ 02^m\ 17^s$

Da das Resultat einen ganzen Zirkel (24^h) überschreitet, ziehen wir 24^h davon ab … … … … … … … … … … … … … -24^h

$21^h\ 2^m\ 17^s$

Man könnte sich mit diesem Resultat bescheiden und für gewöhnlich wäre es auch vollkommen hinreichend. Wir hätten damit die AR. MC. mit $21^h\ 2^m\ 17^s$ gefunden.

Für sehr genaue Berechnungen aber ist noch eine kleine Korrektur auszuführen. Die Angaben der Ephemeriden enthalten immer die Sternzeit für den mittleren Mittag von Greenwich. Da aber nun Wien $1^h\ 05^m$ östlich davon gelegen ist, so haben wir die obige Zeit für die Rektaszension des MC um soviel zu vermindern, als sich während $1^h\ 5^m$ die Sternzeit beschleunigt.

Also … $21^h\ 2^m\ 17^s$
vermindert nach Tafel I um rund … 12
AR. MC = $21^h\ 2^m\ 05^s$

Unter dieser Rektaszension des X. Hauses und für die Breite von 48° (in Dalton Seite 64 oder bei Brandler-Pracht Seite 39) die Spitzen der einzelnen Häuser wie folgt X. Haus =13° ♒, XI. = 11° ♓, XII. = 24° ♈; Aszend. = 14° 14’ ♊, II. Haus : 4° ♋, III. = 22° ♋. Als Oppositionshäuser ergeben sich daraus: das IV. Haus mit 13° ♌, V. = 11° ♍, VI. = 24° ♎, VII. = 14° 14’ ♐, VIII. = 4° ♏, IX. = 22° ♏.

Für eine selbstständige Berechnung der ekliptikalen Häuseranfänge geben wir hier nur die Grundformel; wer mit der sphärischen Trigonometrie vertraut ist, vermag sich leicht aus einer grafischen Darstellung die nötigen Varianten dieser Formel abzuleiten.

$$tg\,\lambda = \frac{tg\,\alpha}{\cos\varepsilon}$$ (wobei (α = AR. MC, ε = Schiete der Ekliptik)

respective:

$\text{cotg}\,\lambda = \text{cotg}\,\alpha.\cos\varepsilon.$

Für das I. Haus ist $\alpha_1 = \alpha_{(10)} + 90°$; für das XI. Haus: $\alpha_{11} = \alpha_{10} + 30°$; für das XII. Haus ist $\alpha_{12} = a_{10} + 60°$ usw.[1)]

3. Die Errichtung des Horoskops

Planetenorte und Häuserspitzen sind berechnet, nun bereitet der Entwurf des Nativitätsbildes keine Schwierigkeiten mehr.

Wir ziehen zwei konzentrische Kreise[2)] und teilen diese durch die Horizontlinie „Asc.-Desc." (Aszendent, Deszendent) in zwei Hälften. „Asc." ist die Spitze des I. Hauses. Aus unseren Berechnungen ersehen wir, in welchen Grad des Zodiakus der Aszendent fällt: 14° 40' ♊. Wir tragen mit dem Transporteur 14° 40' über der Horizontlinie auf, und von diesem Punkt an (0° ♊), den wir durch einen Strich in dem Kreisring markieren, teilen wir den ganzen Ring in 12 gleiche Teile zu je 30°.

Jener von diesen Abschnitten, durch welchen der Aszendent geht, wird mit „♊" bezeichnet, der nächste Ekliptikabschnitt ist ♋, das folgende Zeichen ♌, usw. Sind alle Zodiakalzeichen in der Richtung entgegen des Uhrzeigerganges der Reihe nach eingetragen, so beginnt man ,mit der Notierung der Häuseranfänge. Das X. Mundanhaus kommt in 13° ♒ zu stehen, ein von dort durch das Zentrum zum Oppositionspunkt gezogener Diameter schneidet den Kreisring im Beginn des IV. Hauses, 13° ♌. Das XI. und V. Haus beginnt mit dem Durchmesser zwischen 11° ♓ und 11° ♍ u.s.f.

Darauf folgt die Einschreibung der Planeten. Man setzt diese vorteilhaft mit roter Tinte ins Horoskop, damit sie um so schärfer aus dem Bild hervorleuchten. Auch sei man bei ihrer Eintragung auf möglichste mathematische Genauigkeit bedacht. So wird man mit der Zeit fähig werden, die Aspekte durchs bloße Augenmaß abzulesen.

---

1) Vergl. das Beispiel im Anhang.

2) Siehe Figur 5.

Aszendent und MC werden, als die wichtigsten Häuser, kräftiger hervorgehoben.

(Links oben kann man die Berechnung der „Geburtszeit nach Greenwich“ ausführen, rechts die Berechnung der Rektaszension des Medium Coeli.)

Die Tafel der Aspekte, die man darunter setzt, heißt das „Aspektarium“. Wichtig sind auch die Aspekte der Häuserspitzen. Die Parallelaspekte ergeben sich aus der Vergleichung der Deklinationen der einzelnen Planeten untereinander; sie dürfen nicht um mehr als 20 differieren, doch macht es für den „P“ keinen Unterschied, ob die Deklinationen nördlich oder südlich sind.

Schließlich trägt man darauf die Fixsterne nach den in einem früheren Kapitel hierüber ausgeführten Gesichtspunkten ein – und das Horoskop ist fertig zur „Divination“, das heißt zur Auslegung.

Man sei aber in der Erinnerung der Geburtsstunde besonders genau. Denn mit einer falschen Geburtszeit verschiebt sich der – so wichtige – Aszendent, in 2 Stunden schon um ein ganzes Zeichen, in 20m um eine Sextur!

* * *

Figur 5. Nativität eines männlichen Kindes, geboren am 16. Februar 1910 um 11^h 20^m vormittags zu Wien. (n. Seite)

n. B. 48° 13′
ö. L. 16° 23′

	$23^h\ 20^m$
	$-\ 1^h\ 05^m$
Gr.Z.:	$22^h\ 15^m$

Sid. Time:	$21^h\ 38^m\ 27^s$
Ortszeit d. Geburt:	$23^h\ 20^m$
Beschleunig. d. Sternzt:	$3^m\ 50^s$
	$45^h\ 2^m\ 17^s$
	-24
	$21^h\ 2^m\ 17^s$
2. Korr:	-12^s
AR. MC.:	$21^h\ 2^m\ 5^s$

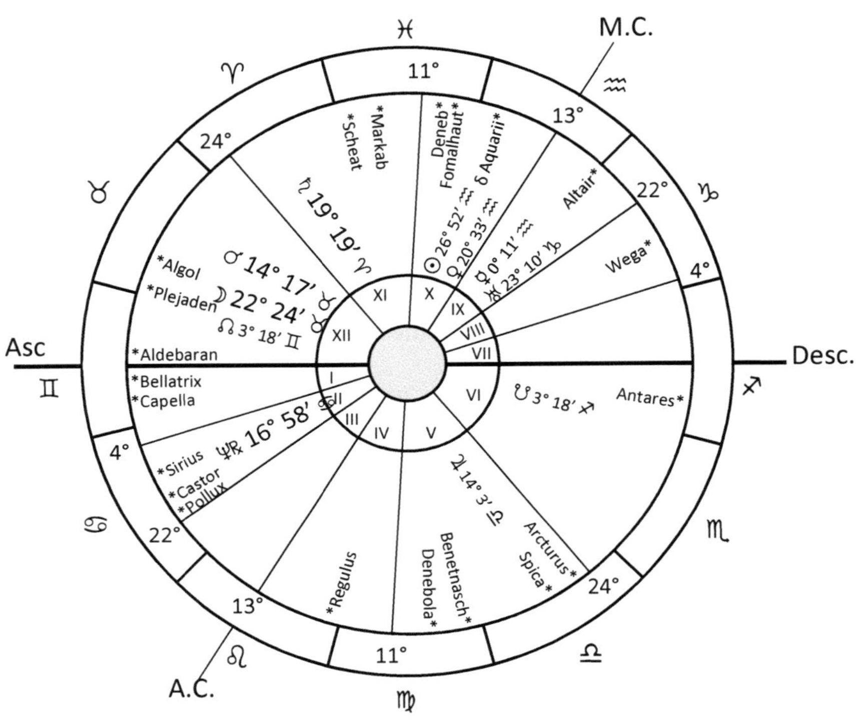

☉	☽	☿	♀	♂	♃	♄	♅	♆	☊	Häuserspitzen
□☽	□☉	⚺☉	☌☉	//☽	//♀	✱☉	⚺☉	✱☽	△☿	I. Haus: ⚺♂, △♃, ✱♄, ⚺♆, ☌ Aldebaran. II.: ⚺☊, ☌ Sirius. III.: ✱☽, □♄, ☍♅, ☌♆. IV.: □♂, ✱♃, ⚺♆. V.: △♂, ⚺♃, ✱♆. VI.: △☉, ☍♄, □♅. VII.: ✱♃, △♄. VIII.: ⚺☿, △☊, ✱☋. IX.: ⚺☉, △☽, ⚺♀, □♄, ☌♅. X.: □♀, △♃. XI.: ✱♂, △♆. XII.: ℞☉, ⚺☽, ⚺♂, ☌♄, ✱♀, □♅
⚺☿	//☿	(△☽)	□☽	☌☽	△♀	⚺☽	△☽		□☉	
☌♀	(△☽)	//☽	□♂	□♀	⚻♂	//♀	☌☿	✱♂		
✱♄	□♀	☌♅	//♃	⚻♃	☍♄	✱♀	//☿	□♆		
⚺♅	//♂	//♅	△♃	⚺♄	□♆	⚺♂	⚺♀	□♄	☋	
☌ δ Aquarii	☌♂	//♆	//♄	✱♆		☍♃	□♄	☍♅	□☉	
	⚺♄	☌ Altair	✱♄			□♅	☍♆		✱☿	
	△♅		⚺♅			□♆				
	✱♆		⚻♆							
	☌ Algol									

Die Divination

„Die Naturgesetze dekretieren nicht, was geschehen soll, sondern sie berichten, was geschehen ist und zu geschehen pflegt. Ihre Kenntnis gestattet daher, die Zukunft in bestimmtem Grade vorauszusehen und auch einigermaßen zu bestimmen. — Je weiter die Kenntnis der Naturgesetze, d.h. des tatsächlichen Verhaltens der Dinge, vorgeschritten ist, um so eher und mannigfaltiger werden die Möglichkeiten der wunschgemäßen Gestaltung auftreten, und in solcher Weise kann die Wissenschaft aufgefaßt werden als die Lehre, wie man glücklich wird."
Ostwald, Grundriß der Naturphilosophie, I. 9.

Die ethische Höhe des Nativen und die Grundlagen der Divination

An mehreren Stellen unseres Systems wiesen wir schon darauf hin, daß die Sätze für die Lesung des Horoskops keine absoluten sein können, sondern daß ihre Giltigkeit, Ungiltigkeit oder modifizierte Geltung von jenem festen Punkt außerhalb des Horoskops abhängig ist, der durch die gegenwärtige Entwicklungshöhe des Individuums gegeben ist,

Nur von ihm aus kann eine richtige Wertung der Aspekte gewonnen werden. Wenn ein Astrologe einer ihm gänzlich fremden Person, ohne im Besitze dieses Schlüsselmoments zu sein, das Horoskop stellt, so kann nur Folgendes der Fall sein: entweder er verfügt über einen solchen Grad von Sensitivität, daß er mehr als Astromant denn als Astrologe eine richtige Divination geben kann, also durch eine Art von „Psychometrie" oder Hellsinnigkeit, wobei das Horoskop nur anregend wirkt; oder aber die Divination erreicht höchstens einen mittleren Grad von Richtigkeit, indem eine Anzahl von irdischen und gewöhnlichen Verhältnissen vielleicht zutreffend geschildert wird, das Wichtigste aber, die ethische und mentale Veranlagung, gänzlich verfehlt wird.

Doch ist die Astrologie denn keine exakte Erfahrungswissenschaft und hat sie nicht eine Summe von Gesetzen aus der Beobachtung gewonnen, die in jedem Falle unbedingte Wirksamkeit besitzen? Gelang es ihr nicht, absolute Regeln festzulegen, oder wird sie das überhaupt nie imstande sein? Es gelang ihr nach unserer Überzeugung bisher nicht; vielleicht daß die Zukunft es ihr ermöglichen sollte.

Um unsere Behauptung zu beweisen, daß die Gesetze für die Auslegung nur relative Geltung besitzen und daß ein Aspekt x zwischen dem Planeten *a* und dem Planeten *b* nicht immer nur ein einziges bestimmtes Resultat *c* haben kann, sowie z. B. NH_3 + HCl mit unfehlbarer Regelmäßigkeit NH_4Cl zum Ergebnis hat, oder wie ein gleich starker Strom im Galvanometer auch stets denselben Ausschlag des Zeigers erzeugt, — um diesen Satz von der Relativität der Aspekte zu beweisen, müssen wir uns zu seiner Begründung einer der Prinzipienfragen der Astrologie zuwenden, die diese Frage zu entscheiden vermag.

Das ist die Frage: Auf welche Weise ist es möglich, daß die Gestirne unser Leben und Schicksal beeinflussen?

Wir wollen uns zunächst dahin einigen, mit „Leben"die aus unserem eigenen Menschen, mit „Schicksal" die uns von außen kommenden Impulse zu bezeichnen.

Und nun erinnern wir uns des Weltbildes, das wir eingangs entworfen haben! Wir sahen, daß Makro- und Mikrokosmos, Mensch und Universum aus denselben Substanzen oder Kräften auferbaut sind; wir sahen, daß keine kosmische Veränderung vor sich geht, die nicht auch den Mikrokosmos beeinflussen würde; daß andrerseits keine Aeußerung eines Lebewesens ohne Wirkung auf das Universum bleibt.

So erhalten wir in weiten Zügen eine Ahnung von dem Wesen, der Entstehung und der Wirksamkeit des Karma und wir begreifen, dass die Gestirne dereinst „jedem Wesen nach seinen Werken vergelten." Wir verstehen auch ferner, dass jedes Karma auf seiner Ebene, d. h. auf der gleichen Ebene, auf der es geschaffen wurde, ausgelöst werden muss.

Und nun vergegenwärtigen wir uns die Wirkung z. B. eines Sonnenaspekts zum Aszendenten. Wie kann die Sonne überhaupt auf uns wirken? Zunächst durch ihre Licht-, Wärme- und „chemischen" Strahlen. Von diesen wird die Physis unmittelbar beeinflusst. Aber empfangen diese nicht zahllose Menschen in der gleichen Weise? Wie mag die Astrologie behaupten, dass bei schlechtem Sonnenaspekt zum Horizont dieselbe Sonne dem Subjekte dieser Nativität weniger wohltätig und gesund bringend im Leben scheine?

Hier setzt die okkulte Lehre von der Konstitution des Menschen ein: der Mensch besitzt nicht nur eine Physis, sondern auch u. a. einen ätherischen oder Pranaleib, der alle physiologischen Funktionen des Körpers regiert.

Der schlechte Sonnenaspekt bedeutet also für die ätherische Ebene disharmonische Pranaschwingungen, unter denen der Linga Sharira leidet, und mit diesem sein Subjekt, der physische Leib. Außer Physis und Linga Sharira besitzt der Sonnenkörper gleich dem Menschen auch höhere Prinzipien. Und jedes von diesen wirkt auf das homogene Prinzip im Mikrokosmos.

Die astrologische Erfahrung zeigt, dass nicht bei jedem Individuum alle Lebensebenen von einem Aspekt gleich beeinflusst werden, sondern eine Ebene in ersichtlich starkem Maße, eine andere scheinbar gar nicht. Wodurch nun wird bestimmt, dass für den einen die kräftigsten Wirkungen eines solchen Sonnenaspekts in der Pranasphäre erfolgen, für den anderen aber in der des Mentals? Welches Prinzip übt auf den und welches auf jenen seinen stärksten Einfluss?

Hier trifft Karma die Auslese. Hat der Mensch in den Vorinkarnationen auf der Ebene a gut, d. h. mit den Naturgesetzen im Einklang gelebt, so wird Karma als Reaktion auf seine Aktionen ihm zur Geburt wohltätige, günstige Kräfte der Ebene a senden (und senden müssen). Standen aber seine einstigen Äußerungen auf dieser Ebene in Disharmonie mit den kosmischen Kräften, so wird die Wiedergeburt ihm Leiden aus der gleichen Schwingungssphäre bringen. Der Sterneneinfluss ist also nichts anderes als die gesetzmäßigen Reaktionen von Naturkräften: von gleichschwingenden kosmischen und individuellen Lebensäußerungen.

Wir erkennen aus dem Gesagten, dass die Wirkung eines Aspektes oder anderer Kombinationen, wie die Stellung eines Planeten in einem bestimmten Zeichen, sich nicht nach Art einer mathematischen Formel durch eine einzelne allgemeingültige Regel festlegen lässt, sondern jeder Aspekt enthält eine Vielheit von Anblickungen in sich, indem astrale mit astralen Schwingungen, mentale mit mentalen neben den pranischen Strahlungen sich vermischen und gleichfalls „im Aspekt" stehen. Dazu treten noch die subtilen Abstufungen jeder Ebene in sich.

Nun aber gibt es Menschen, die so einseitig sind, dass sie geradezu nur aus „Fleisch und Blut und Verstand zusammengesetzt" zu sein scheinen, d. h. in unserer Sprache, die nahezu nur auf der physischen und der mentalen Ebene leben. Wer aber vermag aus dem fremden Horoskop zu ersehen, dass hier ☽, ♀ oder ♆, sowie ♂ nur ihre (schwächeren) Emanationen dieser zwei Ebenen, nicht aber die (bei ihnen stärkeren) astralen Einflüsse zur Wirkung bringen; dass er für Liebe, Leidenschaft, Fantasie, Freude, Schmerz unempfänglich ist? Darüber schweigt das Horoskop; es zeigt nur die Einflüsse, die den Geborenen von außen treffen werden, an, nur einen Faktor – das Agens. Der zweite aber, das von der Wirksamkeit des höheren Manas abhängige individuelle Ego, bleibt ihm unbekannt. Aus einem Kraftstrahl aber lässt sich noch keine Resultante konstruieren. Es heißt also, zuerst den zweiten kennen, die Entwicklungshöhe des Nativen auf der Evolutionsbahn seines höheren Ego.

Wenn wir in der (modernen) astrologischen Literatur etwas Umschau halten, so sehen wir, dass wir mit dieser Auffassung nicht allein stehen.

Für die niedrigeren Ebenen kann man immerhin einen mittleren Grad von Treffsicherheit in der Auslegung erreichen. Der große Durchschnitt der Menschen ist nicht allzu verschieden gebaut, sodass es möglich ist, allgemeine Regeln für jede Konstellation aufzustellen, die für ein Niveau mit noch schwach ausgeprägtem Eigenwillen, wo noch wenig individuelle Selbstständigkeit vorhanden ist, auch annähernd zutreffend sind.

Sobald aber jemand dieses Durchschnittsniveau erheblicher durchbricht, dessen Selbst sich auf eine höhere Ebene des seelischen Lebens emporgeschwungen hat, da versagen naturgemäß die Deutungsregeln, sie reichen nicht an sein Milieu heran.

♄ □ ☿ macht den Mann, der am intensivsten auf der kamischen Ebene lebt, zum Dieb, gewissenlosen und dabei beschränkten Menschen. Auf einen anderen hat dieser Aspekt die Wirkung, ihn zum intellektuellen Dieb, zum Plagiator zu machen, und außerdem zum Philister. Es ist ein solcher, der besonders auf der Ebene des niederen Manas lebt.

Ein dritter wird von diesem Aspekt zu hervorragenden intellektuellen Leistungen angestachelt, aber er verleitet ihn zu geistiger Überanstrengung, die ihn dem Irrsinn oder Trübsinn in die Arme führen kann. Das ist jener, dessen Leben sich vorzüglich im höheren Manas bewegt, in den höheren Regionen des Mentalgebiets.

☉ △ ♃ und △ ☽ bringt dem einen mächtige Reichtümer und mäßigen Verstand, dem anderen aber mäßigen Wohlstand, dafür eminenten Gedankenreichtum und einen glänzenden Verstand.

Man möchte mit Archimedes rufen:

Δος που στω, ϰαι την γην ϰινησω
(„Gib mir einen Punkt, auf dem ich festen Halt fassen kann, und ich will dir von ihm aus die Erde bewegen!").

Trent (in „Die Seele und die Sterne") zeigt an gewissen gegenseitigen Stellungen von ☽, ♂ oder ♄ zu ☿, dass sie zum Irrsinn disponieren, indem sie offenbar den Geist zur intensivsten Tätigkeit stimulieren, der nicht jede Konstitution gewachsen ist. Seine Untersuchungen führen aber zu dem Ergebnis, dass unter der gleichen Stellung dieser Sterne sowohl höchst geniale, bedeutende Männer geboren wurden, die sich bis ans Lebensende geistiger Gesundheit erfreuten (Shakespeare, Heine, Musset), ferner Männer, die ebenso geniale Leistungen vollbrachten, aber am Abend ihres Lebens geistesgestört wurden (Swift, Moore, Faraday, Nietzsche, [Hölderlin], Nerval, Rethel, Jullien und Pugin), und schließlich solche, die von Geburt auf geistig umnachtet waren. Trent führt diese Erscheinung auf die verschiedenen erblichen Anlagen zurück; er hat gewiss nicht unrecht, jedoch ist die Vererbung nur ein Ergebnis des vorhergehenden Karmas.

Das wertvollste Resultat für die astrologische Diagnostik aber hat Trent mit der Erkenntnis folgender Tatsache gewonnen: Aus einer vorhandenen Konstellation muss nicht immer ein bestimmtes Resultat als Wirkung hervorgehen, aber für jede bestimmte Wirkung ist stets eine gewisse Konstellation als ihre Ursache erkennbar. Also z. B. hat jeder Geisteskranke die □ oder ☍ von ☽, ♂ oder ♄ zu ☿, nicht aber ist jeder, der diese Geburtskonstellation hatte, ein Geisteskranker.

Dass ganz dasselbe, was wir hier von der relativen Wirksamkeit der Konstellationen in Bezug auf ihre Qualität sagten, auch von ihrer Intensität gilt, wollen wir an einem Beispiel aus dem „Tagebuche eines modernen Astrologen: Die verhängnisvolle Fliege" zeigen:[1)]

1) Aus dem 3. Heft, Sept. 1909, Seite 76 des „Zodiakus" entnommen. Wir wollen unseren Schülern bei dieser Gelegenheit diese Zeitschrift, die „Erste deutsche Zeitschrift für wissenschaftliche Astrologie", redigiert von Alexander Bethor in München, warm empfehlen. Sie wird von tüchtigen und modern geschulten Fachleuten redigiert.

»Ich hatte mir ausgerechnet, dass ich am 25. April des Jahres … in Lebensgefahr schwebe. Diese Vermutung schöpfte ich aus einer schlechten Primärdirektion zum Aszendenten, die um diese Zeit bei meinem genau korrigierten Horoskop in Wirkung treten musste. Zu gleicher Zeit fand an diesem Tag ein schlechter Transit über meinen Aszendenten statt. Da ich aber günstige Sekundär-Direktionen und ein gutes Jahreshoroskop besaß, so vermutete ich nichts Schlimmes, wie etwa eine ernste Krankheit oder gar den Tod, sondern ich erwartete nur eine Gefahr mit günstigem Ausgang. Dennoch wollte ich mich um diese Zeit vor jeglicher Gefahr hüten. Ich weilte gerade in dem herrlichen Badeorte der italienischen Schweiz Lugano. Der 25. April war gekommen. Es war ein wunderbarer Tag, an welchem die italienische Sonne von dem wolkenlosen tiefblauen Himmel in selten schöner Farbenpracht ihre Strahlen sandte. Ich beschloss an diesem Tag nichts zu unternehmen und verweilte nahezu fortwährend am Strand im „dolce far niente“. Des Nachmittags setzte ich mich auf eine Bank und entzückte mich an der Schönheit der Natur. Da gesellte sich eine hübsche Italienerin zu mir, die mit mir im selben Hotel wohnte und meine Tischnachbarin war. Da die Dame der deutschen Sprache vollständig mächtig war, so führten wir unsere Konversation in meiner Muttersprache. Nun kam das Gespräch auch auf Astrologie. Da lachte die Dame herzlich und sagte, wie man nur an einen solchen Unsinn glauben könne. Nun, es ging die Diskussion hin und her, ich suchte ihr in kurzen Worten eine Begründung zu geben und brachte ihr eine Menge Tatsachen, die sie natürlich nicht glauben wollte, und immer nur antwortete sie:

›Überzeugen Sie mich!‹

›Nun, meine Gnädigste‹, sagte ich, ›wenn sie sich von der Richtigkeit dieser Wissenschaft überzeugen wollen, so geben sie mir die genaue Zeit ihrer Geburt, dann werde ich viele Details ihres Lebens und ihrer Individualität schildern können.‹

›Die weiß ich zufällig ganz genau‹, erwiderte sie mir, ›aber die sage ich ihnen nicht, denn sonst wissen sie ja, wie alt ich bin.‹ Nun ja, Damen geben immer ungern ihre Geburtsdaten. Doch nach einiger Überredung sagte sie mir die genaue Zeit ihrer Geburt.

›Ist das Datum auch richtig – auf Ehrenwort?‹ fragte ich zweifelnd.

›Auf Ehrenwort, es ist richtig‹, sagte sie, reichte mir dabei ihre kleine, zierliche Hand und blickte mich mit ihren großen, schwarzen

Augen treuherzig an. Darauf trat eine kleine Pause in unserer Unterhaltung ein. Plötzlich zuckte die Dame zusammen, griff an ihren Hals und sagte erregt: ›Nun hat mich aber etwas stark gestochen!‹

Einen Augenblick zuvor hatte ich eine große Fliege von meiner Hand weggejagt und sah noch, wie das hässliche Tier auf meine schöne Nachbarin zugeflogen war, bemerkte aber nicht, dass es sich auf ihren Hals gesetzt hatte. Der Stich verursachte der Dame heftiges jucken, und nach kurzer Zeit verabschiedete sie sich von mir mit der Bemerkung, ins Hotel zurückkehren zu wollen, um einen kalten Umschlag auf den Biss oder Stich zu legen.

Ich legte der Sache keine Bedeutung bei, wünschte gute Besserung und bedauerte sehr, dass meine schöne Freundin mich durch einen so unliebsamen Zwischenfall verlassen musste. Ich machte noch einen kleinen Spaziergang und freute mich darüber, den Tag, der mir nach astrologischen Regeln so gefahrvoll sein sollte, so gut und in so angenehmer Gesellschaft verbracht zu haben.

Nach einer Stunde kehrte ich ins Hotel zurück und erkundigte mich nach meiner schönen Italienerin. Zu meinem Schreck wurde mir nun berichtet, das Fräulein habe soeben nach dem Arzt schicken lassen, sie befinde sich sehr schlecht. Der Arzt kam und konstatierte eine Blutvergiftung durch Leichengift. Alle Mittel waren vergebens, in der Nacht starb die Schöne unter wahnsinnigen Schmerzen.

Also meine Prognose für mich war doch richtig. Wenn die Fliege, die ich nicht weiter beobachtete, mich gestochen hätte, so hätte mich das schlimme Schicksal meiner Freundin erreicht. Aber wenn nun die Fliege die Dame nicht gestochen hätte, wie hätte ich wissen können, dass ich durch dieses kleine Tier auf meiner Hand in Lebensgefahr war? So klingen manchmal die Prognosen der Astrologen absurd und es scheint, als hätte sich nichts von dem ereignet, was sich nach der Stellung der Sterne ereignen sollte. Vielleicht würde es uns nicht so erscheinen, wenn wir die innersten Zusammenhänge und all die geheimnisvollen Fäden kennten, die unsere Schicksale verweben …«

Für den Erzähler also war es bei der Gefahr geblieben; jedoch welch kleiner Schritt war von der Gefährdung zur wirklichen Vergiftung! Wie hätte der Astrologe hier entscheiden mögen, ob vermutlich der Tod oder nur Lebensgefahr ihm drohte?

Die Schlussfolgerungen, die wir aus diesen Betrachtungen insgesamt gewinnen, sind:

1. Man kann für ein Neugeborenes oder noch sehr unentwickeltes Kind nur allgemeine Dispositionen und allgemeine äußere Lebensschicksale aus dem Horoskop erkennen und muss für jedes Lebensgebiet mehrere Möglichkeiten offen lassen. Zumeist wird durch die Kenntnis der Eltern des Nativen eine Basis zur Diagnose gegeben, doch ist diese keineswegs immer zureichend.

2. Man kann an dem Horoskop eines hinlänglich Erwachsenen nur dann erfolgreich die astrologische Diagnostik anwenden, wenn man ihn soweit kennt, um darauf eine Beurteilung begründen zu können. Es ist auch erforderlich, dass der Astrologe einen ausgesprochenen psychologischen Sinn besitzt, Kombinationsvermögen und vor allem Intuition. Unter diesen Bedingungen aber ergeben sich aus dieser Diagnose die nützlichsten Erkenntnisse. Sie wird an Tiefe und Umfang wohl von keiner anderen Methode übertroffen.

3. Für sich selbst vermag jeder auf einfache Weise die Ebenen zu bestimmen, auf denen sich sein Leben am intensivsten bewegt. Wenn er sich beobachtet, welche Interessen seine stärksten sind, so erkennt er daraus auch, welche Gestirnstrahlungen ihn am meisten beeinflussen. Denn nur auf den gleichen Ebenen, auf denen sich sein seelisches und geistiges Innenleben abspielt, vermögen die Sterne ihre Kraft an ihm zu äußern. Ohne Empfänglichkeit keine Wirkung. In einem späteren Abschnitt wird sich zeigen, welchen hohen Gewinn der Selbstastrologe aus dem eigenen Horoskop für die Vervollkommnung seiner Persönlichkeit zu ziehen vermag, indem er die günstigen Aspekte nutzt und die ungünstigen Wirkungen paralysiert.

4. Es ist am vorteilhaftesten, die Ergebnisse des Horoskops durch die gesamte Physiognostik zu ergänzen und zu vertiefen. Denn Chiromantik und Phrenologie z. B. bergen in sich ebenso viel von *Vererbung* wie von siderischer Prädisposition.

Es mag wohl der Fall sein, dass der Berufsastrologe, der das Wahrsagen der Zukunft zum Gewerbe macht, ganz energisch gegen solche Sätze protestieren wird. Er findet darin seine hauptsächlichste (unbewusste) Rechtfertigung, dass er eben vornehmlich für ein Durchschnittspublikum arbeitet. Höher über oder tiefer unter diesem Niveau würde seine Kunst versagen.

Aber wer sich freie wissenschaftliche Forschung zum Ziel gesetzt hat, darf solche Rücksichten nicht kennen. Hat uns die Beobachtung zu solchen Resultaten geführt, so obliegt uns die Pflicht, dies ehrlich zu sagen, und wäre es auch nur, um andere zu subtilen Studien über diese Streitfragen anzuregen.

Nach unserer Anschauung und Überzeugung ist die ethische Höhe des Nativen mit den bisherigen Mitteln der Horoskopie nicht feststellbar. Gelingt es aber einem Astrologen der Zukunft – der allerdings nur aus der Esoterik hervorgehen könnte –, den *archimedischen Punkt der Divination* zu finden, dann beginnt mit dieser Entdeckung für die Geburtsastrologie in Wahrheit die Epoche, wo sie eine den Grundlagen der Experimentalphysik ebenbürtige Operationsbasis besitzt.

Da die astrologische Diagnose, insbesondere für fremde Personen, derart nach Qualität und Intensität schwankt, so folgt daraus, dass man mit astrologischen Prophezeiungen vorsichtig und zurückhaltend sein soll. Einen Verbündeten in dieser Anschauung über die Prognostik aus dem Horoskop besitzen wir in dem schon öfter genannten Pariser Gelehrten Flambart. Und über die Relativität der Konstellationswirkungen finden wir in dem in vieler Hinsicht mit Recht geschätzten Werke „Light of Egypt", (deutsch als „Hermetische Lehrbriefe, das Licht Ägyptens" erschienen) auf Seite 218 den Passus: „Sich über die Entwicklungsstufe, auf der jemand steht, (aus dem Horoskop) ein sicheres Urteil zu bilden, ist für die große Mehrzahl eine sehr schwierige Angelegenheit. Das können nur die ermitteln und verstehen, bei denen die inneren Sinne der Seele soweit entwickelt sind, dass sie die Gabe der spirituellen Perzeption im Sehen oder Fühlen besitzen. Darum ist der vollkommene Astrologe der vollkommene Mensch."

So ist über die Lesung eines fremden Horoskops zu urteilen.

Es ist nach unseren Ausführungen aber vielleicht nicht unangebracht darauf hinzuweisen, dass unsere Schlusssätze weder den Wert der astrologischen Diagnose herabsetzen – sie sollen nur korrigierend wirken – noch auch irgendeine Handhabe für die Negierung des Gestirneinflusses überhaupt bieten. Im letzten Jahrhundert waren die Ärzte nahe daran, sich einem wissenschaftlichen Nihilismus zu ergeben, da sie die Wahrnehmung machten, dass dasselbe Heilmittel bei einem Kranken vorzüglich wirkte, bei einem anderen an der gleichen Krankheit leidenden ganz wirkungslos blieb, einem dritten aber äußerst schädlich war: sie verstanden eben nicht die Kunst zu individualisieren.

Winke zur Lesung des Horoskops

Nicht jeder Beliebige kann ein guter Ausleger sein, sondern die Divination ist eine Kunst und will ebenso gut angeboren sein, wie etwa dichterische Begabung.

Es ist zu einer wirklich tiefen Divination erforderlich, dass der Astrologe ein hohes Maß von Intuition besitzt. Soll ihm das Horoskop mehr sagen als – häufig noch dazu ungewisse – Äußerlichkeiten, so muss er genügende Sammlung besitzen, um über ein Nativitätsbild zu meditieren. Dann erst beginnt es zu ihm zu sprechen.

Das eigentlich Richtige also wäre ein synthetischer Vorgang. Doch ist zu diesem eine gründliche, tiefe Kenntnis des Wesens und der Wirkungsweise aller himmlischen Kräfte erforderlich, man müsste die okkulte Physik des Kosmos vollständig beherrschen. Das ist viel verlangt! Nur ein Adept besitzt dieses Wissen, und kein Lehrgang wäre fähig, es genügend darzustellen, denn man muss diese Tatsachen geistig erlebt haben, um sie zu verstehen.

Wir wollen nur eine kleine, flüchtige Skizze entwerfen, um mit ihr anzudeuten, wie diese synthetische Methode zu verstehen ist.

Vorausschicken müssen wir, dass der Divinator nie unterlassen darf, auf das Milieu des Nativen Rücksicht zu nehmen, da er auf diesem seine ganze Auslegung aufzubauen hat. Zwei Beispiele mögen diesem theoretischen Satz zur Erläuterung dienen.

Das Horoskop eines Mannes zeigt u. a. die ☉ in ☌ mit ♆ im V. Hause und noch dazu in den ♓. Die astrologischen Dutzendregeln, die für verschiedene Lebenslagen keine Unterscheidung machen, kommentieren diese Stellung so: Nachkommen, welche sehr begabte Künstler, Dichter oder besonders Musikvirtuosen werden. – Ein anderes Horoskop zeigt den ♄ der Nativität in ☍ zur ♀. Die Regeln eines kleinen „Manuel pratique d'Astrologie", das nicht zu den schlechtesten gehört, legen den Aspekt so aus: Verderbter Geschmack, heimliche Laster, Betrüger und Nörgler.

Und was war der wirkliche Effekt der beiden Konfigurationen?

Der erste Native besaß einen Sohn, der allerdings Sinn für Musik besaß und ganz hübsch Zither spielte; ein berühmter Künstler und Virtuose war er gerade nicht, die Musik vertrieb ihm nur die Mußezeit. Der Native war nämlich das Oberhaupt einer Salzburger Bauernfamilie.

Das zweite Horoskop war die Nativität einer sehr sympathischen, offenen und heiteren Dame, einer seinerzeit berühmten Wiener Burgschauspielerin.

Die Summe der Kombinationen zwischen allen Häusern, Planetenstellungen, Zeichen und Aspekten ist nahezu unerschöpflich. Daher gestaltet sich eine Synthese aus allen diesen Wirkungen für den Neophyten der Horoskopie viel zu schwierig, als dass man ihm für den Anfang eine solche Methode empfehlen möchte.

Aus dickleibigen Regelsammlungen mechanisch ein einheitliches Gebäude aufführen zu wollen, geht nicht an, wie wir eben sahen. Denn alle diese Hunderte und Tausende von Regeln sind doch nicht imstande zu individualisieren. Stammen sie aus dem Mittelalter, so ist das Milieu, aus dem heraus sie sich entwickelt haben, ein mittelalterliches; und auch wenn sie aus der modernen Zeit stammen, so treffen sie nur für einzelne wenige Gesellschaftsschichten zur, für alle anderen sind sie unbrauchbar.

Wenn wir eingangs sagten, aus dem Horoskop kann das Bild einer Individualität mithilfe einer begrenzten Anzahl von Deutungsregeln mit größerer Leichtigkeit erschlossen werden, so sind damit auch nicht jene Regelwerke gemeint, sondern wir beabsichtigen nur eine Formel zur analytischen Lesung des Nativitätsbildes, dem Schüler an die Hand zu geben. Diese Methode soll ihn sodann als Übergangsstufe zu einer vollständig freien, von allem Regelzwang unabhängigen Divination führen. Und gelingt uns das – wie wir es von allen Begabten erhoffen –, dann hat unser Kursus seinen Zweck aufs Beste erfüllt, er hat den Schüler zur Meisterschaft geführt.

Der beste Lehrer ist immer der, der sich am ehesten selbst überflüssig macht. Sobald der Studierende diesen Modus der analytischen Methode beherrscht, so zwar, dass er das Handbuch voltständig entbehren kann, dann beginnt er im Horoskop unmittelbar zu sehen. Die Zwischendenkglieder fallen aus, seine Divination enthält nur mehr zwei Momente: das Erblicken der Konfigurationen und die Erkenntnis ihrer Wirkungen. Hier arbeitet dann nicht mehr der Intellekt, sondern die reine Intuition. Und soweit muss es ein echter Astrologe bringen.

Es gelten aber auch hier alle die Vorbehalte, die wir im vorhergehenden Abschnitt über die Grundlagen der Divination festgestellt haben.

Wir wollen der Entwicklung unserer Methode noch die Mahnung vorausschicken, nie einzelne Aspekte herauszugreifen und diesen eine absolute Wirkung zuzuschreiben. Jeder Einzelaspekt erhält erst seine entsprechende Modifikation durch seine Einfügung ins Ganze. Wir wiesen schon darauf hin, dass es verfehlt ist, einen Aspekt als absolut „gut", einen anderen als absolut „schlecht" aufzufassen. Besonders die allgemeine Bezeichnung gewisser Winkelstellungen der Gestirne als „schlechte" Aspekte kann sehr irre führen. Erinnern wir uns an das Beispiel der Schauspielerin mit ♄ ☍ ♀ oder betrachten wir im Horoskop Napoleons die Oppositionsstellung des ☽ (☍) und des ♅ (□) zum ☿, um davor bewahrt zu bleiben, erniedrigende Wirkungen dieser Aspekte von vornherein für jedes Individuum anzunehmen. Gerade eine Opposition erzeugt oft die grandiosesten Wirkungen. Was uns als das einzige konstante Charakteristikum der „guten" und der „ schlechten" Aspekte erschienen ist, ist Folgendes: die guten Aspekte wirken harmonisch, ausgleichend zwischen den Kraftstrahlungen der betreffenden Planeten, ob nun auf hoher oder auf niedriger Ebene; es müssen deren Wirkungen also, wenn auch ausgeglichen, so dennoch keineswegs hoch und „gut" sein. Der schlechte Aspekt nach der her kömmlichen Bezeichnung wirkt disharmonisch, widerstreitend in sich selbst. Es sind Kräfte, die sich befehden und miteinander um die Herrschaft ringen.

So kann also ein △ zwischen zwei von anderer Seite übel bestrahlten (*erzürnten*) Planeten nichts „gutes" wirken – obwohl an und für sich der harmonischste Aspekt –, sondern er bestärkt einzig und allein die beiden Missetäter in ihrer sonstigen Kraftwirkung.

Als ein Beispiel dafür glauben wir wohl die Nativität der unglücklichen Marie Antoinette betrachten zu dürfen. Anderseits zeigen die Nativitäten von Byron, Napoleon, Ludwig XIV., Friedrich dem Großen so eminente ☍ ☍ und □ □, dass sie nach den gangbaren Regeln eigentlich recht armselige Geschöpfe und nicht Helden der Menschheit hätten werden sollen.

Diese disharmonischen Aspekte haben eben für sie als mächtiger Ansporn zu Taten und Kämpfen gewirkt, als Stimulans, das sie keinen Augenblick auf dem weichen Pfühle des Philisters ruhen und sich wohlfühlen ließ, sondern sie rastlos aufpeitschte zu welthistorischen Taten. Dass sie selbst sich glücklich und behaglich dabei gefühlt hätten, sei nicht behauptet. Doch war das immerhin nicht schlecht, was ein Byron schuf oder ein Napoleon anstrebte.

Unsere provisorische Methode, die wir einschlagen wollen, besteht in der Analyse, der Zerlegung des Nativitätsbildes in seine Komponenten. Wir wollen uns dafür ein ständiges Schema mit etwa folgender Gliederung schaffen:

I. Die Persönlichkeit: 1. Beschaffenheit der Physis, 2. Charakter, 3. Psychische und geistige Anlagen (Temperament, Gemüt, intellektuelle und moralische Dispositionen).

II. Das Leben: 1. Konstitution, 2. Krankheiten, 3. Tod (Zeit u. Art).

III. Schicksale: 1. Soziale Stellung, Lebensumstände, Umgebung (Reisen), 2. Erlebnisse, Freundschaften, Feindschaften, 3. Betätigung, Beruf, Erfolg, 4. materielle Lage, Armut und Reichtum, 5. Familienangehörige, Heirat, geliebte Personen, Kinder.

IV. Der Lebenslauf des Nativen.

Die täglichen Mondeinflüsse

1. Gesundheitspflege in Harmonie mit den täglichen Mondstellungen

Für den praktischen Astrologen empfiehlt es sich sehr, immer die Ephemeriden des laufenden Jahres zu besitzen. Gerade in der Hygiene, der Lehre von der richtigen Lebensführung, zeigt sich infolge der irreführenden Einflüsse unserer Zivilisation deutlich der Unterschied zwischen dem Wissenden und Denkenden und andrerseits dem Unwissenden und Gedankenlosen. Der natürliche Instinkt für Zuträgliches oder aber Gesundheitsschädliches ist unter dem Druck der städtischen Kultur bei den meisten nahezu erloschen, und so gebietet über die Lebensführung fast nur mehr der Intellekt.

Dem fehlbaren, willkürlichen Verstand kommt nun die Astrologie durch eine Anzahl erprobter Erfahrungsregeln zu Hilfe. Vor allem zeigt sie ihm durch das Horoskop, *wo es fehlt*, und weiter weist sie ihm die richtige Zeit an für die Anwendung heilwirkender Mittel. Wir berücksichtigen hier besonders diejenigen Methoden, die der Amerikaner unter dem Ausdruck „Physical culture" („Körperkultur") zusammenfaßt.

»Die besten Tage zur Weckung und Hebung der Lebenskräfte«, führt Euodao aus, »sind diejenigen, in welchen der ☽ in den Zeichen ♉, ♌ und ♍ steht. Für die Pflege von Hals und Kehlkopf benützt man den Stand des ☽ im ♉; und da ♉ eines von den vier fixen Zeichen ist, also gleichartig im Guna mit ♌, ♍ und ♒, so wird auch den diesen Zeichen unterstehenden Partien (Herz und Rücken, Zeugungs- und Exkretionsorganen, den unteren Extremitäten und dem Blut) in sekundärem Maße die für Kehlkopf und Hals vorgenommene Übung zugutekommen.

Aber das Zeichen, das par excellence zur Physical Culture, der Regenerierung aller Lebenskräfte, dient, das ist das Zeichen des ♌, auf diesen soll man seine besten Hoffnungen setzen. Der Regent dieses vitalen Zeichens, die Sonne, beherrscht das Herz, jenes Zentrum, von welchem aus das lebenspendende Blut durch das verzweigte System der Arterien unseren ganzen Körper durchströmt. Darum sollen diejenigen Tage, in welchen der ☽ im Zeichen ♌ steht, zur Physical Culture gewählt werden als die besten Tage zur Anregung der Herztätigkeit und zur Reinigung des Blutes; und reines Blut wiederum schafft gute Gesundheit.

Die besten Tage für Gymnastik, Massage, Frottage, usw., sind sodann diejenigen, in welchen außerdem die Ephemeride (s. gegen Ende derselben das „Aspectarium") den ☽ in einem großen oder kleinen guten Aspekt zum ♂ oder zur ☉ zeigt (bei Raphael ausgedrückt durch „☽ G ♂"oder „g ♂", resp. „☽ G ☉" usw.), denn diese Strahlung übt einen kräftigen vitalelektrischen Einfluss auf den Organismus.

Für diejenigen, welche sich der Vibrationsmethoden bedienen, sind solche Zeiten am günstigsten, wenn das Aspektarium den ☽ in gutem Aspekt zu ♅ zeigt. Aber jene, welche dem schwedischen oder Bewegungssystem den Vorzug geben, sollen ihre Übungen mit ☽ in einem der ausgleichenden oder rhythmischen Zeichen ♊, ♏, ♐, ♓ gut aspektiert von ♀ oder ♆ ausführen, da diese den Rhythmus fördern. Native, welche den ♆ im Geburtshoroskop in kräftiger Stellung haben, würden in der Musik eine gute Hilfe zu ihrem Training finden.

Nun wollen wir uns mit einem zwar geringfügigeren, aber dennoch keineswegs nebensächlichen Gegenstand befassen, mit den Zähnen, ihren Leiden und deren Behandlung. Da schon einmal so wenige von uns der Reißzange oder dem Bohrer entgehen, so soll ihnen wenigstens diese Leidensstunde so sehr als möglich durch die Beachtung der Aspekte erleichtert werden.

Claudius Ptolemäus, der Vater der neueren Astrologie, sagt: »Unterziehe dich niemals einer Operation mit Eisen in jenem Körperteil, welcher von einem Zeichen regiert wird, in dem der ☽ steht.« Man gehe auf keinen Fall zum Zahnarzt zwecks Ziehens oder Plombierens, wenn der ☽ im ♈ steht, denn dieses Zeichen regiert Kopf und Gesicht. Es könnte die Operation recht schmerzvoll werden und außerdem akute Entzündungen zur Folge haben. Man möge sich dafür eine Zeit mit gutem Aspekt des ☽ zum ♂ oder ♃ ausersehen. Niemals gestatte man aber dem Dentisten zur Narkose zu greifen, wenn der ☽ im ♈ oder ♌ steht.

Für eine ärztliche Behandlung oder Selbstbehandlung mit Elektrizität, Vibration, Magnetismus oder Massage soll der ☽ in einem der feurigen Zeichen ♈, ♌ oder ♐ stehen und im ✱ oder △ zu ♅.

Hat man sich einer Operation zu unterziehen, die nicht unbedingt augenblicklich erfolgen muss, so sei man der Regel des Ptolomäus eingedenk und wähle eine andere Zeit als die, in welcher der ☽ in dem das betreffende Organ beherrschenden Zeichen steht, womöglich aber sehe man darauf, dass die Operation auch nicht zu einer Zeit vollzogen werde, wenn der ☽ in einem Zeichen der gleichen Qualität steht. (Dasselbe gilt auch von ♂, von ♄ in viel schwächerem Maße.) Am gefährlichsten ist es, sich operieren zu lassen

an Tagen, wo der ☽ im ♈ steht, für Operationen im Kopf;

an Tagen, wo der ☽ im ♉ steht, für operative Eingriffe im Schlund;

wenn der ☽ in den ♊ steht, für Operationen in der Lunge und für die Anwendung von Narkotika;

an Tagen, wo der ☽ im ♋ steht, sind operative Eingriffe in Brust und Magen gefährlich;

Tage mit dem ☽ im ♌ sind ungünstig für Operationen am Herzen oder Rückenmark oder für die Anwendung von Chloroform;

die Tage mit ☽ in ♍ wären gefährlich für Operationen in den inneren Organen; Blinddarmentzündungen, Bauchfellentzündungen können dabei tödlichen Ausgang nehmen; der ☽ in dieser Stellung bringt die größte Todesgefahr. – (Bailey übt Kritik an dieser Stelle, indem er behauptet, die Appendix (Blinddarm) sei von ♍, nicht von ♏ regiert, und die Appendicitis (Blinddarmentzündung) sei eine typische ♏-Krankheit.)

Tage mit dem ☽ in der ♎ sind ungünstig für Operationen in der Leber oder in den Nieren.

Tage mit ☽ im ♏ sind schlecht für Operationen an den Genitalien und zur Beseitigung von Hämorrhoiden.

Tage, an denen der ☽ im ♐ steht, sind ungünstig für Operationen an den Lenden oder Schenkeln. Wer sich der Amputation eines Beines oder Armes zu unterziehen hat, sollte darauf achten, dass der ☽ nicht eben von ♂ verletzt ist, ferner dass er nicht zugleich innerhalb 17° mit der ☉ steht. Denn diese Stellungen würden sich als verhängnisvoll erweisen.

Auch die letzten drei Zeichen wirken gleich dem ♐ ungünstig auf die ihnen unterstehenden Teile, wenn diese Aspektbedingungen vorhanden sind.

Wer an einem Augenleiden laboriert, lässt sich am besten dann behandeln, wenn der ☽ auf Vollmond zu schreitet und in einem anderen Zeichen als ♉, ♍ oder ♏ steht. Auch darf die ☉ keinen schlechten Aspekt auf den ☽ werfen.«

Den Friseur suche man zwecks Kürzung des Haares nur bei zunehmendem Monde auf, nie bei abnehmendem, und auch dann nicht, wenn der ☽ von ☉ oder ♄ verunglimpft ist.

Für jene, welche Medizinen unerlässlich zu ihrem Wohlergehen glauben und gewohnt sind, ihre täglichen Pulver, Tropfen und Pillen zu nehmen, mögen dadurch wenigstens die Wirkungen ihrer Medikamente am vorteilhaftesten gestaltet werden, dass sie die Medizinen zur richtigen astrologischen Zeit zu sich nehmen. »Für solche Krankheiten, wie Verstopfungen, soll der ☽ in den feuchten und absorbierenden Zeichen ♓ oder ♋ stehen. Man soll aber keine Medizin einnehmen, wenn der ☽ im ♉, ♌, ♏ oder ♒ steht, denn das fixe Element würde im Körper stark werden, die Medizin infolgedessen weniger wirksam, während ♓ und ♋ die Sekretionen und Säfte regieren und auf die Medikamente besser reagieren. Für die Seekrankheit und Gallenerkrankungen nehme man nie Medizin, wenn der ☽ im ♈, ♉ oder ♏ steht, denn das würde die Ekelzustände nur noch erhöhen. Alle Eltern würden gut tun, ihren Kindern wenigstens für die Zeit keine derartigen widerlichen Medikamente, wie Rizinusöl und dgl., einzugeben, wo der ☽ in einem von jenen drei Zeichen steht, denn sie würden sich schnell darauf erbrechen.

☽ im ♏ betrachte ich noch als relativ bestes Zeichen zur Aufnahme von öligen Fetten in den Organismus.

Da auf dem Repertoire des modernen Arztes auch die Frage nach der Nützlichkeit von „Fasttagen" steht, so sei für diejenigen, welche es als wohl bekömmlich finden, ihrem Magen eine solche Zeit der Rast zu gönnen, gesagt, dass es für solche keine bessere Zeit geben kann als ☽ im ♉. Da werden sie fähig sein, gleich dem Kamel von den Reservestoffen zu zehren und gleichzeitig aus dem Äther die lebenserhaltende Kraft aufzunehmen.

Diese „Männer des Fastens" haben alle einen starken ♉-Einfluss in ihrem Horoskop.

2. Andere Anwendungen

Für Bergbesteigungen soll der ☽ in einem der gemeinschaftlichen Zeichen ♊, ♍, ♐ oder ♓ stehen, am besten in den ♊, denn dieses Zeichen macht flinke, elastische Glieder.

Die Zeichen ♊ und ♎ würde ich Aviatikern am meisten empfehlen. Das erstere mehr für Ballons und Luftschiffe vom Typ Zeppelin; das letztere Zeichen, das die Ausgeglichenheit hervorbringt, ist günstig für das Gleichgewicht von Aeroplanen, „Biplanen“ und dgl.

Für Liebesangelegenheiten, anknüpfende Briefe usw. sind die beiden Venuszeichen ♉ oder ♎ am vorteilhaftesten als Orte des ☽. Es sind die besten Zeiten für den Verkehr der Geschlechter.

Für den Psychophysiker eignen sich jene Tage am besten zu Versuchen, in denen der ☽ im ♏ oder besonders im ♉ steht und gleichzeitig in gutem Aspekt zu ♆. Handelt es sich aber um psychische Experimente im Trancezustand, wie „Psychometrie“, Clairvoyance oder Hellsinnigkeit überhaupt, dann wähle man ♋ oder ♓, wann der ☽ in diesem Zeichen auf seine volle Scheibe zu schreitet und gleichzeitig zu ♆ in gutem Aspekt steht.

Hypnotische Experimente sollten – wenn man sie überhaupt schon anstellt – ausgeführt werden während des Standes des ☽ im ♒, ♋ oder in den ♓ und in gutem Aspekt zu ♅ oder ♀, zur letzteren, wenn das Subjekt oder Medium ein Weib ist.

Wer Wahrträume zu erzielen wünscht, aber vorausgesetzt, dass der Traum nicht seine Veranlassung in einem verspäteten Souper oder in „des Tages Müh’ und Qualen“ findet, der wolle darauf achten, zu welcher Stunde der Nacht der Traum stattfand und welcher Planet zu jener Stunde regierte. Sobald dann der ☽ zur nächsten ☌, ✱ oder △ dieses Planeten schreitet, wird dieser Traum, falls er eine günstige Vorbedeutung enthielt, in Erfüllung gehen. War aber die Vorbedeutung eine ungünstige, für den wird der Traum sich dann verwirklichen, wenn der ☽ in ☌, ∠, □ oder ☍ zu jenem Planeten tritt.

Die beste Zeit, um eine Reise über Land anzutreten, ist jene, wo der ☽ sich zur vollen Scheibe rundet und in ♈, ♎ oder ♏ steht.

Hat man aber eine große Seereise vor, so soll bei ihrem Antritt der ☽ im ♋ oder in den ♓ stehen. Diese Zeichen, zusammen mit ♏, sind auch für das Baden oder Schwimmen günstig. Für das Bootfahren ist der ☽ in der ♍ am besten.

Wer etwas schüchtern ist, wenn er mit irgendwelchen großen Herren zusammenkommen soll, um sich von ihnen etwas zu erbitten, vielleicht nur ihr Autogramm, wenn er Graphologe ist, oder auch ihre genaueren Geburtsdaten, wenn Astrologe, dann warte er dafür eine Epoche ab, wo der ☽ im ♌ oder ♐ steht und zu gleicher Zeit in gutem Aspekt zu ☉ oder ♃ sich befindet.

Es ist eine günstige Zeit, um mit Rechtsgelehrten, Staatsmännern, Ministern in Verbindung zu treten, wann der ☽ einen guten Aspekt zum ♃ bildet.

Zum Schluss sei ganz besonders betont, dass diese Regeln immer in Beziehung zu den Aspekten der Nativität gesetzt werden müssen. Die laufenden (progressiven) Gestirnstellungen haben keine absolute Wirksamkeit, sondern immer nur im Verhältnis zum Nativitätsbild jedes Einzelnen. (Jedoch wo die jeweiligen ☽-Aspekte in Übereinstimmung stehen mit den „Direktionen", „Transits", usw., die zur selben Zeit wirksam sind, dort erhalten sie eine ganz besondere Kraft.)

Jene zum Beispiel, welche den ☽ bei der Geburt in gutem Aspekt zu den Planeten haben, die Anzeiger für irgendeines von den oben behandelten Dingen sind, würden diese Regeln für sich zutreffender finden als jene, welche den ☽ in gar keinem oder schlechtem Aspekt zu dem gleichen Planeten haben.

Wer ♂ △ ☽ bei der Geburt hatte, für den ist dieser Aspekt von günstigem Einfluss auf alle Angelegenheiten mit Chirurgen oder Dentisten, und jedes Mal, wenn diese beiden Planeten in gutem Aspekt zueinander treten, so begünstigen sie ganz besonders jene Dinge, welche durch ihre gegenseitige Stellung bei der Geburt angezeigt sind. Dasselbe gilt für andere Konstellationen.

Es mag sein, dass einige Astrologen diese Behauptung bestreiten werden, jedoch bin ich durch meine Erfahrungen und die meiner Kollegen in diesem Gegenstand vollständig von ihrer Wahrheit überzeugt werden. Ich halte mit Alan Leo daran fest, dass die Planeten uns bei der Geburt mit ihrem Einfluss durchdringen und mit den Eigenschaften ihrer Zusammenstrahlung ausstatten; sodann trennen sie sich aus dieser Anblickung und bilden im Laufe der Zeit die mannigfaltigsten anderen Aspekte. Aber sobald wiederum vereinzelte Anblickungen sich bilden, welche zwischen den Planeten der Geburtsgestirnung bestanden, dann lösen sie auch im Individuum wieder ähnliche Wirkungen aus und bringen gleichartige Neigungen hervor, resp. sie verstärken schon vorhandene.

Der Mikrokosmos (die Persona) fühlt dann wieder seine Zugehörigkeit zum Makrokosmos, das Kind wird erinnert an seine himmlischen Erzeuger.«

Die Planetenstunden

»Ein Jegliches hat seine Zeit und alles Vornehmen unter dem Himmel hat seine Stunde.«
Der „Prediger Salomonis", 3. Kapitel.

In früherer Zeit war die astrologische Methode der „Planetenstunden" sehr im Gebrauch. Und obwohl sie in der Art, wie die Kabbala sie lehrt, von moderner Seite als „unwissenschaftlich" bezeichnet wurde, so steht sie dagegen wieder bei anderen praktischen Astrologen unserer Zeit in Gunst und wird von ihnen geübt und gelehrt. Wir wollen darum dieses System zunächst in der einfachen Weise darstellen, wie es nach der Überlieferung der alten Araber im Gebrauch ist, und noch die Kritik und den Richtigstellungsversuch eines modernen Astrologen beifügen. Man

Tafel der Planetenstunden

Tagesstunden								Nachtstunden							
Stunden	☉ Sonnt.	☽ Mont.	♂ Dienst.	☿ Mittw.	♃ Donn.	♀ Freit.	♄ Samst.	Stunden	☉ Sonnt.	☽ Mont.	♂ Dienst.	☿ Mittw.	♃ Donn.	♀ Freit.	♄ Samst.
1	☉	☽	♂	☿	♃	♀	♄	1	♃	♀	♄	☉	☽	♂	☿
2	♀	♄	☉	☽	♂	☿	♃	2	♂	☿	♃	♀	♄	☉	☽
3	☿	♃	♀	♄	☉	☽	♂	3	☉	☽	♂	☿	♃	♀	♄
4	☽	♂	☿	♃	♀	♄	☉	4	♀	♄	☉	☽	♂	☿	♃
5	♄	☉	☽	♂	☿	♃	♀	5	☿	♃	♀	♄	☉	☽	♂
6	♃	♀	♄	☉	☽	♂	☿	6	☽	♂	☿	♃	♀	♄	☉
7	♂	☿	♃	♀	♄	☉	☽	7	♄	☉	☽	♂	☿	♃	♀
8	☉	☽	♂	☿	♃	♀	♄	8	♃	♀	♄	☉	☽	♂	☿
9	♀	♄	☉	☽	♂	☿	♃	9	♂	☿	♃	♀	♄	☉	☽
10	☿	♃	♀	♄	☉	☽	♂	10	☉	☽	♂	☿	♃	♀	♄
11	☽	♂	☿	♃	♀	♄	☉	11	♀	♄	☉	☽	♂	☿	♃
12	♄	☉	☽	♂	☿	♃	♀	12	☿	♃	♀	♄	☉	☽	♂

rechnet den Tag von einem Sonnenaufgang bis zum nächsten. Von Sonnenaufgang bis Sonnenuntergang reichen die Tagesstunden, von Sonnenuntergang bis zum folgenden Sonnenaufgang die Nachtstunden.

Diesen „Tag“ und diese „Nacht“ teilt man in je „12 Stunden.“

Da Tag und Nacht nur ausnahmsweise gleich, in der Regel aber verschieden lang währen, so ist auch weder die Tagesstunde noch die Nachtstunde gleich der gewöhnlichen Stunde von 60 m, sondern größer oder kleiner. Um die Größe einer solchen „Planetenstunde“, sei es nun Tages- oder Nachtstunde zu finden, teilt man den „Tag“ oder die „Nacht“ in 12 gleiche Teile und die Anzahl der Minuten jedes dieser Teile bildet eine Planetenstunde.

Wenn beispielsweise eine Geburt um 3^h nachm. Des 14. Nov. 1883 stattfand, an welchem die ☉ um 7^h 17^m aufging und um 4^h 11^m unterging, so ist die Dauer des Tages 9^h und die der Nacht 15^h.

$(9 \times 60^m) / 12 = 45^m$ für je 1 Tagesstunde,

und $(15 \times 60^m) / 12 = 75^m$ für jede Planetenstunde der Nacht.

3^h nachm. = 8^h nach Sonnenaufgang (für diesen Tag) unter Vernachlässigung der Minuten.

8^h sind gleich 480^m; jede Tagesplanetenstunde hat 45^m, 480 : 45 = 10 Planetenstunden und 30 Minuten. Der Geburtstag ist ein Mittwoch. Wir suchen daher in der Tafel der Tagesstunden den „Mittwoch, ☿“ auf, gehen in dieser Kolonne bis zur Querreihe der 10. Planetenstunde herab und finden an dieser Stelle ♄ als den gesuchten Stundenplaneten. (Durch den Verlag von Max Altmann, Leipzig, ist eine „Tafel der Planetenstunden“ zu beziehen, welche diese Berechnungsweise vereinfacht).

Der zeitgenössische Astrologe Dr. Duz hat nun an dieser Berechnungsart der Planetenstunden Anstoß genommen, indem nach dieser Methode z. B. König Eduard VII. Ein „Mondkind“ wäre (d. h. die Planetenstunde seiner Geburt wäre vom ☽) beherrscht), was er als unrichtig bezeichnet; er hält den ☿ für König Eduards wahren Stundenplaneten.[1)]

1) Nach Dr. Duz Methode, die auch der Praktiker E. H. Bailey (s. Old Moore's Messenger, 1910, 237) zum Studium empfiehlt, würde sich die obige Berechnung so gestalten: Geburtszeit 14. November 1883, 3^h p. m. (= post meridiem, nachmittag; dagegen a. m. = ante meridiem, vormittag). Der Tag ist vom ☿ regiert, die Dauer des Tages beträgt 9^h, die

Es könnte auffallen und vielleicht als ein Argument gegen die Wahrheit dieser Zuteilung gewisser Stunden an die Planeten erscheinen, dass wir jetzt bereits mehr als die 7 alten „Planeten“ kennen. Jedoch verweisen wir diesbezüglich auf unsere frühere Bemerkung, dass ♅ und ♆ als die „höheren Oktaven“ anderer Planeten zu betrachten seien.

Die Planetenstunden werden sowohl zur Vervollkommnung der Geburtshoroskopie verwendet, indem dem „Herren der Planetenstunde“ oder kurz „Stundenplaneten“ ein hervorragender Einfluss auf den Nativen

---

der Nacht 15^h^. Nach der Rechnungsweise der Alten, von denen ja diese Methode stammt und die auch noch jetzt im Osten gebräuchlich ist, hat der Sonnenuntergang um 12^h^ statt (unsere Mitternacht).

Um nun den Mittag oder die Mitternacht nach der alten Zeitrechnung zu finden, geht man folgendermaßen vor:

12^h^ , *der alte Sonnenuntergang*

– 4^h^ 11^m^ *moderne Zeit des Sonnenuntergangs,*

= 7^h^ 49^m^ *zu welcher Zeit die Sonne im Mittag durch den Meridian geht, und der oppositionelle Meridian ist der der Mitternachtsstunde.*

Wann also geht nun die Sonne auf nach antiker Zeitrechnung? Nach moderner Zeit erfolgt der Sonnenaufgang um 7^h^ 17^m^, abgerundet um 7^h^, d. i. 5^h^ vor dem Mittag. Dies abgezogen vom alten Mittag (7^h^ 49^m^), ergibt 2^h^ 49^m^ oder rund 3^h^ als Sonnenaufgang nach alter Berechnungsweise. Demnach:

Tagesstunden (9^h^). – Sonnenaufgang: 3^h^, ☿; 4^h^, ☽; 5h, ♄; 6h, ♃; 7h, ♂; 8h, ☉; 9h, ♀; 10h, ☿; 11h, ☽.

Nachtstunden (15^h^). – Sonnenuntergang: 12^h^, ♄; 1^h^, ♃; 2^h^, ♂; 3^h^, ☉; 4^h^, ♀; 5^h^, ☿; 6^h^, ☽; 7^h^, ♄; 8^h^, ♃; 9^h^, ♂; 10h, ☉; 11h, ♀; 12h, ☿; 1h, ☽; 2h, ♄.

Unsere Geburt ist eine Tagesnativität, um 3^h^ moderner Zeit; substituieren wir für unseren Mittag die alte Mittagsstunde, d. i. 7^h^ 49^m^, und addieren 3^h^, so erhalten wir 10^h^ 49^m^. Das ist die Geburtszeit nach alter Rechnung.

In der Reihe der „Tagesstunden“ finden wir die Zeit von 10^h^ 49^m^ durch ☿ beherrscht. Wenn wir nach dieser Manier die Planetenstunde für König Eduards Geburt berechnen, so finden wir ☿ als Stundenplaneten.

Fand eine Geburt z. B. um 3^h^ a. m. (nach moderner Zeit) statt, so stellt sich die Rechnung folgendermaßen: 7^h^ 49^m^ alte Mitternacht + 3^h^ = 10^h^ 49^m^ (Nachtzeit). Wir finden in der Reihe der „Nachtstunden“, wie wir sie oben berechnet haben, die ☉ als Beherrscherin der (modernen) Zeit von 10^h^ 49^m^. Nach alter Rechnungsweise ändern sich Sonnenaufgang, Mittag und Mitternacht jeden Tag, Sonnenuntergang aber ist jeden Tag für 12^h^ angesetzt.

zugesprochen wird, als auch zur Stundenastrologie der Planetenstunden. Wir entnehmen für diese letztere eine Anzahl praktischer Regeln aus einem Artikel von Th. S. Hagith „Die Gestirnstunden" in „Prana"[1] 1., September 1910.

»Wenn es auch für jedermann wertvoll ist, bei allen Unternehmungen auf den Einfluss des die Stunde beherrschenden Himmelskörpers zu achten, so wird doch erst jene Person den vollen Nutzen aus der Gestirnstundenlehre schöpfen können, die das Geburtshoroskop ausgearbeitet hat, denn man hat dann den Vorteil zu wissen, welche Planeten in seinem Horoskop stark und welche schwach wirken, welche ihm günstig sind und welche ungünstig auf ihn einwirken.

Steht z. B. in einer Nativität ♄ in sehr schlechter Anlage, entweder an ungünstiger zodiakaler Stelle oder in schlechten Aspekten zu den Planeten, so werden die ♄-Stunden für den betreffenden Horoskopeigner in keiner Beziehung brauchbar sein.

Selbst jene Unternehmungen und Handlungen, welche in der ♄-Stunde im Allgemeinen mit „günstig" bezeichnet sind, müsste er auf andere Stunden verlegen, denn die Saturnstunde brächte ihm nur Fehlschläge und Enttäuschungen.« –

Also wird man gut tun, alle Regeln, welche hier für die Planetenstunden folgen werden, nur immer mit Beziehung auf seine Nativität zu gebrauchen; und zweitens soll man auch die täglichen Mondeinflüsse, wie wir sie im vorigen Abschnitt besprochen haben, nicht außer Acht lassen, denn der Mond ist der Kollektor für die Strahlung der augenblicklichen Planetenkonstellation. –

Wer sein Horoskop kennt, hat es in der Hand, diese Einflüsse abzuschwächen oder ihnen zu entgehen. Die Ausbildung der Willenskraft und die Erweckung des inneren Menschen an der Hand der astrologischen Erkenntnis sind der Schlüssel dazu.

Es soll nun gezeigt werden, in welcher Weise die verschiedenen Gestirnstunden unser Leben beeinflussen.

---

1) Jetzt mit „Astrologischer Rundschau" erscheinend.

1. Die Sonnenstunde

In dieser Stunde ist es günstig, mit hochgestellten Personen zu verkehren. Audienzen bei Königen, Fürsten, Machthabern, usw. sind erfolgreich. Ebenso ist der Verkehr mit kirchlichen Würdenträgern, mit Magistratspersonen, hohen Staatsbeamten, Künstlern, wie überhaupt sozial höherstehenden, einflussreichen oder begüterten Personen zwecks Erlangung von Protektion, Beförderung oder wenn es sich darum handelt, von ihnen eine Gunst zu erbitten, in dieser Stunde zu empfehlen. Die Sonnenstunde ist auch günstig, Freunde zu erwerben, ferner für öffentliche Angelegenheiten, zur Bewerbung um ein Amt oder eine Stellung und zur Wahl von Amtspersonen. Kauf und Verkauf, besonders von Gold, ist in solcher Zeit anzuraten.

Ungünstig aber sind die Sonnenstunden für den Beginn eines Hausbaues, den Einkauf von Tieren, das Anlegen neuer Kleider; man bezahle in diesen Stunden keine Rechnungen und verleihe kein Geld. Man hüte sich, zu dieser Stunde ein neues Haus oder eine neue Wohnung zu beziehen, denn es würde Unzufriedenheit und Zänkerei entstehen. In dieser Stunde vermeide man es auch, um das weibliche Geschlecht zu freien oder sich zu verehelichen, denn der weibliche Teil würde dann trachten, die Herrschaft zu bekommen. Den Abschluss wichtiger kaufmännischer Geschäfte soll man zur Sonnenstunde ebenfalls vermeiden.

Für Erkrankungen ist diese Stunde sehr ungünstig, denn dieselben werden leicht gefährlich und führen starkes Fieber herbei. Die ☉ erzeugt meist Krämpfe, Herz-, Leber-, und Magenleiden, Entzündungen und Unterleibserkrankungen, deshalb ist es nicht ratsam, in dieser Stunde Arznei dafür einzunehmen.

Eine Unterhaltung in der Sonnenstunde bezieht sich auf Geschäfte, Geschäftsstellen, Beförderungen, öffentliche Angelegenheiten, aber auch auf dienende Personen. Briefe, in dieser Stunde erhalten, handeln von Geschäften, Beförderungen, Anstellungen, Ehren, aber auch von Vätern, der Heimat, u. a.

Die Sonnenstunde hat besonders an Sonntagen und hauptsächlich zu jener Zeit, wo die ☉ im ♈ oder ♌ steht, ganz hervorragende Kraft, sowohl im günstigen als auch im ungünstigen Sinne. Bei Erlangung von Gunst, Protektion usw. sind die Tagessonnenstunden von größerer Wirkung.

2. Die Mondstunde

Diese Stunde ist im Allgemeinen günstig für den Ankauf von größeren Tieren. Kleinere Tiere, wie Schafe, Hunde, usw., sollten zu dieser Stunde nicht gekauft werden, Gut ist der Einkauf von Nahrungsmitteln. Wenn der ☽ bei Tagesstunden nicht von einem Unglück bringenden Planeten, wie ♄, ♂ oder ♅, verletzt ist, mag man auch Silber, Perlen, Opal, Kristalle und Beryll einkaufen, sowie Gegenstände, welche blasse, gelbliche, weiße oder silbergraue Farben haben. Die ☽-Stunde ist günstig zum Beginn von Wasserbauten, Kinder zum ersten Mal in die Schule zu schicken, eine Reise zu unternehmen, einen Feind zu verfolgen, um das weibliche Geschlecht zu freien (aber nicht günstig zum Eheschluss) und um einen Prozess anzufangen. Man wähle diese Stunde, wenn man den Heimatort verlassen oder eine Reise machen will, wähle aber zur Rückkehr in Haus und Heimatland die ♀-Stunde.

Ungünstig ist diese Stunde im Allgemeinen für den Aufbau eines Gebäudes, für Geldleihen, das Anlegen neuer Kleider, für den Eheschluss wie überhaupt für alles, was von langer Dauer sein soll, denn diese Stunde repräsentiert den Wechsel, die Veränderung und Unbeständigkeit. Daher ist ein Versprechen, das zur Mondstunde gegeben wird, nicht verlässlich. In dieser Stunde treffen Besuche ein und Reisende.

Erkrankungen, die man sich in dieser Stunde zuzieht, sind meist Kolik, Erkältungen, Lähmungen, schwere Nervenleiden, Milzleiden, Nierenleiden, Wassersucht, Menstruationsbeschwerden, Hals-, Magen-, Eingeweide- und Blasenleiden, sowie bei Frauen Leber- und Geschletskrankheiten. Es ist daher sehr ungünstig, während der Mondstunden gegen diese Leiden Arzneien einzunehmen.

Gespräche in dieser Stunde handeln meist von Reisen, Umzügen und Veränderungen. Auch die Briefe, welche zu jener Stunde eintreffen, werden ähnlichen Inhalt haben. Die Mondstunden sind besonders günstig in der Zeit vom ersten Viertel bis zum Vollmond, ungünstig aber im abnehmenden Viertel und während des Neumondes. Im abnehmenden Viertel soll in den Mondstunden nichts Neues begonnen werden, da selten etwas gelingt.

In jedem der 12 Tierkreiszeichen hat der ☽ eine andere auffallende Wirkung. Man kann den jeweiligen Stand des ☽ sehr leicht aus jedem Kalender ersehen oder aus den Ephemeriden des Jahres.

☽ im ♈: Man suche in die Erde zu bringen, was möglich ist, es wird alles gedeihen. Unterredungen mit hochgestellten Personen haben meist Erfolg. Man lege aber kein Geld an.

☽ im ♉: Man beginne alles, was zur Vollendung lange Zeit erfordert. Man pflanze Bäume, Weinstöcke usw., kaufe Großvieh, welches zur Nachzucht bestimmt ist, und schließe Bekanntschaften mit dem weiblichen Geschlecht.

☽ in ♊: Man beginne alles, was schnell beendigt sein soll.

☽ im ♋: Man mache kleine Reisen; auch kann man reinigende Arzneien gebrauchen.

☽ im ♌: Man unterlasse alles, was langwierig und lang andauernd ist; man gebrauche keine Arznei.

☽ in ♍: Man beginne Dinge, die den Geist fördern oder mit Unterricht und Studium zusammenhängen, doch unterlasse man alle Heiratsangelegenheiten.

☽ in der ♎: Man nehme Dinge auf, die Beschleunigung brauchen. Man verkehre zu dieser Zeit mit Priestern, Freunden und geliebten Personen, kaufe und verkaufe.

☽ im ♏: Man soll nichts Neues unternehmen, sonst erfährt man viele Hindernisse.

☽ im ♐: Günstig für den Verkehr mit Richtern, Juristen, auch für Handel und Sport.

☽ im ♑ : Man verrichte alles, was mit Agrikultur, Weinbau, Landwirtschaft zusammenhängt. Man hüte sich aber vor Zank und Streit mit älteren Leuten; während der Mondstunden zu dieser Zeit soll man auch keine Dienstboten, Arbeiter, Gehilfen, usw. aufnehmen, denn diese werden eigensinnig und nachlässig sein.

☽ im ♒: Es ist gut, Dinge zu unternehmen, welche lange währen sollen.

☽ in ♓: Günstig für friedliche Geschäfte, besonders für Arbeiten, die mit dem Wasser zusammenhängen; doch fange man nichts Neues an und sei vor allem in Geldangelegenheiten sehr vorsichtig.

Außerdem ist noch zu bemerken, dass man Angelegenheiten, die schnell beendet werden sollen, in ☽-Stunden nur dann mit Vorteil erledigt, wenn der ☽ in ♊ oder einem beweglichen Zeichen (♈, ♋, ♎, ♏) steht. Gärtner und Landwirte mögen, wenn sie ihre Arbeit mit Erfolg gekrönt sehen wollen, nur jene ☽-Stunden wählen, in welchen

für das Säen der ☽ in den Zeichen ♈, ♎, ♋, ♏ ♒, ♉, ♍, ♐ oder ♓ steht und womöglich ♄ sich im ✱ oder △ zum ☽ befindet. Im Zeichen ♏ sollen keine Kartoffeln gesät werden.

Für das Pflanzen sind die ☽-Stunden von Erfolg, in welchen der ☽ im Zeichen ♉, ♌, ♒ oder ♍ steht und sich womöglich mit ♄ im ✱ oder △ befindet.

Für das Beschneiden oder Pfropfen der Bäume sind die ☽-Stunden während des abnehmenden Mondes im Frühjahr gut und besonders, wenn ♃ in ☌, ✱ oder △ mit dem ☽ steht.

3. Die Saturnstunde

In dieser Stunde ist es günstig, mit schweren Metallen oder Steinen zu handeln, dunkle oder schwere Kleider zu kaufen, Gärten zu bebauen, Brunnen zu graben und Erz; mit Sachen zu handeln, die aus der Erde kommen, umzugraben, zu pflügen und zu säen, Land und Häuser zu kaufen verkaufen oder zu verpachten und Korn einzukaufen. Steht der ♄ im Horoskop günstig, so kann man in diesen Stunden mit Vorteil verkehren mit allen Personen, die mit Erde oder Baulichkeiten in Verbindung stehen, wie Bergarbeiter, Landwirte, Grubenbesitzer, Töpfer, Bauunternehmer, Baumeister, sowie mit Personen, welche sich mit ernsten und schweren Wissenschaften beschäftigen.

Ungünstig ist diese Stunde für den Verkehr mit hochgestellten Personen, um eine Gunst von ihnen zu erbitten, ebenso mit Geistlichen, Fischern und Jägern, auch mit alten Leuten sei man sehr vorsichtig. Man schließe zu dieser Stunde keinen Ehe- oder Freundschaftsbund, denn es entsteht Unheil daraus.

Ferner vermeide man es, Dienstboten oder Arbeiter wie überhaupt Untergebene zur Saturnstunde anzustellen, denn sie werden sich als unzuverlässige, träge, wertlose Menschen erweisen. Es soll auch keine lange Reise, weder zu Land noch zur See, unternommen werden, da sicherlich Hindernisse zu erwarten sind und Misserfolge.

Ferner leihe oder verleihe man zur Saturnstunde kein Geld noch sonstige Sachen, auch lasse man sich in ihr die Haare nicht schneiden. Die Saturnstunde bedeutet Täuschung, Betrug und Verrat, deshalb ist Vorsicht geboten; die meisten Unternehmungen zu dieser Stunde haben Enttäuschungen und Unannehmlichkeiten zur Folge.

Man nehme in Saturnstunden keine Arzneien für chronische Krankheiten, katarrhalische Übel, Lungenschwindsucht, Milz-, Blasen- und Knochenerkrankungen; die Medikamente würden nur Schaden bringen. Wer in einer Saturnstunde erkrankt, wird lange leiden, und die Krankheit kann leicht mit dem Tod enden. Wenn der ♄ in einem Horoskop stark verletzt ist durch ♂ oder ☉, so kann diese Stunde auch schwere Unfälle bringen, ja selbst einen gewaltsamen Tod.

Gespräche in dieser Stunde beziehen sich auf Land, Eigentum, Häuser, Gebäude, Landwirtschaft, aber auch auf ernste Wissenschaften, ferner auf traurige Dinge, Krankheit und Tod und endlich auf Angelegenheiten unreiner und unschöner Natur, auch auf Lug, Betrug, Verrat. Briefe, die man in der Saturnstunde erhält, weisen ähnlichen Inhalt auf. Man vermeide in dieser Stunde Konzentrationsübungen und Meditation, die empfangenen Eindrücke sind Täuschungen.

4. Die Jupiterstunde

In dieser Stunde ist es günstig, Gegenstände einzukaufen, die eine blaue, gelbe oder purpurrote Farbe haben; auch Zinn und von den Juwelen Smaragd, Amethyst, Saphir und Türkis sind in der ♃-Stunde vorteilhaft einzukaufen. Könige und Fürsten, in dieser Stunde gekrönt, werden weise Regenten. Es ist gut, sich in dieser Stunde an wohlhabende, reiche und mächtige Personen zu wenden, um ihre Gunst zu erwerben; man verkehrt mit Erfolg in ihr mit Justizpersonen und geistlichen Würdenträgern sowie Personen von höherer sozialer Stellung. Die Stunde ist günstig, um Frieden zu schließen, Heiraten einzugehen, aus dem Haus zu gehen, eine Reise anzutreten, die dann erfolgreich beendet wird, und eine Stellung anzunehmen. in dieser Stunde kann man Geld leihen und verleihen und sein Kapital mit Vorteil anlegen. Kaufleute machen in Geld und Waren gute Geschäfte. Man hat Glück, wenn man zur ♃-Stunde ein Schiff besteigt, vor Gericht kommt oder mit Behörden zu tun hat; auch im Säen oder Pflanzen. Steht im Horoskop die ♃ in günstigem Aspekt zum ☽, so ist seine Stunde auch vorteilhaft, um Geschäftslokale und Wohnungen zu mieten oder ein neues Unternehmen zu gründen oder zu beginnen. Die ♃-Stunde ist im Allgemeinen höchst glückbringend und verleiht Erfolg in allen Geld- und Geschäftsangelegenheiten und um ein Geschäft vorwärts zu bringen.

Ungünstig ist in dieser Stunde der Kauf von Waffen und Tieren. Man hüte sich ferner vor Feuer, vor dem Graben von Brunnen und Gruben und lasse überhaupt die Erde in dieser Beziehung in Ruhe.

Der ♃ verursacht Rippenfell- und Lungenentzündungen in den ihm unterstehenden Stunden, Schlagfluss, Herzleiden, Bräune, Krämpfe, Starrkrampf, Leberentzündungen und Rückenmarksleiden. Wen zur ♃-Stunde eine Krankheit befällt, der wird bald wieder genesen.

Eine Unterredung zu dieser Stunde bezieht sich gewöhnlich auf Dinge von Wert, auf Geldangelegenheiten, Ehren, Würden, Handel, Gericht, hohe Personen, Religion u. a. Briefe haben, in dieser Stunde erhalten, meist derartigen Inhalt.

Geistige Konzentration und Meditationen sind in der Jupiterstunde sehr zu empfehlen. Wenn ♃, ☉ oder ☽ durch die Zeichen ♋, ♐ oder ♓ gehen, sind diese Stunden besonders günstig, wenn aber ♃, ☉ oder ☽ in den Zeichen ♍ oder ♑ stehen, dann ist es gut, alles, was von Bedeutung ist, zu unterlassen, da man sonst Verhinderungen erfahren wird.

5. Die Marsstunde

Diese Stunde ist nur für wenige Dinge günstig. Man kauft in derselben mit Vorteil Waffen, Maschinen, Eisen scharfe Instrumente, Messer, Beile sowie auch alles, was eine rötliche Farbe hat, mit Eisen oder Feuer zusammenhängt oder Kriegszwecken dient.

Wenn während des Tages ♂ und ☽ in günstigem Aspekt stehen, so ist es gut, in Marsstunden von Chirurgen sich behandeln zu lassen, mit Ingenieuren, Militärpersonen oder solchen, die mit Eisenbahnen, Maschinenbau, Pyrotechnik, also mit Eisen oder Feuer zu tun haben, zu verkehren, auch mit Schmieden und Metzgern. Dann wird man Vorteile durch sie erlangen.

Ungünstig dagegen ist diese Stunde für den Antritt einer Reise; man läuft Gefahr, bestohlen zu werden oder Unfälle zu erleiden. Auch Seereisen sind zu vermeiden. Im Verkehr mit anderen Menschen muss man zu dieser Stunde sehr vorsichtig sein und allem Zank und Streit aus dem Weg gehen. Diese Stunde ist gefahrvoll; man sei auf der Hut vor Unfällen, Blut und Feuer, denn die Wirkung der ♂-Stunde ist vernichtend und zerstörend, auflösend und tötend.

Steht der ♂ in ☌ mit ☉ im ♈ und werden sie vom ☽ aus dem 1. Viertel günstig bestrahlt, so kann man in diesen wenigen Tagen die ♂-Stunde vortrefflich verwenden zum Beginn aller weitläufigen Forschungen und Studien. Steht aber einer dieser Himmelskörper, ferner ♄ oder ♅ in ungünstigen Aspekten zu ♂, so beginne man in dieser Stunde keine wertvolle Aktion, kein wichtiges Vorhaben oder Unternehmen. Man lasse die Marsstunde überhaupt möglichst still vorübergehen, denn sie ist mit wenigen Ausnahmefällen vom Übel.

Marsstunden beeinflussen besonders akute Krankheiten, Leber-, Herz-, Unterleibs- und Augenleiden, Krebs, Geschwüre, Fehlgeburten, Typhus, Fieber und Schlagfluss. Sie disponieren aber auch zu körperlichen Gefahren aller Art, Wunden und Verbrennungen. Man suche also zur ♂-stunde keine Heilungen und nehme gegen die erwähnten Krankheiten während der Marsstunde keine Arznei.

Ein Gespräch in dieser Stunde handelt von Gefahren, Jagd, Krieg, Streit, Mord, Feuer und dgl.; Briefe, in der Marsstunde empfangen, geben meist Anlass zu Streitigkeiten.

Alle geistigen Eindrücke in dieser Stunde sind gefahrvoll, darum meditiere man zu solchen Stunden nicht.

6. Die Venusstunde

Die Venusstunde ist günstig, um von Hochgestellten Gunst zu erlangen, Freundschaften und Liebesbündnisse anzuknüpfen; sie ist die günstigste Stunde für den Eheschluss und für Verkehr mit dem weiblichen Geschlecht überhaupt. Diese Stunde ist ferner passend für den Antritt einer kleinen Reise, für die Rückkehr in das eigene Heim, für Besuche, Vergnügungen aller Art, Theater, Musik, Tanz und andere Ergötzungen.

Diese Stunde benutze man für Einnahme von Arzneien, jedoch nicht für von ♀ verursachte Leiden. Man nehme auch sein Bad zur Venusstunde oder verkehre in ihr mit Schneidern, Putzmachern, Blumenhändlern, Parfümeuren, aber auch mit Künstlern jeder Art.

In der ♀-Stunde ist es angezeigt, Diener aufzunehmen, besonders wenn der ☽ im ♉ steht und in günstigem Aspekt zur ♀. Die Venusstunde ist ferner günstig für Spiel, Sport, Vergnügen, Zeitvertreib, da ♀ die Regentin über die Weltfreuden, über Gesang, Kunst, Luxus und Liebe ist.

Hingegen ist es in der ♀-Stunde ungünstig, ein Schiff zu besteigen oder eine Wasserfahrt zu unternehmen. Auch soll man zur ♀-Stunde nicht viel Geld mitnehmen, man wird durch Fraueneinfluss darum kommen. Ferner ist es in dieser Stunde ungünstig, mit der Anfertigung von Kleidungsgegenständen zu beginnen.

In ♀-Stunden entstehen Krankheiten meist durch sexuelle Ausschreitungen, Selbstbefriedigung, Unmäßigkeit, oder sind irgendwie durch Frauen verursacht. So Leber-, Magen-, Nervenleiden, Milz-, Blut- und Geschlechtskrankheiten, Syphilis und Vergiftungen. Es ist nicht ratsam, in ♀-Stunden gegen diese Leiden Arznei zu nehmen. Die Unterhaltungen oder Briefe dieser Stunde handeln von Vergnügungeh, Gesellschaft, Freundschaft, Liebe usw.

7. Die Merkurstunde

Diese ist günstig dem Handel, Kauf und Verkauf, Sendung von Botschaften, Medizinieren, für Anlage von Geld, Bank- und Wechselgeschäfte, Pflanzen von Bäumen, Beginn von Bauten. In dieser Stunde soll der Landwirt seine Zuchttiere sich vermehren lassen. Diese Stunde ist auch gut für Gesetzangelegenheiten, für das Studium von Kunst und Wissenschaft, zum Verfassen und Unterzeichnen von wichtigen Papieren, Verträgen und Briefen, Urkunden, besonders wenn ☿ dabei einen günstigen ☽-Aspekt hat. Ferner sucht man in dieser Stunde mit Vorteil eine Anstellung in einer literarischen Berufsart, unterhandelt mit Buchdruckern, Verlegern, Redakteuren oder mit Ärzten, Gelehrten, Lehrern, Rednern, Musikern, Chemikern oder Kaufleuten sowie Advokaten, schließlich überhaupt mit geistigen Arbeitern.

Sehr ungünstig ist diese Stunde für Eheschließungen, für Haus- und Landverkauf und für die Heimkehr nach einer Reise oder einem Ausgang. Man soll auch in dieser Stunde keine Untergebenen anstellen, damit nicht Zank und Streit entstehe. Auch Gefangene sollen zu dieser Stunde nicht in Freiheit gesetzt werden.

In ☿-Stunden ist es ungünstig, gegen die folgenden, diesem Planeten unterstehenden Krankheiten Medizin einzunehmen oder Hilfe zu suchen: Gallenleiden, Hals-, Nerven- und Gehirnleiden, Wahnsinn, Ohnmachten, Epilepsie und Sprachgebrechen. In Merkurstunden entstandene Krankheiten heilen meist bald.

Unterhaltungen und Briefe dieser Stunde drehen sich um Briefe, Schriftstücke, juristische Dinge, Studium, Projekte, kaufmännische Angelegenheiten, usw.«

Diagnosen für einzelne Lebensgebiete

Die Persönlichkeit

1) Die Beschaffenheit der Physis

Für diese ist bezeichnend: 1. Das aufgehende Zeichen, 2. ganz besonders das Dekanat und dessen Herr, sowie die Sextur, in welche der Aszendent fällt, 3. die Planeten am Aszendenten, 4. die Stellung des „Signifikators“, d. h. Des Herrn des aufgehenden Zeichens, und schließlich 5. die Position des ☽.

2) Charakter und Individualität

Man studiere: 1. Die Stellung und Aspektierung der ☉. 2. Die Stellung und Aspektierung des ☽.

3) Psychische und geistige Anlagen

Temperament: Die Mutualaspekte der Planeten; besonders aber das aufgehende Dekanat. Gemüt: Aszendent und sein Herr, Aspektierung des Aszendenten und des Signifikators, Mond, Planeten im I. Haus, Zeichen der Sonne (Fixsterne).

Intellektuelle Dispositionen: l. Aufsteigendes Zeichen, Dekanat und Planet am Aszendenten, 2. Mutualaspekte der Planeten, 3. Stellung (mundane und zodiakale) der Planeten, 4. Eingehendes Studium der Stellung und Aspektierung des ☿. Sehr vorteilhaft ist seine Stellung im eigenen Hause oder dem des ♄ oder ♅, am besten in ♊ und ♒; gute Aspekte dazu von ♅, ♄, ♃, ☉, ♀ oder ☽ erzeugen hohe Perzeptionskraft. ☽ mit ☿ im Einklang: Harmonie zwischen Herz und Kopf.

Am stärksten wirkt sein Einfluss im I., III., IX. und XI. Haus, den Häusern, die die Geistesart des Nativen bestimmen. Sehr günstig ist es, wenn ☿ dabei in einem Zeichen von langer Aufsteigung sich befindet, während der ☽ in einem solchen von kurzer Aufsteigung stehen soll.

Man soll besonders das III. und IX. Haus, als signifikant für den Intellekt, genau betrachten.

Disharmonische ☿-Aspekte, besonders von ©, ☽ (und ♄) kommend, disponieren zum Wahnsinn. (Doch ist hier größte Vorsicht geboten; genialen Männern, wie Napoleon und Agrippa von Nettesheim, steht die tatsächlich irrsinnige Charlotte von Mexiko gegenüber.) ☽ ☌ ☿ macht oft ingeniöse Köpfe (Regiomontanus mit ☽ in ♊). ☿ ohne Aspekte, ferner in schwacher, zodiakaler und mundaner Stellung ist kein gutes Zeichen.

Die höchsten Geistesanlagen beherrscht ♅. Die höchsten psychischen Anlagen ♆.

Moralische Dispositionen: Schon im Leben ist es nicht leicht, die Moralität eines Menschen zu beurteilen, und aus dem Horoskop noch viel weniger leicht. Unsere Angaben hierüber sind daher sehr *cum grano salis* zu nehmen. Man betrachte hierfür die Bestrahlung des ersten Hauses und des Signifikators, sowie die Position des letzteren. Wenn alle diese günstig sind und gut bestrahlt von ☿ und ♆, so ist dies ein Anzeichen für ethische Harmonie. Im entgegengesetzten Falle ein Zeichen, dass die Leidenschaften nicht von der Vernunft beherrscht werden. Wenn ♂ die Disharmonie schafft, ist die Begierdennatur vorherrschend; wenn ♀ oder ☽, dann ist Neigung zu loser Moral vorhanden; wenn ♄ oder ♅, so besteht Gefahr von Perversität.

Mars in Disharmonie mit Venus neigt zu Schlüpfrigkeit und Unzucht; in Disharmonie mit ☽ veranlasst er ein freies Liebesleben.

Stark bestimmend ist der Planet im I. Haus, ferner vor allem die Position der Himmelslichter. Durch bestimmte Bestrahlungen des an sich indifferenten ☿ erhält die Geistesart ihre charakteristische Färbung und ihre Tendenzen. Mit großen Fixsternen in ☌ wird die Wirkungsweise der Signifikatoren ebenfalls verändert.

Die Sterne von ♃-Natur in ☌ mit ♂ wirken impulsiv, mit ♄ stumpf, träge. ♃ ♄-Sterne mit ☿ machen arbeitsam und zum Studium geneigt, usw.

♄ und ♃ gut, bringt gute und feste Moral. Schlecht, erheuchelte Moral; Undankbarkeit.

♀ durch ♄ verderben erzeugt Falschheit; ♀ und ☿: Heuchelei und Betrug; ♄ und ☿: Lügner, Diebe, Gauner.

Bei allen diesen moralischen Qualifizierungen wird sich in der Praxis ganz besonders unsere Forderung guter Kenntnis der ethischen Höhe des Individuums rechtfertigen.

Das Leben

1) *Konstitution*: vor allem die Position und Aspektierung der Sonne; insbesondere die Aspekte von ♄, ♅ und ♂. Zweitens die Aspektierung und das Zeichen (Dekanat und Sextur) des Aszendenten.

Die ☉ in den Feuerzeichen gibt die stärkste Konstitution und Vitalität; die in dieser Beziehung nächstbesten Zeichen sind die Luftzeichen, obwohl sie mehr mentale als physische Vitalität geben; die Erdzeichen geben eine gute physische Konstitution, am schwächsten ♑, welcher aber, wenn das reifere Alter erreicht wird, auf Langlebigkeit schließen lässt.

Am ungünstigsten sind die Wasserzeichen für die solare Aktivität. ♏ gibt unter diesen noch die stärkste Konstitution, aber Neigung zu heftigen, gewaltsamen Störungen.

Ein disharmonischer ☽ gibt einen unregelmäßigen, schwankenden Gesundheitszustand.

2) *Krankheiten*: Stand des Aszendenten und des Signifikators; Bestrahlung der Himmelslichter, besonders des ☽, ihre Aspekte von ♂, ♅, ♄; die ☌☌ der Fixsterne (der blinde Milton: ☽☌ Plejaden, partil).

Am wichtigsten ist für diese Frage die Bestrahlung des VI. Hauses. Unsere Tabellen geben die Krankheiten an, welche jedem Zeichen und Planeten unterstehen. Durch Kombination der Aspekts– und Positionseinflüsse (zodiakale Stellung) ergeben sich die Krankheitsdispositionen des Nativen.

Deses Kapitel hier weiter auszuführen wäre sehr interessant, jedoch verbietet der Raum es uns; so sei also diesbezüglich nochmals auf die schon erwähnte „Medizinische Astrologie“ verwiesen.

3) *Der Tod*: Sein Haus ist das VIII. Wenn dessen Herr oder ein Planet darin schwer verletzt ist (z. B. Auch durch ☌ eines verderblichen Fixsterns, wie Haupt des Algol) oder wenn von ihm aus ein bösartiger Aspekt eines oder beide Himmelslichter trifft, so ist dies ein Anzeichen von plötzlichem und gewaltsamem Tod; ebenso die Anwesenheit eines (event. noch schlecht bestrahlten) Übeltäters im, oder dessen schlechter Aspekt zu der Spitze des VIII. Hauses. Ähnliche Wirkung hat eine gegenseitige schlechte Bestrahlung der beiden Himmelslichter, oder eine ☌ zwischen ♄ und ♂ in einem Eckhause.

Die Todeszeit wird mithilfe von Direktionen ermittelt.(S. Seite 218)

Die Todesarten, welche von den einzelnen Planeten bevorzugt werden, sind folgende:

Eine gute ☉: Ein natürlicher Tod durch die ihr unterstehenden Krankheiten. Ebenso bei allen anderen Planeten, wenn gut, natürlicher Tod durch ihnen entsprechende Krankheiten.

Eine schlechte ☉: Ein rascher Tod durch Seuchen, Erdrosselung, durch Hinrichtung, im Kampf oder durch Feuer.

☽: Gewaltsamer Tod durch Ertrinken oder Zerquetschung, Mord, häufig öffentliche Hinrichtung.

☿: Plötzlicher Tod durch Mord, Vergiftung, Hexerei, Hinrichtung infolge von Betrügereien.

♀: Vergiftung, besonders durch Medikamente oder Alkoholvergiftung, Tod durch venerische Exzesse, durch Frauen oder übermäßigen Genuss (Überessen).

♂: Tod durch Verletzungen, Mordanschläge, Strangulation, verunglückte Operationen, durch Maschinen oder Brand, durch Blutverlust nach Verwundungen.

♃: Tod im Kampfe, durch Sturz aus der Höhe oder auf Befehl des Kriegsherrn hin.

♄: Sturz in einen Abgrund, Schiffbruch, scheintot begraben, Tod im Kerker, durch Erhängung oder durch das Schwert des Henkers. Auch unter einem Bombardement bei Belagerungen oder infolge von einstürzenden Gebäuden.

Schicksale

1) *Soziale Stellung, Lebensumstände, Reisen*: Anzeiger für erstere ist das X. Haus (siehe die Beschreibung der „Mundanhäuser"). ☉ oder ♃ darin ist sehr günstig. ☽ ein Zeichen von Unbestand der Position. ♀ macht dieselbe angenehm und verleiht den Frauen große Einflussnahme auf den Nativen.

Auch das IV. Haus ist signifikant für viele Lebensumstände, besonders den Besitz. Für das Heim das VI. Haus.

Für die Reisen kommen hauptsächlich das III., IX. und XII. Haus in Betracht. Das III. ist bedeutsam für die kleineren Reisen; wenn der ☽ darin steht, so wird es solche in großer Zahl geben. Steht der ☽ in IX oder XII, so verheißt dies große Reisen; ob es Land- oder Seereisen sein werden, das wird durch die Natur des Zeichens entschieden; das irdische Trigon bringt Landreisen, das wässerige Seereisen. (Von den Luftzeichen könnte man folgerichtig – wie es auch einige Moderne tun – aeronautische Fahrten erwarten.)

Bestärkt wird die große Reiselust des ☽ noch durch den lebensdurstigen und allen starken Wechsel liebenden ♅. Die Planeten des Wandels und Wechsels überhaupt sind ♆, ♅, ☽ und ☿.

Steht im III. oder IX. Haus die ☉, so kündigt dies Erfolg auf kleinen resp. großen Reisen an; sie darf dabei jedoch keinen schlechten ♂- oder ♅-Aspekt empfangen. Vorteilhaft für alle Reiselustigen ist die Position der Reisehäuser in einem kardinalen Zeichen. Sind ♅, ♄ oder ♂ im III. oder IX. Hause von den Himmelslichtern oder gegenseitig schlecht aspektiert, so ist dies eine Disposition zu bösen Erlebnissen auf der Reise.

Gut dagegen ist ein wohlbestellter ♃, ☽, ♀ oder ☉ im III. oder IX. Hause. Man soll seine Reisen nach jener Himmelsgegend unternehmen, in welcher im Horoskop die dafür günstigen Planeten stehen. Doch muss bemerkt werden, dass die noch auf Ptolomäus und die Araber zurückgehende Aufteilung der Länder und Städte an die Zeichen und Planeten, wie sie unsere Übersichtstabelle in moderner Ergänzung bringt, noch ihre Schwächen hat und man also der Astrologie in dieser Hinsicht nicht unbedingt sein Schicksal anvertrauen soll, wenn es gilt zu wählen, wo sein Glück zu suchen.

♀ gibt Erfolg auf kleinen und Freude von großen Reisen.

♃, ♀ und ♅ lieben überseeische Fahrten.

♂ und ♄ in den Reisehäusern verkünden nichts Gutes, während ♃ darin ausgezeichneten Erfolg verleiht.

Stehen ♂, ♄, ♅ oder ♆ von den Lichtern schlecht aspektiert in IX, so können die Reisen den Nativen zugrunde richten.

♂ und ♆ in Reisehäusern bringen meist ungewöhnliche, nicht alltägliche Erlebnisse mit sich. ☽ in ♋ oder ♓ und in starkem Aspekt zu

♅ bringt weite, am liebsten Seereisen. Wenn die Wohltäter diesen ☽ günstig anblicken, werden die Reisen erfolgreich sein und Gewinn bringen.

Planeten in fixen Zeichen sind hinderlich. Stehen III und IX in fixen Zeichen, so gilt das Gleiche.

Jemand, in dessen Nativität Saturn dominiert, liebt das Reisen nicht; der bleibt lieber daheim in seinen vier Wänden.

Wenn dagegen Lumina im IX. Hause in gutem Aspekt zu ♃ stehen und selbst von ♅, ♂, ♆ oder ♄ wohl aspektiert sind, so gehört der Mann in die Welt hinaus und wird in der Fremde sein Glück machen.

2) *Erlebnisse; Freundschaften und Feindschaften.* Wir haben der Schilderung der Natur jedes Planeten die Charakterisierung seiner Lebensschicksale beigefügt. Daraus lassen sich unter Berücksichtigung der Aspektierung dieser Planeten im Horoskop und ihrer Position Schlüsse auf die Art der Erlebnisse des Nativen gewinnen.

Das Haus der Freunde ist das XI. Dieses studiert man sorgfältig, um die Artung der Freunde zu erfahren. In gleicher Weise das XII. für die Feinde. Ihre Natur richtet sich nach den Planeten, die in diesen Häusern stehen, nach den Herren ihrer Zeichen und den Aspekten, die die Häuser empfangen.

Das VII. Haus wird als das der offenen, das XII. Als jenes der geheimen Feindschaften bezeichnet. ☽ darin bringt weibliche Feindschaften.

3) *Beschäftigung, Beruf; Erfolg*: Die Beschäftigung oder der Beruf sind im X. Hause ersichtlich; ebenso der Erfolg der Bestrebungen des Nativen. Die Berufe, welche den einzelnen Planeten unterstehen, haben wir stets deren Monografie angefügt.

Wir fügen hier noch eine Anzahl von Beispielen hinzu.

Für einen Arzt ist günstig ein ☿ in gutem Aspekt zu ♂ ☽; Vorsicht verleiht ihm ein guter Aspekt von ♄ zu ☿ und besondere Geschicklichkeit ein guter ♅-Aspekt zum ☿.

Astrologen und Okkultisten: ♅ dominierend und in guter Anblickung mit den Geistgebern, besonders im III., IX. oder X. Hause.

Juristen sollen ♂ und ♃ günstig, im Aspekt zu ☉, ☽ und ☿ und ☽ und ☿ in gegenseitiger Anblickung haben.

Pädagogen sollen ☿ in X, gut aspektiert von ♃, ♂ und ♀ haben. Forscher: ♅ oder ☿ am Asc. oder MC.

Künstler und Musiker: ♀ oder ♆ am Aszendenten, gut angeblickt von ♅, ☿, ♃ oder ♂.

Literaten: ☿ in I und X, besonders in ♊, ♍, ♎, ♒, in gutem Aspekt zu ☽, ♀, ♅ und ♃.

Usw., stets sollen die ausschlaggebenden Planeten in der entsprechendsten Position stehen.

Der Erfolg hängt hauptsächlich von der günstigen oder ungünstigen Bestrahlung des MC. und der ☉, des ♃, ☽ und Aszendenten ab.

Auch die übrigen Eckhäuser sind von Bedeutung dafür; wenn sie von kardinalen Zeichen besetzt sind, wird der Native glänzende Erfolge erringen. Überhaupt trägt das gesamte Horoskop zur Frage der Lebensstellung bei.

4) *Materielle Lage, Armut und Reichtum*: Signifikator dafür ist das II. Haus, unter den Planeten vor allem der ♃ und neben ihm ♀ und ☽. Steht ♃ im II. Hause und in starker (und guter) Anblickung zu einem oder beiden Himmelslichtern oder ♄, so ist das ein vorzüglicher pekuniärer Aspekt.

Von sekundärem Einfluss ist das X. Haus, indem es den Erfolg aufgrund der Lebensstellung und des Berufes anzeigt; günstig ist es, wenn ☽ in X steht. Eine günstige ♀ im II. Haus bringt zumindest ein „fortuna minor", einen Wohlstand zweiten Ranges. ☽ ohne Aspekt darin verursacht Schwankungen im Vermögensstand, und ♄ darin oder in ungünstiger Anblickung zu ihm schwere pekuniäre Kämpfe, mühseligen Erwerb, Armut; ♂ im Aspekt zum II. Hause oder anwesend darin schafft gern Verschwender.

Ein gutes Zeichen für den materiellen Wohlstand ist es, wenn alle Planeten über dem Horizont stehen. Vorzüglich ist ein gut aspektierter ♃ im *MC*. Wenn ☉, ♃, ♀ gut im IV. Hause stehen, bedeutet dies materielle Wohlfahrt im Alter.

☉ in ♊, wenn gut aspektiert, bringt Vermögen, ♀ immer dann, wenn sie im II. Haus von den Himmelslichtern gut angeblickt und von anderer Seite nicht *werunglimpft* ist.

♅ in ♊ bringt starke Schwankungen hervor und, wenn gut aspektiert durch ♃ oder die Lumina, zeitweise großen Gewinn; ist er aber verletzt, so wird er schlimme pekuniäre Erlebnisse plötzlicher Natur bringen.

☽ in gutem Aspekt zur ☉, besonders im X. oder II. Haus, verleiht Erfolg im beruflichen Erwerb.

♃ in gutem Aspekt oder in ☌ mit ♄, ♅ oder ♆ soll sichere Erbschaften, Vermächtnisse oder Gewinn durch die Verheiratung bringen. Sind dagegen die Lumina durch ♃ oder ♂ verletzt, so verursacht dies Störungen in den pekuniären Verhältnissen. ☉ ☌ ♀ im III. Haus ist günstig für die weiblichen Industrien. Im IV. Haus bringen gut aspektierte Planeten Gewinn durch Agrikultur, im VI. Durch geschickte Untergebene, usw., je nach den Wirkungssphären der Häuser.

Wenn der Herr des II. Hauses sich im I. Haus zugleich mit dem Herrn des XI. befindet und beide dort gutstehen, so soll der Native reich werden im Alter.

Stets ist es gut, wenn im Horoskop die gut posierten Planeten über den schlechten stehen.

☿ in guter Anblickung zu ♃ oder ♅ und dabei in exponierter (starker) Stellung verleiht Gewinn durch Forschungen, Literatur, usw.

♃ in ♊, aber stark verunglimpft durch ungünstige Planeten, besonders durch ☉ oder ☽, ist ein schlechtes Zeichen für die Vermögensverhältnisse; ebenso wenn ♃ in ♑ oder ♍ ohne gute Anblickung steht. Wenn ♃ schlecht zu ♀ steht, so stehen dem Nativen Einbußen an seinem Vermögen bevor, an welchen Frauen die Schuld tragen. Besonders erfolgen diese Verluste durch Verführung zur Verschwendung.

♄ feindlich zum ☽, stellt Armut und Kämpfe gegen die Not in Aussicht.

Begünstigter sind jene Personen von Fortuna, welche zwischen 10^h und 12^h mittags geboren werden. Doch haben hierzu noch die Aspekte ihr gewichtiges Wort zu sprechen.[1)]

---

1) Eine Spezialarbeit über dieses Gebiet ist die Schrift „Das Horoskop als Schlüssel zum Erfolg,"

5) *Liebe und Ehe; Familie, Kinder*: »Die Ehen werden im Himmel geschlossen,« heißt es; das will sagen: nur wenn die Gestirne ihren Segen zur Verbindung von Mann und Weib geben, wird die Ehe glücklich sein. Stehen aber die Nativitäten der beiden Menschen in disharmonischer gegenseitiger Strahlung, so wird diese Verbindung zu Unglück und Leiden führen.

Einige Beispiele, wie nahestehende Personen miteinander durch die Nativitätsbilder verbunden sind, wollen wir anführen. »Gewöhnlich wird man beobachten, dass zwei Menschen, die in ihren Horoskopen zwei oder drei Planeten an derselben Stelle haben, Zuneigung füreinander hegen. Die Königin Viktoria und ihr Gemahl Albert bieten ein treffliches Beispiel hierfür. Einen noch stärkeren Beweis liefert uns Friedrich VII. von Dänemark und die Gräfin Donner. Der König lebte bekanntlich in unglücklicher Ehe mit seinen ersten beiden Gemahlinnen, von denen er sich scheiden ließ.

Er verliebte sich in eine Putzmacherin, deren Bekanntschaft er bei einem Feuer in Kopenhagen machte; er adelte und heiratete sie und lebte bis zu seinem Tod sehr glücklich mit ihr in morganatischer Ehe. Eine Prüfung der Horoskope ergibt, dass die ☉ der einen Nativität sich an der Stelle des ☽ der anderen befindet.« (Trent, „Die Seele und Sterne“)

Überraschende gemeinsame Züge ergeben die Horoskope von Goethe, der Frau von Stein (der Frau, die er liebte und verließ), Christiane Vulpius (der Frau, die er liebte und heiratete) und schließlich von seinem Sohn August.

Goethe	Frau von Stein	Christiane	August
1749, 28. Aug.	1742, 25. Dez.	1764, 6. Jan.	1789, 25. Dez.
☉ 5° ♍	☉ 3° ♑	☽ 4° ♍	☉ 4° ♑
♂ 3° ♑	♂ 5° ♍		♃ 1° ♍
			♂ 1° ♍

Ähnliches wiederholt sich bei

Novalis	und	Sophie von Kühn
1772, 2. Mai.		1782, 17. März.
☉ 12° ♉		☽ 5° ♉
☽ 8° ♉		♂ 15° ♉
♂ 4° ♈		♀ 5° ♈

Ähnliche Lebensverbindungen schafft die Gleichheit der Aszendenten oder anderer wichtiger Punkte, ferner eine starke, wie Fesseln wirkende Aspektierung zwischen zwei Nativitäten. Wir bringen später ein Beispiel zweier *ineinandergearbeiteter* Horoskope, jenes von Maximilian und Charlotte von Österreich, dem einstigen mexikanischen Kaiserpaar, das übermächtige, schicksalsvolle Banden zwischen den beiden Menschenleben darstellt.

Der Besprechung der bezüglichen Stellungen für Liebe und Ehe müssen wir die Bemerkung vorausschicken, dass durchaus nicht mit Sicherheit aus einem oder selbst zwei (zusammengehörigen) Horoskopen zu ersehen ist, ob zwei Personen durch gesetzmäßige eheliche Bande miteinander verbunden wurden oder in sogenannter *freier Liebe* einander angehören. Es ist ja auch oft sehr wenig Unterschied.

Die stärkste Harmonie zwischen zwei Menschenseelen scheint der Austausch der Orte von ☉ und ☽ in den beiderseitigen Nativitäten zu schaffen.

Im männlichen Horoskop charakterisiert meist der ☽ die Frau. In einem weiblichen die ☉ den Mann. Wie die Wahl des Gatten ausfällt (geliebt oder ohne Liebe), das entscheidet die Bestrahlung der ♀. Wenn diese durch ♄ verunglimpft ist, so erzeugt das Enttäuschungen in der Liebe; ist sie durch ♄ und ♂ verdorben, so kann Perversität die Folge sein.

»Wird Herschel in einem männlichen Horoskop durch den ☽ und die ♀ oder in einem weiblichen Horoskop durch die ☉ und ♀ aspektiert, so bewirkt das eine starke Hinneigung zu Personen des anderen Geschlechts und nicht selten eine lange Reihe von Liebesverhältnissen. Sind diese Aspekte Herschels disharmonisch, so wird er das Subjekt einer solchen Nativität in Verruf bringen. Der Herschel im feindlichen Aspekt zur ♀ bewirkt auch, dass die betreffende Person ihren Gatten mit ihrer Eifersucht quälen wird, und deutet auf häufigen ehelichen Zwist. Dasselbe gilt vom ♆.« (George Wilde, Elemente der Astrologie II.)

♂, ♄, ♅ oder ♆ im VII. Hause stehend und schlecht aspektiert bringen Kummer im Liebes- oder Eheleben, selbst Scheidung.

»Wenn ♀ in feindseligem Aspekte zu ♅ oder ♆ steht, so wird die betreffende Person wohl kaum ihre erste Liebe heiraten, oder wenigstens wird die Eheschließung spät erfolgen. Ähnliches gilt von einer feindlichen

Aspektierung der ♀ durch den ♂. Diese Leute werden zu denen gehören, welchen viel vergeben wird, weil sie viel geliebt haben.«

☽ und ♀ bei Männern oder ♀ und ☉ bei Frauen östlich stehend, führt gern zu frühzeitiger Eheschließung. (Östliche Häuser sind jene von X – XII und I – III, die übrigen westliche.) Westliche zu späterer Heirat. Die signifikanten Planeten ☽ und ☉ mit ♀ in einem *zweikörperlichen* Zeichen stehend, lässt es oft zu mehr als einer Eheschließung kommen. Wenn ♄ diese Planeten erzürnt, so verursacht dies eine lange Verzögerung der Verheiratung, wenn nicht gar ihre Verhinderung.

☉ in schlechtem Aspekt zu ♅ in VII kann zu Entzweiungen oder Trennung führen. ♂ in VII (für eine weibliche Nativität) schlecht aspektiert, führt Ehehindernisse und Scheidung herbei.

Für Frauen erkennt man die Natur des Gatten aus der Bestrahlung der ☉, für Männer aus jener des ☽. Die Gattin wird die Natur desjenigen Planeten besitzen, der in der männlichen Nativität dem ☽ am nächsten steht oder der den nächsten Aspekt zu ihm bildet.

»Wähle nur ein solches Mädchen zu deiner Gattin, deren ☉ in ☌, ✱ oder △ zu deinem ☽ steht, oder deren ♀ in harmonischem Aspekt oder ☌ mit deinem ♂ steht oder umgekehrt, oder wenn in den beiden Nativitäten Wohltäter sich freundlich anblicken.

Wähle nur einen solchen Jüngling zu deinem Gatten, dessen ☽ in ☌, ✱ oder △ zu deiner ☉ steht und wenn in beiden Nativitäten sich Wohltäter aus ☌ oder einem harmonischen Aspekt anblicken.« (George Wilde.)

In den zwei Horoskopen sollen sich die Himmelslichter nicht disharmonisch gegenüberstehen, ebenso auch ♂ und ♀ nicht. »Prüfe, wer sich ewig bindet!«

Über die Eltern lassen sich aus dem Horoskop des Kindes mit einiger Treffsicherheit Aufschlüsse gewinnen.

Für die Charakteristik des Vaters soll man das IV. Haus und seinen Herrn, ferner in einer Tagesnativität die Sonne, in nächtlicher Nativität den ♄ betrachten; endlich noch die Planeten, die dieses Haus einnehmen, und die Herren des Ortes der ☉ und von IV.

Zur Erforschung der Natur der Mutter untersuche man die Bestrahlung und Position des X. Hauses, das „Herz des Himmels“; seinen Herrn;

ferner in einer täglichen Nativität die Position der ♀, in einer nächtigen jene des ☽; die Planeten im X. Hause; die Herren dieser Orte. In weiblicher Nativität umgekehrt. Über das Einvernehmen der beiden Eltern gelten ganz analoge Sätze wie über die Liebe zwischen den Ehegatten.

Um das Verhältnis des nativen Kindes zu den Eltern zu erfahren, beobachte man, ob der Herr des Aszendenten (der „Herr der Genitur") im Einklang steht mit dem Repräsentanten des Vaters oder nicht. Ebenso verfährt man mit dem Repräsentanten der Mutter.

Man wird so auch erkennen, ob der Vater oder die Mutter das Kind mehr liebt.

Die Kinder: Für diese Frage hat man das V. und das XI. Haus zu studieren. Vor allem, ob sie in fruchtbaren Zeichen mit ihren Spitzen stehen. ☉ in V wird als ungünstig für Nachkommenschaft bezeichnet. Der ☽ darin ist günstig. ☿ in V verspricht Ärger mit den Kindern, ♀ künstlerisch veranlangt, hübsche Kinder. ♂ lässt vermuten, dass eines von ihnen einem gewaltsamen Tod zum Opfer fallen werde; ♃ darin kündigt Freude und Glück mit den Kindern an, ♅ gibt Grund zu Besorgnissen.

♄ in ☍ zu ♃ oder ♀ vernichtet die Nachkommenschaft, selbst wenn sie zahlreich ist. Man beobachte die Aspektierung der Planeten, die das V. Haus okkupieren, sowie die seines Herrn.

Steht die Mehrzahl der Planeten eines Horoskops in weiblichen Zeichen, so wird die Nachkommenschaft vorwiegend weiblich sein, und so vice-versa.

In der gleichen Weise betrachtet man das XI. Haus. Wenn dabei beide Häuser in Widerspruch geraten, so ist das goldene Mittel daraus zu ziehen, oder es steht event zu befürchten, dass die Kinder früh sterben.

Am glücklichsten ist die Position: Herr des V. Hauses anwesend in V. und gut aspektiert. Auch sollen sich die Herren des V. und IX. Hauses harmonisch anblicken.

Der Lebenslauf des Nativen

Wie der Verlauf der Lebensschicksale sich gestalten wird, d. h. wann die Ereignisse, die das Horoskop verspricht, sich einstellen werden, wird durch die verschiedenen Direktionsmethoden berechnet.

Der uns hier zur Verfügung stehende Raum gestattet uns nicht mehr die Darstellung dieses wichtigen und interessanten Teiles der Geburtshoroskopie, der den zeitlichen Schlüssel der Nativität enthält. Jedoch wurden inzwischen von den *Sekundärdirektionen* das sogenannte *Progressive* und das *Solarhoroskop* von Karl Brandler-Pracht in dessen „Astrologischer Bibliothek“ Band I. und IV. erörtert, während die *Primärdirektionem*, die nicht nur in zeitlicher Genauigkeit, sondern auch nach der Stärke ihrer Wirkungen den sekundären Direktionen vorangehen, von Wilhelm Knappich im „Zodiakus“ II. jahrg. Heft 8/9 gründlich und mit Beispielen versehen dargestellt sind.[1)]

Zwei historische Horoskope

Wir wollen aus der Nativität des Kaisers und der Kaiserin nur einige charakteristische Punkte skizzieren.

In Figur 6 haben wir zwei *ineinandergearbeitete*, d. h. zueinander in Beziehung gesetzte Horoskope vor uns. Der Tierkreis ist für beide gemeinsam, der äußere Planetenring enthält die Geburtsgestirnung Ferdinand Maximilians, der innere jene seiner Gattin Charlotte. Die mit römischen Ziffern bezeichneten und bis zur Peripherie gezogenen Häuser gehören der männlichen, die mit den indischen („arabischen“) Ziffern bezeichneten und in ihren Grenzen nur angedeuteten Häuser gehörender weiblichen Nativität an.

In diesem Bilde steht wahrhaft ein Schicksal geschrieben.

Maximilian selbst ist durchaus nicht mit kriegerischer Natur geboren (Asz. ♋), sondern sein Lebenselement liegt in künstlerischer Tätigkeit (☉ ☌ ♀, ☌ ☿). Sein Geist weilt am liebsten im Lande der Fantasie und romantischer Schönheit (♋, ☽ in ♎); es ist ihm vom Geburtslos eine hohe Erhebung voll Ehren und Würden zugedacht (♃ in X, ♂ im ♈), jedoch die Position als Kriegsherr widerstrebt seinem richtigeren Empfinden für das, was seiner Natur entspricht (♂ □ ☉, ☍ ☽), wie seine Dichtungen zur Genüge beweisen. Es war nicht der eigene Ehrgeiz, der den Prinzen bestimmte schließlich dennoch das Szepter des unbekannten Volkes und

1) *Ein Separatabdruck dieser Arbeit, betitelt „Theorie und Praxis der Primärdirektionen“, ist in Aussicht genommen.*

des exotischen Landes zu übernehmen. Es war vielmehr der Ehrgeiz seines Weibes, der ihn dazu trieb. Von den besten Absichten und Wünschen geleitet, wurde Charlotte seine Schicksalsvollstreckerin (☽ w. ☌ ♄ m., ♅ w. ☍ ☽ w., ♅ w. ☌ ♃ in X m.[1])

Maximilians Karma war es wohl, jenes unglückliche,

Schicksal zu erleiden (♂ ☍ ☽, // ☽, // ♄, ♂ in Elevation, ♅ in VIII, ♆ □ ☽, □ ♂, ♂ □ ☉, □ ☿), aber der unglückseligen weiblichen Nativen war es vorbehalten, dieses Karma zu erfüllen.

Ihre Nativität ist ein wahres Unglückshoroskop: ☉ □ ☽, ☌ ♂, // ♂, ☍ ♄, □ ♅; ♅ ☍ ☽, // ☽, ♀ □ ☽ [und □ ♅], ♄ □ ♅, □ ☽, ☍ ☿, (♃ ☍ ♆) sind typische, furchtbar starke Irrsinnsaspekte. Dabei erzürnen sich die Übeltäter ♂ und ♄ gegenseitig, ♄ erweckt in der □ alle unheilvolle Heftigkeit des ♅; ☽ empfängt alle seine schlechten Strahlen im VI. Haus.

Am 19. Juni 1867, dem Todestag Maximilians, stand die ☉ abermals in □ ♂ und in // zu ihm; ♂ wiederum im XI. Hause. Durch den Verrat falscher Freunde (Napoleon III.) fiel er den Füsilierkugeln von Dr. Juarez Soldaten zum Opfer.

Die Direktionen für diesen Tag waren nicht minder unglücklich.

---

1) Es sei mit „w." die weibliche, mit „m." die männliche Nativität bezeichnet.

Karmisches Leid und die Befreiung vom Schicksal

Ὁ μη δαρεις ἀνθρωπος οὐ παιδευεται

Oft sendet das Leben dem unschuldigsten Menschen die schwersten Schicksale. Kaiserin Elisabeth von Österreich, diese edle Frau, die wohl keinem Mitgeschöpf je das geringste Böse getan hat, wird im Leben schon schwer vom Leid heimgesucht und schließlich von einem Anarchisten ermordet, der sich vorher gar nicht sie, sondern einen anderen Souverän zu seinem Opfer erlesen hatte.

Ibsen lässt in seiner „Nora“ den „Doktor“ klagen, dass sein armes Rückenmark die Sünden seines ausschweifenden Vaters abzubüßen habe.

Woher diese Tragik des Lebens, woher die schreiende Ungerechtigkeit in der Verteilung der Schicksalsgaben?

Hatten die Griechen recht, wenn sie sich die Götter unentwegt in gleichmütiger Ruhe auf ihrem Olympos thronend dachten, nicht berührt vom Treiben der Menschen, kühlen Herzens herabsehend auf so viel Lust und Leid, ohne je von Mitleid oder Mitfreude erfasst zu werden? Ein ewig heiterer Ernst lag über diesem olympischen Göttergleichmut, irdisches Leid reichte nicht an ihn heran.

In dem strengen Kausalitätsbedürfnis unserer eigenen Zeit ist es gelegen, überall nach dem Grunde zu fragen, sich jedes Geschehen durch ein anderes, vorhergehendes veranlasst zu denken. Nur dort, wo man diesen Zusammenhang nicht sieht oder mitunter wohl auch nicht sehen will, wird der „Zufall“ zu Hilfe gerufen, – eine mysteriöse Macht, von der man nicht weiß, von warmen sie kommt und wohin sie strebt.

Es fehlt nicht an Denkern, die diesem Zufall die reale Existenz abgesprochen und ihn einfach als Lücke in unserer Erkenntnis der Ursachen betrachtet haben.

Andere hingegen, darunter auch moderne Naturforscher, haben ihm ein bestimmtes Wirkungsfeld im Weltall reserviert, wo er seine zwar sehr abstrakte, aber immerhin nicht unbeträchtliche Aufgabe erfüllt.

So stehen nach Kant[1)] „alle Substanzen, sofern sie zugleich sind, in durchgängiger Gemeinschaft, d. h. Wechselwirkung untereinander“, und Schopenhauer[2)] löst den Zufall in eine „höhere Notwendigkeit, bedingt durch das Schicksal“ auf, welches auch die scheinbar bloß zeitlich (durch die „zufällige Kreuzung zweier Kausalreihen“) verbundenen Tatsachen in gesetzmäßigem Zusammenhang aufeinander wirken lässt.

Dagegen räsoniert ein neuerer Philosoph[3)]: „Im Grunde genommen gibt es also keinen Zufall; denn jedes Ereignis ist nur das letzte Glied einer Kette von Veränderungen, die alle mit Notwendigkeit ablaufen.

Aber der Weltlauf besteht aus einer unendlichen Anzahl solcher Ketten, die keineswegs parallel liegen, sondern sich nach allen Richtungen kreuzen. Innerhalb dieser allgemeinen Notwendigkeit können wir also von zufälligen Ereignissen reden, nämlich von solchen, die im gleichen Zeitpunkt zusammentreffen, ohne miteinander in einem Kausalitätsverhältnis zu stehen.“

Jene Lehre, welche in die großen Zusammenhänge des kosmischen Geschehens am tiefsten eingedrungen ist, ist die Astrologie. Diese aber kennt keine allgemeine Notwendigkeit mit spezieller Zufälligkeit, sondern sie bewährt vielmehr das Dichterwort: „Es gibt keinen Zufall – und was uns blindes Ungefähr nur dünkt, gerade das steigt aus den tiefsten Quellen!“

Die okkulte Kosmologie zeigt, dass dort, wo von zwei scheinbar unabhängigen Kausalreihen a – b – c und α – β – γ z. B. α zu a oder b zu γ in Beziehung tritt, auch eine sie zusammenführende und verbindende Kraft existiert, auch wenn sie nach den wissenschaftlich anerkannten Methoden nicht feststellbar ist.

Wir sahen, dass Christiane Vulpius nicht „rein zufällig“ die Bekanntschaft des weiland Weimarischen Ministers gemacht hat, und dass der seltsame Herzensbund des Dichters Friedrich von Hardenberg nicht von ungefähr geschlossen ward. Wie unerwartet Menschen sich zusammenfinden! Wie überraschend, unbegreiflich die Ereignisse des Lebens uns zukommen! Woher?

---

1) „Kritik der reinen Vernunft“, 1.Ausgabe.

2) „Parerga“, 222, 229.

3) Windelband, „Die Lehren vom Zufall.“

Hat etwa Elisabeth sich so schwer versündigt, dass ihr mit der Ermordung vergolten wird? Und was hat wohl der mit Rückenmarksschwindsucht erblich Belastete im Mutterleibe – ja im Momente seiner Erzeugung bereits verbrochen, dass er schon als Embryo den Keim zu seiner Lebenslast in sich trug?

Es ist klar, dass alles, was geschieht, die Wirkung einer Ursache sein muss. Es kann nichts ursachenlos geschehen. Und wenn der leibliche Mensch schon als Siechtumskandidat geboren wird, so muss die Verursachung seiner Krankheitsdisposition vor die irdische Existenz fallen. Es ist keine Erklärung, zu sagen: „er hat seine Anlage eben ererbt."

In Wirklichkeit war es streng kausal begründet, warum er diesen Mann zum Vater hatte, warum diese männliche und jene weibliche Zelle sich zusammenfanden, um seinen Embryokeim zu bilden mit eben den bestimmten Dispositionen, die ihm für das Leben anhaften.[1)]

Und wenn Luccheni, der einen ganz bestimmten Potentaten aufs Korn genommen hatte, durch die Verkettung der Umstände zum Morde Elisabeths getrieben wurde, so hatte jene zurückgezogene, gütige Frau sich ihr Schicksal in diesem Leben nicht selbst bereitet, sondern sie schuf die Ursache in einer anderen, längst entschwundenen Zeit, mit der keine

---

1) »Die gewaltigen, willensstarken Männer, welche die Welt hervorgebracht hat, sind alle gewaltig wirkend gewesen als ungeheure, gigantische Menschen mit großartigen Willenskräften, mächtig genug, um Welten über den Haufen zu werfen: sie erreichten das durch beharrliches Wirken Zeitalter hindurch. Solch riesenhafter Wille, wie ihn Buddha oder Jesus hatten, kann nicht in einem Leben erworben worden sein, denn wir wissen, wer ihre Väter waren. Es ist nichts davon bekannt, dass diese jemals ein Wort zum Wohle der Menschen gesprochen hätten. Millionen und Millionen von Zimmermännern wie Joseph sind dahingegangen; Millionen leben noch. Millionen und Millionen kleiner Könige wie Buddhas Vater sind in der Welt gewesen. Wenn es nur ein Fall erblicher Übertragung ist, wie erklären, dass dieser kleine, unbedeutende Fürst, dem vielleicht von seinen eigenen Untertanen der Gehorsam verweigert wurde, diesen Sohn hervorbrachte, den eine halbe Welt anbetet? Wie die Kluft erklären, die zwischen dem Zimmermann und seinem Sohne liegt, den Millionen menschlicher Wesen als Gott vereinen? Durch jene Theorie kann sie nicht erklärt werden. Woher kam der gigantische Wille, mit dem Buddha die Welt in Staunen versetzte, und jener, der von Jesus ausging? Woher kam diese Anhäufung von Kraft? Sie musste schon durch Zeitalter und Zeitalter vorhanden gewesen sein, immer größer und größer werdend, bis sie in der menschlichen Gesellschaft als Buddha oder Jesus hervorbrach und sich bis auf den heutigen Tag erstreckte.« (Vivekānanda, „Karma Yoga")

Erinnerung sie mehr verband, für die nur ihr unpersönliches Ego noch das Gedächtnis besaß.[1)]

Längst hat orientalische Weisheit den Schlüssel zu diesem dunklen Rätsel der irdischen Weltgerechtigkeit gefunden:

»Die Schrift hat, Brüder, recht. Des Menschen Sein
Als Folge geht auf früheres Sein zurück.
Vergangener Sünde entsprießen Sorge und Leid,
Vergangener Guttat Glück.
Ihr erntet, was ihr sät.« (Buddha)

Man soll also dem Schicksal trotz aller seiner Härten und scheinbaren Ungerechtigkeiten nicht fluchen, sondern vielmehr an ihm lernen,sich an ihm heranbilden; dadurch erst wird man fest und frei: »Der Mensch, der nicht geschunden wird, wird nicht erzogen.«

Man muss lernen, den Gedanken bis in seine letzten Folgen auszudenken, dass man alles, was einem widerfährt, selbst verursacht hat. Man sage sich: »Dieses Leben, diese Schicksale, die mir jetzt entgegentreten, sind nur das Echo meines eigenen einstigen Rufs; mein Ruf ist verhallt und von mir schon vergessen werden, – die Erinnerung zwischen diesem und dem früheren Leben hat mein Gedächtnis verloren; aber ich erkenne den einstigen Ton meiner Stimme am jetzigen Klang des Widerhalls; es ist der Reflex meines früheren Tuns.«

Treten dir also niedrige Menschen mit hässlichem Wollen entgegen, sage dir: das war ich einst; und das tat ich! Fügen dir andere Leid zu und unerhörtes Unrecht, – sei dir klar: es ist nicht *unverdient*, sondern du hast es dir selbst verdient, denn du tatest ebendas einst anderen an.

Nichts geht im Kosmos verloren von allem, was je geschieht; sei es eine physische Handlung, ein Gefühl, ein Gedanke, – das Astrallicht nahm es auf und stößt es wieder in die Erscheinungswelt zurück, über das Gleichgewicht hinaus, bis die Monade wieder ihre Ruhe in Nirvana findet. Was uns immer also das Schicksal sendet, ist nichts anderes als eine

---

1) Goethe (einer der letzten Rosenkreuzer) sprach das Gleiche mit seinen schönen Worten an Frau von Stein aus:

» ... Was band uns so genau?
– Du warst in alten, abgelebten Zeiten
Meine Schwester oder meine Frau.«

Wirkung *Karmas*, des Gesetzes des Ausgleichs der Kräfte. Bleibt uns nun aber nichts übrig, als in Resignation uns ins *Kommende* zu ergeben, leidvoll das Leid zu tragen und nicht zu fragen, wie es wandeln?

Die Fragen nach den allgemeinen Ursachen des Schicksals, nach der Zukunft hat unablässig die Menschen beschäftigt; im Grunde besaßen die ältesten Zeiten schon alle die *okkulten* Lehren, wie man in die Zukunft schaut und sein Schicksal ergründet, um es nach Kräften lenken zu können. Die Chirognomik ist besonders für die nähere Zukunft ein guter Berater, die Astrognomik aber der Mentor fürs ganze Leben.

Das astrologische Geburtsbild verzeichnet unser Soll und Haben aus den vergangenen Erdenleben, oder wenigstens jenen Teil, der von uns in dieser Inkarnation beglichen werden soll. Wir sehen in der Nativität geschrieben, was wir früher waren, was wir dachten, empfanden, wie wir es trieben, – und was wir jetzt dafür empfangen sollen. „Auge um Auge, Zahn um Zahn“. – Ist dies nicht trostlos hart, drückend schwer? Einige dunkle Versprechungen und ein schweres Maß von Drohungen? – Im Gegenteil; nur Schwache sagen so. Der Starke ist glücklich, dass ihm vergönnt wird, so in sein Schuldbuch Einsicht zu nehmen. Er kann sich rechtzeitig rüsten, um seinen karmischen Schickungen gewachsen zu sein seelenstark ihnen gegenüberzu treten und Schlimmes zum Guten zu wenden!

Vorgewarnt ist vorgewappnet.

Unter schwachen Seelen allerdings kann es Unheil anrichten, wenn ihnen irgendwelche schweren Ereignisse in Aussicht gestellt werden, und es können sogar falsche Prognosen dadurch zur Wahrheit werden, dass bloß die Angst vor ihrer Verwirklichung von einer suggestiblen Seele Besitz ergriffen hat. Erst der ist für die angewandte Astrognostik reif, der es wagt, den Tatsachen die Stirne zu bieten. Dieser aber kann dann reichlichen Nutzen aus seinem Wissen ziehen, – solange er noch mit Einzelschwierigkeiten zu kämpfen hat. Das Horoskop lässt in hohem Grade die allgemeine Veranlagung des Nativen erkennen, seine Geistes- und Gemütsrichtungen. Wie viele Missgriffe werden infolge falscher Berufswahl der Eltern für ihre Kinder begangen![1)]

1) »Dickens versteht es meisterhaft, über diese Jugendsklaverei zu schreiben, weil er sie an sich selbst erfahren hat; er führt uns Kinder vor, deren sehnsüchtige Hoffnungen für das ganze Leben von unwissenden Eltern erstickt worden sind; Knaben, die als bösartig, dumm

Die meisten dieser Fälle könnten vermieden werden, wenn z. B. ein zuverlässiges astrologisches Institut bestände, das jedermann die erforderlichen Belehrungen zugänglich macht.

In ähnlicher Weise, – aber allerdings in bescheidenerem Maße kann das Horoskop auch Hinweise geben, welche Länder oder Städte dem Nativen günstig und welche ihm ungünstig zu werden versprechen. Es ist hier ähnlich wie bei der Wahl der Edelsteine.

»Was aber die Gesundheit anlangt, so kann für sie der Astrologe mehr tun als fast für jedes andere Lebensgebiet. Vor allem muss er darauf bedacht sein, die Stärken und die Schwächen seiner Konstitution ausfindig zu machen, darauf dringt er tiefer in die Einzelheiten ein. Ist die Sonne schwer von den Übeltätern verletzt, so haben wir auf Vererbung vonseiten der Vorfahren zu schließen; das Zeichen, in dem die ☉ steht, zeigt an, wo das überkommene Übel lokalisiert ist. Ist die ☉ im ♌ verletzt, so haben wir auf einen organischen Herzfehler zu diagnostizieren, müssen also sorgsam uns vor Erregungen, Sport und allem hüten, was das Herz stark angreift … Es ist auch ratsam, schlechte ♄-Einflüsse durch den Aufenthalt in wärmeren Klimaten zu paralysieren.

Zuerst spüre man der Ursache und dem Sitz des Übels nach, dann regle man sein Leben so, dass diese Einflüsse aufgehoben oder wenigstens abgeschwächt werden. Wenn die Lumina („Himmelslichter", ☉ od. ☽) im ♋ oder vom ♋ aus verunglimpft werden, so müssen wir besonders auf die Qualität unserer Nahrung achten, aber auch auf die Art und die Zeit, in der wir sie zu uns nehmen. Wenn wir alle möglichen Speisen durcheinander in den Magen stopfen, ohne Rücksicht auf die chemische Affinität, so dürfen wir uns nicht wundern, wenn wir häufig von Verdauungsstörungen,

---

oder faul gelten und dafür gestraft werden – einfach weil sie nicht an ihrem Platz sind; – Knaben, die, um ein treffliches Bild zu gebrauchen, viereckig sind und in ein rundes Loch gezwängt werden sollen, und denen übel zugesetzt wird, weil sie nicht hineinpassen; – Knaben, die gezwungen werden, trockene theologische Bücher zu studieren, während doch ihr ganzes Wesen nach dem Studium der Medizin, der Chemie, zur Kunst oder nach dem kaufmännischen Berufe drängt; – Knaben, die gequält werden wegen ihres Ungeschicks zu Beschäftigungen, gegen die jede Fiber ihres Wesens beständigen Protest erhebt«. (Orison Swett Marden, „Wille und Erfolg", 5. Kap.)

Moliére sollte Tapezierer und Jurist werden, Ferd. Raimund Zuckerbäcker, Schiller Wundarzt in der Militärschule, Händel Mediziner, Defoe Handelsmann, Petrarca Rechtsanwalt, Linné sollte Theologie studieren, usw., usw.

usw. heimgesucht werden. Ähnlich müssen wir, wenn Virgo im Horoskop ernstlich verletzt ist, vernünftig in der Auswahl unserer Speisen vorgehen, indem wir alles vermeiden, was im Verdauungsschlauch Gärung und Kolik hervorrufen kann, wie Erbsen, Bohnen, Erdäpfel, Käse, usw.

Falls ♄ von den Fischen aus die Himmelslichter übel bestrahlt, so sei man bedacht, seine Füße warm zu halten; denn sie sind von Erkältung bedroht, die ihrerseits wieder die Quelle für schwere rheumatische Schmerzen werden kann. Dem Blut wird seine Wärme und seine Kraft entzogen, so dass es nicht mehr fähig ist, sich von den Einflüssen der Harnsäure frei zuhalten, die Zirkulation leidet darunter und mit ihr die Ernährung, usw.

Das erscheint mir also als der beste Weg: den konstitutionellen Schwächen im Körper nachzuspüren und einerseits die Präventive zu ergreifen, anderseits bewusst entgegen zu arbeiten.

Was nun die „Direktionen" der Planeten anlangt, so können wir viel tun durch unsere Stellungnahme gegenüber den Strahlungseinflüssen, die uns zu den gewussten Zeiten treffen werden. Wäre es nicht so, dass wir das vermögen, dann wäre die Astrologie allerdings einfacher Fatalismus.

Shakespeare sagt klar :

»Es gibt, wie in der Natur, Gezeiten im Leben des Menschen,
Und weiß er die Flut zu nützen, dann hebt sie ihn empor zum Glück.«[1)]

Es trägt uns kein gütiger Wind von selbst auf den Gipfel der Flutwelle, sondern wir selber müssen unsere Barke ins Wasser stoßen. – Hilf dir selbst, so wird Gott dir helfen!«[2)]

Eine astrologische Monografie des Erfolges ist in der schon genannten Schrift von Geo Wilde „Das Horoskop als Schlüssel zum Erfolg" gegeben. Für die eingehenderen Krankheitsprognosen studiere man Heim. Däath, „Astrologische Medizin" (Medical Astrology) oder K. Brandler-Pracht, „Medizinische und Herbalastrologie" (in Vorbereitung befindlich).

Ehefragen aus dem Horoskop zu entscheiden erscheint uns als eine viel zu heikle Sache, als dass wir es allgemein empfehlen möchten. Nur, wo es sich um Heiraten zum gegenseitigen Vorteil handelt, wird die

---

1) »There's a tide in the affairs of men,
Which if taken at the flood, leads on to fortune.«

2) Euodao, »How to rule our stars«, Old Moore's Monthly Mess. Sept. 1910.

Prognose sich einfach gestalten; dann wendet man die astrologischen Erfolgsregeln an, falls man überhaupt dafür die Sterne zu bemühen gedenkt.

So lässt sich die Prognose aus dem Horoskop auf alle Lebensgebiete ausdehnen.[1)]

Eine große Zahl von Menschen wird sich damit zufrieden geben, immer nur sorgsam auf der Hut zu sein, das feindliche Übel abzuwehren, d. h. jene sichtbaren und fühlbaren Übel, die ihren niedrigeren Sinnen erkennbar sind. Aber einen wirklichen Denker wird diese Fliegenjagd nicht zufriedenstellen. Er wird einsehen, dass die Ursache seiner unausgesetzten Belästigung eigentlich an ihm selbst lag; die Schmarotzer waren nur deswegen so zudringlich geworden, weil seine eigene Ausdünstung und der Schweiß auf seiner unvollkommen gereinigten Haut sie anlockte; — der vom Schicksal Geplagte wird sich endlich sagen: ich will einfach ein Bad nehmen, mich vom Schmutz rein halten und in Zukunft überhaupt keine Unsauberkeit an mich herankommen lassen.

So vorteilhaft die Nativität als Seelenspiegel werden kann, so sehr muss man aber auch vor Pfuschern und Schwindlern auf der Hut sein. Denn so wie die gesamte übrige okkultistische Forschung leidet auch die Astrologie schwer unter dem Treiben der schwindelhaften Moneymaker, und es wird hier oft wirklich schwierig, die Spreu vom Weizen zu scheiden.

»Ich will nicht über die Arbeiten der sattsam bekannten Pseudoastrologen sprechen, die ihre wertlosen, nach einem Schema gearbeiteten Machwerke … anpreisen und die von wirklicher, individuell arbeitender Astrologie gar keine Ahnung haben. Aber auch viele Astrologen, die ihre Horoskope richtig berechnen und einwandfrei aufstellen, machen sich in Bezug auf die Prognose einer großen Oberflächlichkeit schuldig. Sie haben meist ihre prognostische Weisheit in einigen Fächern ihres Schrankes aufgestapelt. Da sind vorerst 12 Fächer, angefüllt mit den Beschreibungen der 12 Tierkreiszeichen, und dann folgen einige Fächer

---

1) Wenn es nicht möglich ist, sich durch das eigene Kombinationsvermögen aus den ihm bekannten astrologischen Faktoren heraus die Divination nach der geschilderten analytischen Methode zu schaffen, nehme man seine Zuflucht zum III. Bde. der „Astrolog. Biblioth.“: Brandler-Pracht, „Astrologische Aphorismen“, oder dem „Mathematisch-instruktiven Lehrbuch der Astrologie“ desselben Verfassers, letzter Teil.

mit den Beschreibungen der Wirkungen der Himmelskörper und schließlich Fächer, in welchen die Aussagen über die Wirkungen der Aspekte dieser Himmelskörper, die sie zueinander bilden können, ruhen.

Hat sich nun ein solcher Astrologe mithilfe der Tabellen seine Arbeit leicht gemacht, die Himmelskörper in das Schema eingesetzt, die Aspekte herausgezogen, so geht er zu seinem Weisheitsschrank und nimmt von den 12. Fächern der Tierkreiszeichen aus Abteilung 10 die Beschreibung über das Tierkreiszeichen ♏, heraus, dann entnimmt er anderen Fächern die Beschreibung über die Wirkung der in diesem Horoskop infrage kommenden Himmelskörper und fügt zu diesen Blättern die ebenfalls vorgedruckten Aussagen über die Aspekte, heftet das alles zusammen, und das Horoskop ist fertig und wird dem Besteller zugeschickt.

* * *

Ein auf die geschilderte Art zusammengekleistertes Horoskop besteht natürlich infolgedessen aus einer Menge von Eigenschaften (selbstverständlich nur guten, sonst würde es der Geschäftsastrologe ja mit seiner Kundschaft verderben), aus welchen sich der Horoskopeigentümer die ihm am meisten zusagenden heraussuchen kann. Und da wir Menschen uns schließlich fast alle schon als gut und edel fühlen, so sind die meisten Empfänger solcher Elaborate hoch erfreut darüber, ihre nur guten Eigenschaften so schön bestätigt zu finden, und das Horoskop stimmt!

Damit aber verliert das Horoskop seinen ethischen Wert. Es soll uns doch eine ungetrübte, wahre Widerspiegelung unseresinneren Menschen sein, soll uns alle in uns wohnenden guten, aber auch alle bösen Eigenschaften in ungeschminkter Wahrhaftigkeit vor Augen führen; es soll uns zur reinen Selbsterkenntnis bringen, damit wir imstande sind, uns ethisch zu verbessern und zu erheben.«[1)]

---

1) Elli Brandler-Pracht, „Was zeigt uns ein Horoskop", in der „Astrologische Rundschau" (Beiblatt des „Prana") S. 60/61. – Der okkultistische Schriftsteller Karl Brandler-Pracht, dem das Hauptverdienst an der Verbreitung der modernen Astrologie in Österreich und Deutschland zukommt, erweist dadurch der Astrologie einen unschätzbaren Dienst, dass er unermüdlich und mit kräftiger Hand unter den Sterndeuterscharlatanen aufräumt. Die genannte „Astrologische Rundschau" baut – als Gegenstück zu dem naturwissenschaftlichen „Zodiakus" – die Astrologie vorzüglich auch nach der okkulten Seite hinaus.

Es ist unvergleichlich viel wertvoller und wirksamer, statt (nach dem Muster der meisten unserer zeitgenössischen Ärzte) immer nur die Symptome eifrig zu bekämpfen, vielmehr das Übel an der Wurzel zu fassen; die Ursachen aufzuspüren und aufzuheben. Im Horoskop erkennt der Selbstastrologe sich genau wieder; mit allen seinen offenen und latenten Fehlern, selbst die üblen Keime, die in ihm ruhen, erkennt er mit immer klarerer Deutlichkeit. Die Selbstschau in der Nativität zeigt ihm: so warst du, darum sind jetzt die anderen so gegen dich, darum tun sie dir dies jetzt an.

Aber er wird nun auch den Satz des alten Demokrit verstehen: Wer Unrecht tut ist unglücklicher als wer Unrecht leidet.

Sind die Lebensträger im Horoskop verletzt, so hat der Native einst die Gesundheit anderer schwer geschädigt. Will er nun nicht bloß zu physischen Palliativmitteln seine Zuflucht nehmen, sondern seine Gesundheit dauernd wiedererlangen, so ist der einzige Weg hierzu der unablässig zu streben, dass er andere gesund mache; dadurch vernichtet er das seinem Leben feindliche Karma und schafft sich vitale Schätze von dauernder Wirkung.[1)]

Ähnlich müssen wir kämpfen gegen alles andere Leid: durch Altruismus.

Nur durch die weitzügige Auffassung des Leids in dieser Ethik gewinnt es eine fruchtbare, erlösende Kraft. – Man denke sich den folgenden Fall: Es widerfährt jemand etwas, das in ihm recht peinliche Empfindungen hervorruft. Er kann sich nun in zweifacher Art dazu stellen. Er kann den Vorfall als etwas erleben, das ihn peinlich berührt, und sich der peinlichen Empfindung hingehen, vielleicht sogar in Schmerz versinken. Er kann sagen: In Wahrheit habe ich selbst in einem vergangenen Leben in mir die Kraft gebildet, welche mich vor diesen Vorfall gestellt hat; ich habe in Wirklichkeit mir selbst die Sache zugefügt. Und er kann nun alle Empfindungen in sich erregen, welche ein solcher Gedanke zur Folge haben kann. Selbstverständlich muss der Gedanke mit dem

---

1) Als Jesus einen Blindgeborenen heilte, fragten ihn die Jünger, ob die Sünden dieses Mannes (vor der Geburt) oder die Sünden seiner Eltern die Ursache seien, dass er blind geboren würde. – Vrgl. hierzu auch die klar durchdachten, sachkundigen Ausführungen in Suryas „Modernen Rosenkreuzern".

aller vollkommensten Ernste und mit aller möglichen Kraft erlebt werden, wenn er eine solche Folge für das Empfindungs- und Gefühlsleben haben soll. Wer solches zustande bringt, für den wird sich eine Erfahrung einstellen, welche sich am besten durch einen Vergleich veranschaulichen lässt. Zwei Menschen – so wolle man annehmen, bekämen eine Siegellackstange in die Hand. Der eine stelle intellektuelle Betrachtungen an über die *innere Natur* der Stange. Diese Betrachtungen mögen sehr klug sein; wenn sich diese *innere Natur* durch nichts zeigt, mag ihm ruhig jemand erwidern: Das ist Träumerei. Der andere aber reibt den Siegellack mit einem Tuchlappen und er zeigt dann, dass die Stange kleine Körperchen anzieht. Es ist ein gewichtiger Unterschied zwischen den Gedanken, die durch des ersten Menschen Kopf gegangen sind und ihn zu den Betrachtungen angeregt haben, und denen des zweiten. Des ersten Gedanken haben keine tatsächliche Folge; diejenigen des zweiten aber haben eine Kraft, also etwas Tatsächliches, aus seiner Verborgenheit hervorgelockt. – So ist es nun auch mit den Gedanken eines Menschen, der sich vorstellt, er habe die Kraft, mit einem Ereignis zusammenzukommen, durch ein früheres Leben selbst in sich gepflanzt. Die bloße Vorstellung regt in ihm die Kraft an, durch die er in einer ganz anderen Art dem Ereignis begegnen kann, als wenn er diese Vorstellung nicht hegt.

Wiederholt jemand solche inneren Vorgänge, so werden sie fortgesetzt zu einem Mittel innerer Kraftzufuhr und sie erweisen so ihre Richtigkeit durch ihre Fruchtbarkeit.

In geistiger, seelischer und auch physischer Beziehung wirken solche Vorgänge gesundend, ja in jeder Beziehung fördernd auf das Leben ein.[1)]

Haben wir die feste Üeberzeugung gewonnen, dass es uns möglich ist, durch die intuitive Selbstschau die Krankheiten unseres Körpers sowie jene der Seele – Leidenschaft und Furcht – zu überwinden, so können wir uns immer und immer wieder vom Horoskop Anregungen holen, um die Analyse der eigenen Persönlichkeit zu vertiefen. Man entdeckt fortwährend wieder Neues. Je tiefer man in die okkulte Sternenwissenschaft eindringt, desto beredter wird sie dem, der sie befragt. Weist dich das Himmelsbild auf diese oder jene Mängel im Charakter oder im Gedanken-

---

1) Dr. Rudolf Steiner, „Die Geheimwissenschaft im Umriss", 2. Aufl., S. 100ff.

leben, nimm die Mahnung auf und frage dich in einsamer Selbstversenkung, wie das Übel zu heilen sei. Die Stimme der Stille wird die Antwort geben; lass du sie nur rein und ungetrübt erklingen, dann ist ihr Ratschlag niemals verfehlt; denn die Intuition überflügelt weit das mühsame Denken, sie schöpft aus dem lauteren Wahrheitsquell selbst, nicht erst wartend, bis er als breiter Bach mit getrübtem Wasser sich unter krummen Windungen durch die Niederungen des Verstandes mühsam Bahn gebrochen.

Unablässig wird das Himmelsbild dir Neues in der eignen Seele zeigen: lastet ein mächtiger ♄ bleiern schwer über dem Horizont oder in der Himmelsmitte, der ☉, dem ☽, dem ☿ oder der ♀ schlechte Strahlungen sendend, so mahnt dich die Nativität, ob du nicht dazu neigst, dich menschenscheu und finster von der Welt abzukehren, alles in die eigene Brust zu verschließen, statt dich den anderen zu öffnen, wie ein schmutziger Spiegel, der das Licht in sich verzehrt, statt es, wie seine reinen Brüder, hell zurückzustrahlen. Frage dich, ob nicht deine Fantasie sich stets nur um die liebe eigene Person bemüht, um sie herrlich und glänzend auszustatten; frage dich, ob nicht dein Verstand nur deiner Eitelkeit hat dienen wollen, aber stets nur unbefriedigt, haltlos sich in Selbstkritik verzehrte; frage dich endlich, ob nicht alle deine ♀-Wünsche ein nur der Selbstsucht frönendes Begehren waren, statt das Streben, durch sie ein Mitgeschöpf zu beglücken?

Wenn so dem ♄-Kind sein Geburtsbild sagt, dass er die Freude und die Menschen suchen müsse, um zu genesen, so kann es einem ♀ – ♂ – Kind dagegen die Augen öffnen, dass sein unstillbarer Drang nach exzessiver Lust und heißem überschäumend wildem Genuss nichts anderes sei als die sich auswirkenden latenten Kräfte, die er selbst einst angehäuft und die nun aus ihm toben, ohne dass er es weiß, stets in dem Glauben, dass er selbst über seine Leidenschaften schalte, – in Wirklichkeit von ihrem Gift durchsetzt und schwer berauscht, gleich einem Trunkenen, der alle anderen trunken glaubt, und gleich dem Irren, der fest an die Wahrheit seines Wahnes glaubt.

So achte man auf das Guna seines Aszendenten und die Elemente, auf die Färbung, die die ekliptikalen Zeichen und „Sexturen" den zwölf Häusern geben; man betrachte die Harmonien und Disharmonien zwischen den Prinzipien (die Aspekte), endlich die Einflüsse der Fixsterne.

Man soll immer tiefer alle die Äußerungen der Geburtsgestimmung in der eigenen Persönlichkeit zu ergründen, unaufhörlich aus dem Horoskop zu lernen suchen, dann werden die Disharmonien von der Seele umso rascher abfallen, je öfter sie sich den astrologischen Spiegel vorhält.[1)]

Es gibt nun viele nüchterne Naturen, denen die seelische Versenkung zu schwer wird. Diese sagen mit Recht von sich: ethische Betrachtungen sind mir wertlos; sie sagen mir nichts, darum kann ich keinen Pfennig für den schönsten moralischen Rat geben! – Das sind Tamasnaturen, deren Aufgabe in dieser Inkarnation es ist, sich in dem Gegenwartsmilieu erst auszuleben, ehe sie ein anderes beschreiten. Für diese ist der kürzeste Entwicklungsweg der: in jedem Augenblick seine Pflicht zu tun. Das ist auch der Rat des Altmeisters Goethe: »In dem Maße, in dem du deine Pflicht erfüllst, wirst du erfahren, was an dir ist. Aber was ist deine Pflicht? Was die Stunde von dir fordert!«

* * *

Alles ethische Streben setzt ein bestimmtes Maß von selbstständiger Entscheidungsfähigkeit voraus, – von „freiem Willen". Es ist bekannt genug, dass eine bestimmte moderne Richtung der Philosophie den Versuch gemacht hat, die neueren wissenschaftlichen Ergebnisse der Physiologie, Psychologie, usw. derart systematisch zu missbrauchen, dass diese ihre materialistischen Privatanschauungen zu rechtfertigen schienen. Sie waren unverfroren genug, den „Determinismus" (d. h. die Lehre, dass der

---

1) Tycho de Brahe, der Reformator der beobachtenden Astronomie, war bekanntlich ein begeisterter Freund der Astrologie. Tychos Ansicht war, dass »der glaubensstarke Mensch mit gottergebener Willenskraft das astrographische Pronunciamento des Schicksals korrigieren« könne. In seiner Rede an der Kopenhagener Universität 1579 sagt er: »Die Astrologen binden nicht den menschlichen Willen an die Sterne, sondern sie räumen ein, dass es im Menschen etwas gibt, das über die Sterne erhaben ist, kraft dessen er die unheilbringenden Inklinationen der Sterne überwinden kann, wofern er dem wahren und überweltlichen Menschen nachleben will.« (Auch von der astrologischen Bedeutung der Fixsterne war Tycho Brahe vollkommen überzeugt. Wenn die Planeten sich in bestimmten, entsprechenden Zeichen der Fixsterne befanden, so würden ihre Wirkungen bedeutend verschärft. »Denn die Fixsterne sind wie Mütter, welche selbst unfruchtbar sind, wofern sie nicht von den Planeten beeinflusst und befruchtet werden.«) W. Knappich, „Tycho de Brahe als Astrolog", Separatabdruck aus Zodiakus.

Mensch nichts als ein automatischer Reagenz auf die Einflüsse seines Milieus sei) für „Resultate der Wissenschaft" auszugeben und als solche vom Katheder zu dozieren.

Dort, wo der materialistische Determinismus das große Wort führt, sind aber seltsamerweise auch seine Vettern Utilitarismus und Kapitalismus nie weit zu suchen. Es scheint eine enge Verwandtschaft, und eine Hand wäscht hier die andere; es riecht verdächtig nach Parteiinteresse.

Die ehrlichen unter den hervorragenden Forschern aber sprechen anders über diese Frage. William James, der berühmte Psychologe, der so stark zu der Anschauung neigt, dass die Bewusstseinstätigkeit nichts als Gehirnfunktion sei, bekennt dennoch ganz offen in seiner „Psychologie"[1]: »Die Psychologie mag unumwunden zugeben, dass für ihre wissenschaftlichen Zwecke der Determinismus proklamiert werden muss.« … Nun stellt die Ethik ein Gegenpostulat auf, und der Verfasser dieses Buches für seine Person trägt kein Bedenken, ihr Postulat für das gewichtigere zu halten und anzunehmen, dass unser Wille „frei" ist. Für ihn ist also die deterministische Annahme der Psychologie lediglich provisorisch und methodisch.

Das Forum, von dem die Diskussion (über den relativen Wahrheitsgehalt jeder Wissenschaft) stattfindet, heißt Metaphysik.

… Sobald man beabsichtigt, das Maximum möglichen Einblicks in die Welt als Ganzes zu gewinnen, werden die metaphysischen Probleme die wichtigsten von allen.«

Mit treffender Ironie hat der Genfer Professor Dr. med. Théod. Flournoy die logischen Konsequenzen aus den folgerichtig durchgeführten Dogmen des materialistischen Determinismus gezogen: »… Für den vom Licht der Wissenschaft überschwemmten Weisen gibt es weder Gut noch Böse, weder Sittliches noch Unsittliches; in der *indifferenten Natur* ist alles gleich notwendig und gleich berechtigt. Wenn im Laufe der mechanischen Entwicklung des Universums gerade das Hirn meines Freundes in einen solchen Schwingungszustand gebracht wird, dass er sein Leben opfert, um das meinige zu retten, dann umso besser für mich und umso schlimmer für ihn. Umgekehrt ist es mit einem anderen, der

---

1) Deutsche Übersetzung von Dürr, S. 461, Kap. „Psychologie und Philosophie". (Die gesperrten Stellen im Original nicht gesperrt. Feerhow.)

durch Vererbung und den Zusammenhang der Dinge zum geriebenen Gauner geworden ist und mich der Ehre oder des Vermögens beraubt, ohne durch das geschriebene oder ungeschriebene Gesetz dafür bestraft zu werden. Jedoch in beiden Fällen war das Vorgehen meiner Freunde nur unausweichlich mechanische Folge der irdischen Geschehnisse im Raum und der Zeit, die ihnen vorhergingen.

Wenn mir jetzt die Handlungsweise des ersten nicht nur Dankbarkeit, sondern tiefste Achtung einflößt, die des zweiten aber Abscheu, – so ist meine einzige Entschuldigung für diese widersprechenden Gefühle bei zwei gleich notwendigen Geschehnissen die, dass ich eben selber mit so gearteten Gehirnzellen erblich belastet bin, woran ich gar nicht denke. Aber meine Vernunft – wieder zufolge der fatalen Struktur meiner Nervenzentren – kann nicht umhin, sich über diese Art moralischer Wertung zu verwundern, die doch nur in einer Welt Zweck hätte und unter Wesen, die anders wollen und handeln könnten, als sie es tatsächlich tun. Nun, wenn es mir schon nicht gelingen will, diese Einbildung abzuschütteln, so bleibt mir doch noch der schwache Schimmer eines Trostes: das ist die Überzeugung, dass derselbe Entwicklungsprozess, der mir wie allen den übrigen Schwachköpfen (freilich zum Glück für die menschliche Gesellschaft!) das Gefühl der sittlichen Verantwortlichkeit aufdrängt, mir wenigstens zugleich auch die überlegene Erkenntnis schenkt, – dass sie nur illusion ist.«[1)] („Métaphysique et Psychologie", page 71; Genéve 1890.)

Eine köstliche Satire auf den Determinismus ist E. T. A. Hoffmanns Novelle „Der Zusammenhang der Dinge".

Wenn so die von Tendenzen verleitete moderne Naturwissenschaft die Missdeutung ihrer Resultate beging, den freien Willen zu leugnen, so begeht jene abstrakte Metaphysik keinen minderen Fehler, die einen absolut freien Willen behauptet. In Wahrheit ist die Willensfreiheit in der Entwicklung begriffen, erst im vollkommenen Menschen wird sie vollendet.

---

1) Ch. Féré sagte in der „Revue scientifique", XX, 368 (Sensation et mouvement): »On peut donc fournir la démonstration expérimentale de la nécessité de tous nos actes ...«

Wenn man das kann, dann dürfte es auch möglich sein, „experimentel zu beweisen", dass Mons. Féré am Physiologengrößenwahn leidet; zumal er sich auch noch zu einem negativen experimentellen Beweis erbietet: »de prouver par l'observation physiologique, que l'idée de liberté' n'est qu'nne hypothése sans fondement scientifique et qui ne mérite aucnn respect!«

Worin besteht die seelische Entwicklung des Menschen überhaupt? Darin, dass seine niedrigeren Prinzipien immer gefügigere Werkzeuge für die Tätigkeit der höheren werden. Im rein vegetativen Menschen liegt die Hauptkraft des Bewusstseins in der Vitalseele gebunden, beim Leidenschaftsmenschen im Astralleib, beim Durchschnittsgelehrten im Mental. Doch dort erst leuchtet die Freiheit im Menschen auf, wo die Strahlen aus Arupa die persönliche Erscheinung durchbrechen, – wo der Kausal- und Buddhikörper lebendig tätig werden und bewusst zur Äußerung gelangen. Also ein fortwährendes Bereiten der niederen Vehikel für das höhere Ego ist die Entwicklung. Im Ego wohnt die Freiheit, in der Persona die Unfreiheit. Im selben Maße, als die Seele den Impulsen ihres Egos folgen lernt, wird der „Wille" freier.

Alle *Erlebnisse* nun gehören der Erscheinungswelt an, den vier niedrigeren Prinzipien; das Ego selbst wird nicht von ihnen erreicht. In wem das höchste Bewusstsein erwacht, den berührt nicht mehr *Lust* und *Leid*, an dem verliert das Schicksal seine Macht.

»In den Angelegenheiten des Durchschnittsmenschen ist die Voraussicht seiner Lebensschicksale wahrscheinlich bis zu einem sehr großen Umfange möglich, da er den eigenen Willen nicht in bemerkenswertem Grade entwickelt hat; und er ist daher so ziemlich das Resultat der Umstände. Sein Karma bringt ihn in eine gewisse Umgebung, und deren Einwirkung ist so sehr der wichtigste Faktor in seiner Lebensgeschichte, dass sein zukünftiger Lebenslauf mit beinahe mathematischer Sicherheit vorhergesehen werden kann.

Wenn wir die übergroße Zahl von Ereignissen betrachten, auf welche die Menschen durch ihre Handlungen nur wenig einwirken können, und anderseits die komplizierten und weitreichenden Beziehungen der Ursachen für diese Wirkungen, so wird es uns kaum wunderbar erscheinen, dass auf der Ebene, auf welcher die Wirkung aller ietzt in Tätigkeit befindlichen Ursachen sichtbar ist, ein sehr großer Teil der Zukunft mit ziemlicher Sicherheit, auch in Beziehung auf die Einzelheiten, vorher gesagt werden kann. Dass dies geschehen kann, wird immer und immer wieder bewiesen; und zwar nicht nur durch prophetische Träume, sondern auch durch das »zweite Gesicht« der schottischen Hochländer, Westphalen und Niedersachsen und der Vorhersagungen der Hellseher. Ebenso ist auf das Vorhersagen der Wirkungen aus Ursachen, die schon vorhanden sind, ganze System der Astrologie aufgebaut.

Wenn es sich aber um ein entwickeltes Individuum handelt, um einen Menschen von Bewusstheit und Willen, dann versagt das Prophezeien, denn er ist nicht mehr der Sklave der Lebensumstände, sondern zu einem großen Teil ihr Meister. Es ist richtig, die nackten Ereignisse seines Lebens sind im Voraus durch sein vergangenes Karma bestimmt; aber die Art, in welcher er sie auf sich einwirken lässt, die Weise, auf welche er aus ihnen Nutzen zieht, vielleicht den Sieg über sie davon trägt, das ist sein eigen, und das Resultat lässt sich höchstens als Wahrscheinlichkeit voraussagen. Diese seine Handlungen werden ihrerseits Ursachen, und solche Ketten von Ursachen und Wirkungen bilden sich während seines Lebens; diese waren durch die ursprüngliche Anordnung seines Karmas nicht vorbereitet und konnten deshalb mit irgend welcher Genauigkeit nicht vorhergesagt werden.

Als ein analoger Fall kann ein einfaches Experiment aus der Mechanik angeführt werden. Wenn mit einer gewissen Kraft eine Kugel ins Rollen gebracht wird, so können wir auf keine Weise die Kraft zerstören oder abschwächen, wenn die Kugel einmal im Laufen ist; aber wir können dieser Bewegung entgegenwirken oder sie verändern durch die Anwendung einer neuen Kraft in einer anderen Richtung. Eine gleiche Kraft, welche auf die Kugel in genau entgegengesetzter Richtung einwirkt, bringt sie vollständig zum Stillstand; eine geringere so wirkende Kraft, verringert die Geschwindigkeit; eine Kraft von der Seite einwirkend, ändert Richtung und Geschwindigkeit. So ist es mit dem Wirken des Schicksals! Es ist klar, dass in jedem gegebenen Augenblicke eine gewisse Menge von Ursachen in Tätigkeit sind, welche, wenn ungestört, unabwendbar bestimmte Wirkungen hervorrufen, Wirkungen, die auf höheren Ebenen schon gegenwärtig scheinen und deshalb genau beschrieben werden können. Aber es ist auch klar, dass ein Mensch mit starkem Willen diese Folgen abändern kann, wenn er nur gute Kräfte zur Wirkung bringt …«

Dies sind die Worte eines Geheimschülers des indischen Orients, C. W. Leadbeaters.

Wie findet das ethische Befreiungsstreben des Menschen seine Verwirklichung?

Am leichtesten durch Beispiele. Jede Religion folgt einem Ideale, das sie zu erreichen strebt, jede hat ihren Buddha oder Jesus, und so auch fast jeder einzelne sein Vorbild.

Am schwersten durch Konzentration. Sie birgt für den Abendländer mit seinem passionellen Gemüt noch schwere Gefahren.

Am häufigsten durch erschütternde Erfahrungen: das Leid als Lebensschule. Am Schmerz soll die Seele freudig, an den Fesseln Karmas frei werden lernen:

»... Über Nacht, über Nacht kommt Freud und Leid,
Und eh' du's gedacht, verlassen dich beid
Und gehen dem Herren zu sagen,
Wie du sie getragen«.
(Aus einem Hugo Wolf Lied.)

Am schönsten und sichersten durch Selbstlosigkeit. Der Altruismus ist der königliche Weg; wer ihn beschreitet, ist überall Sieger, Leben und Schicksal werden ihm untertan.

Was ist der Egoist? Eine winzige, kranke Zelle im Riesenorganismus des Weltsystems, von dem unser Mutterplanet Erde selbst nur ein Glied ist; die entartete Zelle, die sich zum Herrn des Ganzen aufwerfen will, von dem Wahne besessen, der hohe Planet[1)] sei für sie geschaffen, statt sie ein Atom im irdischen Globus.

Er hat in seinem Denkorgan nur ein einziges schmales Fach, das heißt „Ich". Lass erst die Buddhiseele in ihm erwachen, dann leuchtet die Erkenntnis auf, dass alles Eines ist und dass nur der Glaube an dies „Ich" ihn von dem eigenen Ego trennt, ihm immer neue Fesseln schmiedend.

»... Niemand entrinnt
Dem Wirken dadurch, dass er Wirken meidet;
Niemand gewinnt, indem er nur entbehrt.
Auch kann kein Wesen ganz untätig sein,
Selbst nicht für einen kurzen Augenblick;
Zum Wirken zwingt ihn die Natur.
... Doch wer entschlossen und mit frohem Mut
Dem Höchsten sich in Glaubenskraft ergibt,
Nichts für sich hoffend, der ist wert,
Dass man ihn schätzt. Erfülle deine Pflicht.
Das Tun ist besser als der Müßiggang.

---

1) Mit großartiger Überzeugungskraft hat G. W. Surya in seiner „Okkulten Astrophysik" gezeigt, dass die Planeten Wesen mit Intelligenz und Willen sind von uns ungeheuer überlegener Höhe.

Sogar des Körpers Wohl erfordert Werke,
Und es bedarf des Werks die Heiligung;
Doch wird durch dieses Werk kein Mensch gebunden:
Lass all dein Tun frei von Begierde sein,
So bist du frei von Schuld.«
(Bhagavad-Gita.)

Und Vivekananda, der Svami, sagt uns: »Ihr müsst bedenken, dass all diese Arbeit nur dazu ist, um die verborgenen Kräfte der Seele zu wecken. Der Geist wohnt im Inneren eines jeden Menschen und die Erkenntnis ist da; die äußeren Werke sind nur die Stöße, welche sie befreien sollen. – Unsere Welt aufgeben, das ist sehr leicht gesagt, aber fast unmöglich zu tun. Ich weiß nicht, ob unter zwanzig Millionen Menschen einer es kann. Der andere Weg ist, in die Welt unterzutauchen, das Geheimnis des Wirkens zu lernen.

Wir sind verantwortlich für das, was wir sind, und haben auch die Macht, uns zu dem zu machen, was wir zu sein wünschen. Wenn das, was wir jetzt sind, durch unsere früheren Handlungen geschaffen wurde, so folgt daraus, dass wir uns durch unsere gegenwärtigen Taten zu dem machen können, was wir werden wollen, und so wissen wir, wie wir zu handeln haben!

Durch werktätige Menschenliebe finden wir unsere Erlösung.«

Anhang

Folgende Korrekturen bzw. Ergänzungen sind noch zu beachten:

1. Ad Seite 144: Die Überleitungsformel von α und δ in λ ist nur für Planeten und Fixsterne im Zodiakalgürtel (etwa 6° beiderseitig) brauchbar.

Die Formel

$$tg\,\lambda = \frac{\cos(M-\varepsilon)\cdot tg\,\alpha}{\cos M},\; tg\,M = \frac{tg\,\delta}{\sin\alpha}$$

gilt, wenn a vom ♈ = oder = ♎-punkte, d. h. von der Äequinoktiallinie (0° (360°) – 180°) genommen wurde.

Wenn man aber von dem Kolurkreis (♋ bis ♑, 90° – 270°) abzieht, so wäre die „co-Funktion" zu nehmen und die Formel gestaltet sich folgendermaßen:

$$tg\,M = \frac{tg\,\delta}{\cos\alpha},\quad cotg\,\lambda = \frac{\cos(M-\varepsilon)\cdot ctg\,\alpha}{\cos M},$$

Die Umwandlung ist jedoch nicht unerlässlich; man ziehe also stets (auch im II. oder IV. Quadr.) von 180° resp. 360° die ursprüngliche α ab, um dann die erhaltene λ ebenso von denselben Punkten (180° resp. 360°) abzuziehen resp. zu addieren, je nachdem man die er vorher abgezogen oder addiert hat.

(Also im II. Quadr.: α = 180° – α', λ = 180° – λ', wobei a' die ursprüngl. α des Planeten und λ' die eben berechnete λ ist.

Im IV. Quad. ist α = 360° – α', λ = 360° – λ'. I. Und III. Quadr. sind ja bekannt: III. Quadr.: α = α ' + 180°; λ = λ' + 180°).

Bei Gebrauch der Kolurpunkte (90° und 270°) wären also die entsprechenden Kofunktionen einzusetzen; indessen wird unter Benützung der gewöhnlichen Sinustangens-Formel und der Äquinoktiallinie (♈ – ♎, 0° – 180°) auch im II. und IV. Quadranten stets das gleiche Resultat erzielt.

α =	163° 15		180°
	90°		163° 15
α cos =	73° 15		16° 45 α sin

Beispiel:

Die (α, des ♅ sei 10h 53m = 1630 153 seine δ = 70 52 N.
Jetzt gleichzeitig nach beiden Formeln arbeitend:

tg δ = 9,14041
sin 16° 45' = 9,45969 = **cos 73° 15'** (α)
tg M = 9,68072
M = 25° 37'
ε = 23° 27'
M – ε = 2° 10'
cos (M – ε) = 9,99969
tg 16° 45' (α) = 9,47s51 = **ctg 73° 15'** (α)
9,47820
cos M = 9,95506
λ ... tg 18° 27' = 9,52314 = **ctg 71° 33'** (λ)

180° – 18° 27' ist nun ebenso wie 90° + 71° 33' = **161° 33'** = **11° 33'** ♍

Diese Formel also gilt für die Planeten und jene Fixsterne, welche vom Zodiakalgürtel nicht allzu weit abstehen. Falls aber nördliche Zeichen (♈ – ♍) und südlich e ekliptikale Breite in Betracht kommen, dann ist sie entsprechend zu modifizieren.

2. Ad Seite 155: Für die Berechnung des X. Hauses kommt keine Polhöhe in Betracht (ϕ = 0°); das „M. C." wird mit der Formel $tg\,\lambda = \frac{tg\,\alpha}{\cos \varepsilon}$ oder auch cotg λ = cos ε · cotg α berechnet. In beiden Fällen wird α von 0°, 180° resp. 360° genommen und nie von 90° oder 270° (also alle 4 Quadranten gleich). Für die übrigen Häuser muss erst deren spezifische Polhöhe ermittelt werden, die durch die Aszensionaldifferenz der Sonne erhalten wird; Formel: sin AD = tg ε · tg ϕ, (ϕ = Polhöhe des Geburtsortes). Nun ist die Polhöhe für das I. Haus gleich der Polhöhe des Geburtsortes. Die Polhöhen der anderen Häuser sind:
Für ϕ XI. und III. Haus: tg ϕ' = sin $^1/_3$ AD. cotg. ε
Für ϕ XII. und II. Haus: tg ϕ'' = sin $^2/_3$ AD. cotg. ε
Unter Zugrundelegung dieser Polhöhen sind nun die Häuser gleichmäßig nach folgender Formel zu berechnen:

ctg α = cos S · ctg. ϕ

$$\measuredangle \beta = \frac{\measuredangle\, \alpha + \epsilon \text{ im } I./IV.}{\measuredangle\, \alpha - \epsilon \text{ im } II./III.}$$

$$tg\,\lambda = \frac{\cos\alpha \cdot tg\,S}{\cos\beta}$$

S = der Abstand von 180° oder 360°, stets em spitzer ∡

Falls ß im I. oder IV. Quadr. < 90° wird, ist statt cos ß der um 90° verminderte sin ß zu nehmen und das Resultat nun auf den entgegengesetzten Kardinalpunkt zu beziehen. (Also bei **I.** = 180° – x, bei **IV.** = 180° + x.)

Die α der einzelnen Häuser ist nicht bekannt, sondern deren indirekte Spitzen, die man durch Addition von je 30° zur **AR. MC.** erhält. Die indirekten Spitzen bilden auch die schiefen Aufsteigungen (S) dieser Häuser (XI – III).

Für Orte südl. Breite erfolgt die bekannte Umkehrung der Resultate genau so wie bei Gebrauch von Häusertafeln.